用匠心谱写"连心 赋能 助力"育人三部曲

鸿文德育模式

主　编　张翼
副主编　周兆雄　朱燕萍　吴杰洲
参　编　曹记辉　石苏杭　乔如正　王彩红

北京理工大学出版社
BEIJING INSTITUTE OF TECHNOLOGY PRESS

内 容 提 要

本书是以上海鸿文国际职业高级中学为研究对象，结合中等职业学校学生特点，以2022年10月党的二十大报告中所指出的"办好人民满意的教育。教育是国之大计、党之大计。培养什么人、怎样培养人、为谁培养人是教育的根本问题。育人的根本在于立德。全面贯彻党的教育方针，落实立德树人根本任务，培养德智体美劳全面发展的社会主义建设者和接班人"和2019年11月中共中央、国务院印发的《新时代爱国主义教育实施纲要》为依据，从树立科学的职业教育人才观、质量观，以及不断沉淀、凝练品牌，传承中国传统文化，传递职教能量为己任，主动履行责任使命并服务社会，以核心竞争力塑造良好的社会形象为着力点，从鸿文德育模式构建的基础、实践过程的实效分析和鸿文德育理想模式的实施途径进行了概述，理论扎实，内容丰富。

本书从理论上论证了德育教育与学科教育的相互渗透，通过把德育工作规律和有效的德育课程及活动糅合，形成潜移默化的教育环境，塑造学生综合、立体的人格。本书案例真实，可复制性强，可作为同类学校德育教育的参考书。

版权专有　侵权必究

图书在版编目（CIP）数据

鸿文德育模式 / 张翼主编. -- 北京：北京理工大学出版社，2022.11
ISBN 978-7-5763-1886-9

Ⅰ.①鸿… Ⅱ.①张… Ⅲ.①德育－教学研究－中等专业学校 Ⅳ.①G711

中国版本图书馆CIP数据核字（2022）第230312号

出版发行 / 北京理工大学出版社有限责任公司
社　　址 / 北京市海淀区中关村南大街5号
邮　　编 / 100081
电　　话 /（010）68914775（总编室）
　　　　　（010）82562903（教材售后服务热线）
　　　　　（010）68944723（其他图书服务热线）
网　　址 / http：//www.bitpress.com.cn
经　　销 / 全国各地新华书店
印　　刷 / 北京紫瑞利印刷有限公司
开　　本 / 787毫米×1092毫米　1/16
印　　张 / 12　　　　　　　　　　　　　　　　　　责任编辑 / 李慧智
字　　数 / 209千字　　　　　　　　　　　　　　　文案编辑 / 李慧智
版　　次 / 2022年11月第1版　2022年11月第1次印刷　责任校对 / 刘亚男
定　　价 / 68.00元　　　　　　　　　　　　　　　责任印制 / 王美丽

图书出现印装质量问题，请拨打售后服务热线，本社负责调换

前　言

上海鸿文国际职业高级中学（简称"鸿文"）是一所沪台合作的中等教育学校，创建于1993年。建校以来，鸿文在现有德育框架的基础上，努力借鉴先进的办学理念，坚持"德育为先"的教育观念，构建训导结合的德育模式，形成了一套既具有特色，又符合当代实际的管理体制，创造了学校教育教学的品牌。

鸿文德育模式大致体现了这样一个特点：德育教育着眼于人的发展，着眼于学生的职业发展，并且着眼于学生的整体和生涯发展。学校始终坚持"服从、服务、责任、荣誉"的教育主题，把培养学生树立"五个观念"作为教育目标，即"爱党爱国，信守不渝"的忠贞观念，"孝顺父母，尊敬长上"的伦理观念，"天下兴亡，我的责任"的积极负责观念，"勿以善小而不为，勿以恶小而为之"的利他利群观念，"为国家需要而求学问，为社会合作而学技能，为个人发展而长智力"的敬学观念。学校紧紧围绕这一教育主题和培养目标，构建"训在先，导在后，训之严，导之细"训导结合的工作模式，形成了"严细的制度、严格的管理、严密的监督和严明的奖惩"的行为规范教育与训练体系，促使学生养成勤学习、有礼貌、守秩序、爱整洁、负责任、尚伦理、重公德、讲诚信的美德，树立服从、服务的理念，增强责任、荣誉的使命感。同时，通过创造出一个严明的纪律和宽松的学习生活气氛相结合的环境为德育建设提供支持。道德教育既是学生学习的过程，也是学生在主动理解规约、选择价值和体验意义的实践，这一教育成为学生学习经历的重要部分，而不是一种外部强加。

鸿文德育模式的另一个显著特点是把道德建设与学校文化有机地结合起来。通过校规、各种制度与措施的建设，营造对德育十分有利的环境，让学生在学习、生活中体验这些价值与态度，建立一个合理、向善和健康的道德文化环境，通过符合道德成长规律的日常教育活动，为学生营造一个稳定的道德文化氛围。通过营造这种校园文化环境潜移默化地激发学生的合理动机，激活学生作为动机核心的心理需要，促进学生从不自觉到自觉改变自己的行为习惯。

建立学生自我教育、自主管理的队伍——辅导学长制是鸿文德育模式的又一个特点。辅导学长是由高年级选派，各方面表现优秀又热心服务同学，担任低年级各班辅导学长的学生。学生们在担任辅导学长的过程中，也锻炼了自己，提高了交往能力和管理能力。

　　在以公有制为主体的经济所有制形式所决定的道德实践主体多元化的社会中，构建与社会主义市场经济相适应的德育体系，加强世界观、人生观、价值观教育，加强爱国主义、集体主义、社会主义主旋律教育，确立全民族的共同目标、方向、信仰、意志、行为准则和精神动力，是一项十分重要的任务，学校的道德教育是其中一个十分重要的组成部分。

　　学校正是从这点出发，把积极探索具有针对性的德育教育模式，在德育工作中有所创造和发展，作为推动学校整体工作的一个重要突破点；把建立和完善鸿文德育模式，提高学校的育人水平，作为一项重要的课题来研究。

编　者

目 录

第一部分 基础篇

第一章 鸿文德育模式构建的环境基础 ·· 3
  第一节 鸿文德育模式构建的客观条件 ·· 3
  第二节 鸿文德育模式构建的工作基础 ·· 4
  第三节 鸿文德育构建的经验积累和特色创新 ···································· 6

第二章 鸿文德育模式产生的原因分析 ·· 8
  第一节 鸿文德育模式产生的外部动力机制分析 ································· 8
  第二节 鸿文德育模式产生的内部动力机制分析 ································ 12
  第三节 鸿文德育模式产生的学生内源动力分析 ································ 15

第三章 鸿文德育模式构建的理论基础 ·· 17
  第一节 马克思主义伦理教育理论 ·· 17
  第二节 中华传统美德和教育方法 ·· 19
  第三节 西方的德育思想 ·· 23
  第四节 社会主义道德思想和伦理观 ··· 25

第二部分 实践篇

第四章 鸿文德育模式的思想原点 ·· 29
  第一节 训导制度型德育模式的基本依据 ·· 29

　　　　第二节　训导、行为与制度之间的关系……………………………………33
　　　　第三节　在处理训与导的关系时必须辨明的误区…………………………35

第五章　鸿文德育模式的核心内容……………………………………………………37
　　　　第一节　实施原则……………………………………………………………37
　　　　第二节　细化的规范标准（一）：礼貌规范………………………………39
　　　　第三节　细化的规范标准（二）：生活公约………………………………43
　　　　第四节　推进方法……………………………………………………………45

第六章　鸿文德育模式的支持系统……………………………………………………49
　　　　第一节　制定规范的管理文本………………………………………………49
　　　　第二节　建立和不断壮大教师队伍…………………………………………53
　　　　第三节　学生自治队伍………………………………………………………56

第七章　鸿文德育模式的制度设计……………………………………………………60
　　　　第一节　制度建设是德育发展的关键支撑…………………………………60
　　　　第二节　基本制度……………………………………………………………63
　　　　第三节　学长制度……………………………………………………………64
　　　　第四节　军训制度……………………………………………………………65
　　　　第五节　奖惩制度……………………………………………………………66

第八章　鸿文德育模式的"作用场"…………………………………………………68
　　　　第一节　构成"作用场"的六维原点………………………………………68
　　　　第二节　"作用场"的相互关系和理想合力………………………………72

第九章　鸿文德育模式的课程推动……………………………………………………74
　　　　第一节　德育课的推动………………………………………………………74
　　　　第二节　专业课的推动………………………………………………………76
　　　　第三节　课程过程的推动……………………………………………………82
　　　　第四节　任课教师榜样力量的推动…………………………………………83

第十章　鸿文德育模式的意义和实效分析……………………………………………85
　　　　第一节　鸿文德育体系对我国德育工作具有积极意义……………………85
　　　　第二节　鸿文德育模式的直接成效是推动学生道德的健康发展和成熟…88

第三部分 建设篇

第十一章 鸿文德育理想模式的实施目标与原则 ... 93
- 第一节 实施目标 ... 93
- 第二节 实施原则 ... 97

第十二章 鸿文德育理想模式实施的主要内容 ... 101
- 第一节 民族精神教育 ... 101
- 第二节 行为规范教育 ... 108
- 第三节 能力养成教育 ... 113
- 第四节 全面素质教育 ... 115

第十三章 鸿文德育理想模式的实施主体与功能 ... 119
- 第一节 管理者 ... 119
- 第二节 教师 ... 121
- 第三节 学生 ... 125

第十四章 鸿文德育理想模式实施的途径和方法 ... 129
- 第一节 德育实施途径与方法的基本框架 ... 129
- 第二节 直接途径 ... 130
- 第三节 间接途径 ... 133
- 第四节 隐性途径 ... 140

第十五章 鸿文德育理想模式实施的组织和保障体系 ... 145
- 第一节 组织管理体系 ... 145
- 第二节 保障体系 ... 152

第十六章 鸿文德育理想模式的评价体系 ... 159
- 第一节 德育评价的意义、作用与原则 ... 159
- 第二节 德育评价的对象与体系 ... 162
- 第三节 德育评价的方式与方法 ... 165
- 第四节 德育评价的管理和运行机制 ... 168

第四部分 结语

教育工作者的礼仪与修养 ... 173
参考文献 ... 182

第一部分　基础篇

第一章　鸿文德育模式构建的环境基础

任何一种教育模式都不是凭空产生的，而是在一定的环境条件下，在各种因素的促成下产生的。一方面，环境条件的变化，使原有的教育模式不再适应新的情况、新的教育任务及新的教育对象；另一方面，新的、富有活力的教育形式和模式会脱颖而出，表现出极大的发展潜力。在教育领域，新陈代谢的规律一样有效。

我国德育工作的创新与其他领域的创新一样，都必须具备良好的外部条件、坚实的工作基础和丰厚的工作经验。鸿文德育的创新正是在这些条件具备的情况下孕育发展的。分析外部条件有利于我们深入认识鸿文德育模式的重要借鉴意义，把握推广的可行性。

第一节　鸿文德育模式构建的客观条件

德育工作是我国青少年教育工作中十分重要的组成部分。中华人民共和国成立以来，我国的德育工作经过了几个重要的发展阶段。中华人民共和国成立初期，我国德育工作以发扬社会主义新风尚、破除封建迷信为主要特点。主要目标是初步建立社会主义新型的道德体系，铲除旧社会的旧道德残余。在学校教育中通过使用新教材和组织德育社会活动，提高青年学生的思想道德品质。20世纪60年代，党和国家注重以英雄人物的典型事迹进行道德教育，用榜样的力量和道德的楷模推动德育教育。1966—1976年是我国德育工作的一个断层时期，一方面，以宣传英雄人物事迹倡导道德进步的模式成为一种主要的德育模式；另一方面，教育缺失了道德标准，形成鲜明的道德说教与道德实践的脱节。改革开放以后，党和政府在道德教育领域不断拨乱反正，提出了社会主义精神文明建设的总目标，提出了"五讲四美三热爱"的行为规范，各地政府制定了精神文明条例，在德育教材的建设上，也注重从人的基本品质和伦理关系出发，帮助学生树立正确的人生观、道德观。但是，在现阶段，德育工作面临着一个特殊的情况，即存在着教育目标和效果之间的脱节，具体可归纳为三大矛盾，即德育体系逐步完善和德育教育效果不明显的矛盾、德育要求高远化与实际生活的矛盾、德育标准抽象化与解决实际问题的矛盾。这些都促使人们去研究德育工作的方式和效果。

从外部环境来看，我国德育教育工作体现了三个方面的需求，这是推动德育工作创新的基本动力。鸿文国际职业高级中学的德育工作创新模式是推动这些基本动力的必然结果。

第一，社会主义精神文明建设要与物质文明建设同步发展的需求。最近几十年，我国的社会经济发展速度十分迅猛。在物质文明创造取得巨大成就的同时，必须迅速提高整个民族的精神文明水平。从客观上看，整个社会的精神文明建设与随着物质财富增长而形成的精神发展需求还有很大的距离。

第二，迅速建立中国式社会主义道德体系的需求。我国进入了建设中国特色社会主义的时期，这一时期的道德体系，其内涵和外部表现形式都有自己的特殊性。传统的社会主义道德体系虽然有许多值得继承的地方，但由于它的立意过高，用共产主义的道德水平为基点，超出了目前人的道德实际水平和社会发展阶段的实际水平，总体上已经不再符合当前的实际情况，主要是无法解决个人利益与集体利益的关系问题，体现个人发展与集体发展统一，无法解决市场经济个人价值取向和实现社会公德目标的统一等。因此，必须建立与当前社会实际接轨的，符合小康社会目标的，能够实现的道德体系。

第三，青少年德育教育新形势的需求。目前，我国青少年学生的德育教育呈现出一种功效不大，方法陈旧，形式主义严重的局面。许多学校的德育课仅仅成为一种知识课程，与实际严重脱节，无法解决学生实际生活中面临的道德问题，与学生的日常生活没有直接的关系，导致学生工作成效少、道德教育空洞无物等状况。必须有一套贴近实际，面向德育实践的德育课程和有效的德育工作方法，来填补目前德育工作的空乏无力之处，帮助学生解决大量的德育难题，帮助学生摆脱经常面临的德育困境。

可以说，我国经济社会发展的现实是鸿文德育模式产生的重要条件，各方面对德育建设的强烈需求是鸿文德育模式产生发展的重要动力。

第二节　鸿文德育模式构建的工作基础

鸿文国际职业高级中学对德育工作高度重视。从建校伊始，德育工作就成为学校的中心工作。长期对德育工作的实践探索，德育工作经验的积累，以及一支德育工作者队伍的形成和不断发展，为建立鸿文德育模式奠定了良好的基础。

（1）把道德品质与学校的教育实践高度融合。通过把道德品质、职业素质和理想情操纳入学校师生的道德行为规范，使之成为学校办学实践的重要内容。

1) 学校在教职员工中倡导"教书育人，育人是本，育人为先，教书为育人服务"的师德理念，要求教师坚持以"服从、服务、责任、荣誉"为核心的职业道德，促进教师通过自己的品格风尚和工作态度，通过在日常教育实践活动中的潜移默化来教育学生。事实证明，道德教育与其他知识或技能型教育的根本性差异，是教师本身的行为示范作用，即"言行合一、言传身教、风节自律"。要在德育教育中收到实效，首先不是看有没有好的教育材料和厚实的理论基础，而是要看有没有好的教师。在身边的、眼前的榜样力量，具有直接、有效、强烈的教育效果。鸿文职高在教师队伍建设中一贯注重师德和专业水平并重，注重倡导教师的一言一行对学生能起到积极作用，克服各种消极作用。

2）把培养学生树立五个观念作为教育的重要目标，推进学生以道德品格发展为先，实现全面发展。五个观念的基本内容是："爱党爱国，信守不渝"的忠贞观念；"孝顺父母，尊敬长上"的伦理观念；"天下兴亡，我的责任"的积极负责观念；"勿以善小而不为，勿以恶小而为之"的利他利群观念；"为国家需要而求学问，为社会合作而学技能，为个人发展而长智力"的敬学观念。这一套观念具有三大特点，从而成为学生品德发展的有效目标：一是从大处着眼，小处入手。把远大的理想和志向与个人的基本行为操守结合起来，使学生既有远大的目标，又能从日常的行为做起。二是从基本伦理关系出发，促使学生建立坚实的道德基础。家庭关系和师生关系是学生面对的最基本的伦理关系，其他各种社会关系都是从这里延伸出去的。由于学生生活学习的环境局限，应该先从这些伦理关系出发，建立正确的伦理观念，养成为人处世的好习惯。这也是古人提出"修身，持家，治国，平天下"这一基本道德发展路线的道理所在。三是将国家利益和个人发展紧密结合。尊重人才发展的规律，解决道德理想与个人实际发展相脱离的矛盾，使学生明确道德品质的培养不仅是国家民族的利益所在，而且是个人发展的利益所在。

（2）注重构建完善的德育制度，形成有效的德育工作模式。制度保障是德育工作稳步开展的一个重要条件。德育制度对规范德育教育本身和人的社会行为都具有重要的意义。鸿文德育制度的特点是用整体制度推进德育开展，同时，将德育内容融入学校制度体系之中。这样就形成了德育制度的两个层面。一是学校的大制度，如一般管理制度、教学管理制度等，其中都渗入了大量德育教育的元素。从而把德育工作用制度建设加以巩固。二是德育专项制度，如学生精神文明和礼貌公约、学生行为规范和实习规范等。形成了以"严细的制度、严格的管理、严密的监督和严明的奖惩"为特征的制度体系，这些制度针对性强，在解决道德问题中可以直接参照，具有明显的实际功效。

鸿文还构建了有效的工作模式，如"训在先，导在后，训之严，导之细"的训导结合的工作方式，从个别行为事例和案例出发，举一反三解决品德行为问题的方法等，促使教师和其他德育工作者注重训与导相结合，促进学生思想工作针对学生实际，容易被学生所接受，从而实现德育工作的有效性。

再如建立学生自我教育，自主管理的辅导学长队伍。这些由高年级选派、各方面表现优秀又热心服务同学,担任低年级各班辅导学长的学生,在辅助班导师维护秩序及环境清洁,管理辅导班级事务,与班内违规同学谈心帮助其纠正不良行为,反映同学意见等方面都起到了十分重要的作用。学校所有的德育活动都有辅导学长组织、参与和策划。他们担负起了值勤、检察、督促、服务的责任。这一制度通过学生参与教育培养和组织工作,锻炼了学生,提高了学生的交往能力和管理能力,促使学生养成高度的工作责任心和自强、自尊、自立的人格。

第三节 鸿文德育构建的经验积累和特色创新

注重经验积累和推广,注重德育工作的特色创新,是鸿文德育构建的重要外部条件。可以说,注重创新是一切有发展、有业绩的事业的基本条件。由于经济社会发展的迅速,人的受教育模式,正如企业的管理经营模式要随着市场的需求和竞争的格局发生变化一样,学校的培养模式也需要根据新的条件进行调整,鸿文德育与教育教学的其他领域一样,探索和创新成为一种基本的发展机制。

(1)鸿文德育的基本出发点是不照搬现成的模式,不迷信书本的知识,不简单援引别人的经验,从而形成了一些具有鲜明特色的经验。

例如,行为活动标准和礼仪标准的指导规范作用。学校强调通过自己的校歌、校训、统一的服装和着装规定、文明礼貌规范等来规范学生的行为,引导学生通过明确的行为指向不断调整完善自己的行为方式,根据较高的目标不断提升自己的综合素质。

再如,建设以爱国主义教育为主线的校园文化。定期开展学生各种荣誉教育活动、民族精神教育活动、爱国歌曲比赛活动,推行礼貌活动,开展以"放飞理想""颂祖国""讲法制""务实创新""勤奋好学""自强不息""日新又新"等为主题的办报和演讲比赛,每天举行隆重的升降旗仪式雷打不动等,通过长年坚持,逐步形成良好的育人氛围,不仅为学生提供展示自己才华的舞台,更重要的是陶冶了学生的情操,强化了学生发展的积极性。

又如,开展以引导和辅导为主要手段的心理健康教育。每学年组织开展一两次较广泛的学生调查活动,建立学生个别教育档案,努力把握新形势下不同年级学生的思想脉搏和不同类型学生的心理行为,联系学生实际有的放矢,做好引导工作。注重开展典型个案分析和个别学生转化工作,对存在行为偏差的学生进行重点辅导等,都收到了良好的效果。

(2)鸿文德育注意吸收国内外其他地区德育教育的有借鉴价值的经验。鸿文职高依据台资办学的有利背景和有关政策的支持,注重将这些地区的经验移植到本校的德育工作中。大体上注重三个方面的借鉴:一是理论建设,主要吸收这些地区以训导为基本德育途径的德育教育方式，注重将传统文化的德育精华引入德育教育的教材、课程之中；二是用制度和规范从行为上约束学生，促进学生逐步养成良好的行为习惯，促进学生品德的升华；三是注意将德育与学生的各类活动结合起来，通过学生的活动氛围、工作实践，形成潜移默化的教育环境，塑造学生综合、立体的人格。

（3）注意总结、推广和巩固好的做法。鸿文国际职业高级中学注意总结德育工作好的做法。一是在对落后学生的教育转化工作中，注意对每个案例进行分析，总结其中的有效做法，避免其中的失误和偏颇。特别是研究那些发生转化的关键点，包括关键事例和关键任务，或其他关键因素，从而把握德育工作的规律。二是注意对毕业生进行跟踪调查，以检验学生在校时德育工作的成果和后续效应。鸿文德育工作的成效表现在大量毕业生受到用人单位的好评，许多学生在工作岗位上表现出色，进步迅速，就业竞争力和职业发展力很强，这些在其他一些学校往往只作为办校的成绩进行宣传，而鸿文德育工作者则更注意探索这些成功事例的成因，探索成功者的成才规律。三是注意教师德育工作的经验总结和推广，要求教师按时撰写和递交德育工作的手记或小结，经常组织教师进行交流总结，并将这些经验材料结集出版。

总之，鸿文德育教育的外部条件、坚实的工作基础和丰厚的工作经验都对鸿文国际职业高级中学德育工作的发展起到了积极的作用，是这一模式形成的基础条件。

第二章　鸿文德育模式产生的原因分析

根据马克思主义哲学外因条件对内因变化的重要影响的理论，鸿文德育模式必然有一种促成其产生的"原因群"，分析这些原因对理解鸿文德育模式的产生过程及其重要意义都是必不可少的。西方的道德教育学者也十分注意从外因来剖析、理解、解决大量的社会现象或社会问题。法国的社会学家和德育学者迪尔凯姆（又译为涂尔干）指出：社会内部环境是一切比较重要的社会过程的最初起源。内部环境中人的因素起着特别重要的决定性作用。因此，社会学的任务尤其在于找出最能够影响社会现象的这种环境的各种属性。鸿文德育模式的产生不是一种闭门造车的创意或突发奇想的灵感，任何教育的模式都是人们教育实践的产物，是在解决现实问题、实现科学发展、寻求可行途径中逐步产生的。

第一节　鸿文德育模式产生的外部动力机制分析

最近的数十年，我国经济社会正处在转型时期：从计划经济时代向市场经济时代转变，在形成多元经济结构的同时，道德观念的内涵及外部标准也呈现出多元化的趋势，出现了一种鱼目混珠、泥沙俱下的局面。在各种思潮的冲击下，人的人生观、价值观都发生了巨大的变化，需要一种主流道德观念和道德规范来架起社会精神的脊梁，这是需要探索新的德育教育模式的最重要的原因之一。

一、多元化的思想观念需要德育主旋律的统领

随着我国社会主义市场经济的确立和逐步完善，中国的经济形成了多元化发展的格局。经济形式的多元存在带来了人的思想观念的转变，这些观念给人们的思想注入了新的生机。同时，市场经济是凸显个人利益的求利经济、凸显金钱地位的货币经济、优胜劣汰的分化经济，利益主体的多元化必然导致人们思想的多样性、复杂性。市场经济自主经营的原则激发了人的主体意识生成，同时诱发个人主义倾向。在以市场经济为基础的社会，一方面，人们经济活动的根本动机是追求自身利益；另一方面，人们的行为又是理性的，也就是能够根据市场处境，判断自身利益，并凭借已有的知识和经验，尽可能追求效用的最大化。在市场经济条件下，无

论是企业还是事业单位或个人,只要进入市场,它的行为必然受市场机制的制约。

市场经济这种特质赋予人们必须具有主体意识,讲求等价交换,公平竞争,有助于学生提高主体意识和参与社会活动和建设的积极性、能动性;人们的风险意识、使命感和责任心也随之加强,有利于人的独立性、创造性意识的形成,有助于促进学生主体意识的觉醒,促使学生以独立的人格关注现实、思考未来,为推进学生主体精神的发挥和自我价值的实现,及道德主体性的发挥奠定了基石。另外,市场经济自身存在着盲目性、自发性、滞后性及"市场失灵"的情况,在社会主义初级阶段,各项制度还不完善,在个人主体意识与利益驱使的情况下,有可能诱发极端利己主义和极端个人主义倾向。对青少年学生而言,其主体意识的增强,只是表明他们社会化过程的加速,并不等于他们已具有良好的主体意识,不等于他们已具有行为的自控性和自主性。相反,在缺乏积极正确引导的情况下,主体意识的增强容易助长他们的个人主义倾向,表现在思想和行为上不关心国家、集体和他人利益,崇尚自我,唯我独尊,我行我素。

市场经济的效益原则增强了效益观念和求实精神,同时诱发了拜金主义和重利轻义倾向。市场经济的效益原则、利益驱动原则,是市场经济生命力的支撑点,促使市场主体在追求经济效益的过程中,遵循"低成本、高效率""少投入、多产出"的法则,遵循优胜劣汰、适者生存的规律。另外,在目前我国社会主义初级阶段,市场机制、法治建设有待进一步完备的情况下,这些原则还使某些人钻法律的空子、谋取个人私利成为可能。市场经济竞争的严酷性会引发少数人采取不正当的手段达到求利目的的心理倾向,诱发拜金主义、利己主义倾向,偏好于追逐短期利益,忽视长期利益,致使道德滑坡。社会上的种种消极因素通过各种途径散播到学校,对正在成长中的职业学校学生的行为习惯必然产生不利影响,使其滋长投机冒险心理,疏于遵守校规校纪,甚至走上违法乱纪的道路。

在这种多元观念的格局下,弘扬正气、引导学生崇尚健康向上的道德观念就成为德育工作的迫切任务。

二、国际化、信息化和城市精神的塑造,要求学校道德教育走向开放性

我国加入WTO后,标志着我们必须在更广泛的领域和更高的层次上参与经济全球化,进入世界经济大循环。在融入经济全球化的过程中,我们既要懂得保持本民族的优良道德传统和价值规范体系,又要积极融入世界先进文化和现代国际文明之中;既要加强对公民的素质教育,增强公民对我们国家和民族的义务感和归属感,又要努力培养普遍意义上的道德意识,如规则意识、公德意识等。当然,不同的国家有着不同的德育体系,但就其基本组成部分而言,归纳起来无非是三大类型:一是公民道德教育;二是职业道德教育;三是思想道德教育。在经济全球化的大背景下做具体分析,这三种类型的德育由于其政治、经济、文化的属性不同,其国际化的程度也是有着非常明显的不同:

作为思想道德教育（包括政治思想和宗教思想），是一切道德教育的基础，所以它的完善显得至为重要；作为公民道德教育（包括社会人文和家庭伦理等），它是道德最基本的外延，也是德育教育的重要突破点和最初级的台阶；而职业道德教育，是职业学校重要的教育任务，关系着学生的职业发展，因此，这些教育都面临一个开放性的问题。

鸿文德育模式就是通过开放逐步形成的。客观地说，训导式德育模式在中国德育教育历史上的大多数阶段里从来不是德育模式的主流，尽管在某一阶段或局部地区有过实验，但都没有形成大的影响。又由于我国前三十年经济政治处于相对封闭状态，对外界的德育情况了解不深，没有丰富的材料供模式创建者参考。所以，开放的环境是新模式产生的必要条件。另一个条件是开放后形成的宽松的政治环境，为多种模式的德育探讨提供了条件。我国长期的教育实践中都把德育作为政治教育的一个部分，任何模式的探讨都可能被认为是想触动政治体系的根基，改变政治方向，这种环境使许多德育教育家丧失了创新的胆略，消减了德育教育的活力，也影响了德育教育的效果和功用。改革开放后，在学校办学体制改革的同时，境外好的德育工作经验也被引进，大量的实验也得到了认可甚至鼓励。鸿文德育模式最主要的借鉴对象是以中国传统儒家思想为基础的训导式德育模式，这方面的经验做法通过鸿文国际职业高级中学的实践，得到了升华，在新的土壤上焕发了生机。

三、学校作为德育教育的主阵地已经成为党和国家及社会各界关注的重点

党和国家高度重视社会主义精神文明建设，社会科学的许多领域都在加紧探索建立与我国社会经济发展相适应的精神文明体系和道德观念体系。学校教育是精神文明建设的主阵地，学校的道德教育是精神文明建设的主要目标。从目前的状况来看，学校的德育教育还有许多环节存在软肋和欠缺，在理论建设、制度保证、教学方法和教学实效上都有许多亟待探索与研究的地方，需要有所突破和创新。时代呼唤着、催生着一批行之有效的德育教育模式，取代传统的并被证明已经不适应时代需要、没有显著效果的德育模式。胡锦涛同志提出社会主义的荣辱观，它为德育教育制定了基本的规范准则，这些规范准则也需要德育工作者通过实践，进一步丰富和细化它们，这是鸿文德育模式产生的外部动力所在。

四、城市发展和新的产业结构需要高素质的劳动者

目前上海市正在大力提倡塑造新时代的城市精神，而这项系统工程的实施需要整个城市软、硬环境的同步提升，其中最重要的是全面提高广大市民的素质。市民素质不仅指一般的道德修养和文化素质，而且体现为从业人员的高度的敬业精神，这是一种更高层次的素质内涵。随着上海市现代化建设速度的加快，企业对员工职业道德的要求也越来越高。大量实证调查材料显示，越来越多的企业已经把职业道德水平作为衡量员工素质高低的核心要素，作为企业的

核心资源来对待。因为市场竞争的实质是深层次文化的较量,是思想观念、思维方式和行为方式的较量。企业参与市场竞争,不单纯是产品、技术与能力的竞争,更重要的是企业人力资源的竞争,是人才的竞争,因此,职业道德是支撑企业竞争力的基础和核心,成为人才竞争力的一个重要指标。许多企业十分注意加强对员工的职业道德教育,甚至把职业道德作为招聘员工的先决条件和辞退员工的重要依据,如浦发银行招聘员工时首先注重人品,他们认为银行是特殊行业,员工天天与现金、支票打交道,品行不好就要出问题,而且出问题就出大问题,所以在招聘员工时慎之又慎;上海贝尔招聘员工时,首先看个人修养、是否敬业和安心工作,他们认为员工职业道德不好将直接影响企业形象,不利于企业文化建设。企业在用人理念和用人标准上的转变,对我们的职业教育思想和教学体系提出了新的挑战,因为职业教育的最终服务对象和"产品"使用者是企业,企业对员工的要求也最终决定着职业教育的"产品"设计与质量标准。如今的企业已将员工的职业道德水平作为衡量其素质高低的第一要素。据调查,在某行业中专的10个就业失败典型案例中,毕业生被辞退的原因有5个是没有责任心、弄虚作假和不遵守纪律,另5个是挑剔工作环境和提出过高待遇要求,而因能力和业务水平问题被辞退的却一个也没有。企业反映职业学校毕业生存在的问题主要表现在四个方面:一是职业纪律较差,如迟到早退、违反规程;二是缺乏职业意识,如工作马虎、不负责任;三是劳动不够诚实,如以次充好、偷工减料;四是不肯吃苦耐劳,如"干一行怨一行"而频繁"跳槽"等。这些问题都可以归结为职业道德差这个基本原因。

外部环境的变化成为学校的德育教育关注的一个焦点,促使职业学校的道德教育有所创新、有所创造,以适应时代发展的需要,鸿文德育模式的产生就是对这一形式的呼应,是顺应时代要求的一个回应。

鸿文德育模式产生原因分析图如图 2-1 所示。

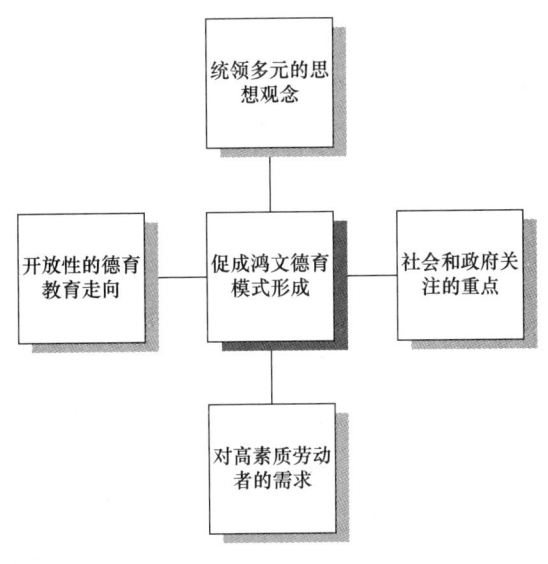

图 2-1 鸿文德育模式产生原因分析图

第二节 鸿文德育模式产生的内部动力机制分析

鸿文国际职业高级中学是一所由台资投资建立的学校。在管理模式上与全民所有制学校有较大的区别，在教学安排上有一定的独立性，给教学内容和形式的改革提供了较大的空间，同时，也就给德育的创新提供了很好的条件。

（1）学校的新型民主化组织形式为学校的德育创新增添了最重要的活力。鸿文国际职业高级中学实行理事会领导下的校长负责制。学校理事会由五人组成。台籍人士周兆雄先生出任理事长，学校的理事会制度使理事长的办学理念和意图能够得到一以贯之的推行，在理事会的领导下，校长的全权负责制为一系列制度建设消除了障碍。例如，建校 8 年来，周兆雄先生将台湾先进的办学理念与大陆实际情况相结合，很快形成了一套颇具特色的管理体制，促进了学校的发展，就是证明这一组织形式的效率和活力的一个实例。

从管理组织学的角度来看，学校也是一个经济组织。它的组织形式对组织的发展和效能的发挥具有至关重要的意义。美国的一些教育管理学家指出："就组织和运作来说，教育组织与其他组织之间共性大于差异。教育组织和很多企业组织及商业组织一样都是劳动密集型组织；和很多组织一样是一个服务的提供者；和很多其他的组织一样，也是一个多部门、多单元的组织，像其他组织一样也是为各种类型的顾客提供服务的。"

民办学校的组织机构在管理模式上比较容易突破，具有很大的管理自主权，这些为德育模式的探索提供了条件。从两类管理体制来分析，可以发现民办学校更能有效地接纳新的体制，采用新的方法，从而促进新的教育模式的产生和发展。

传统体制学校和新体制学校的对照见表 2-1。

表 2-1 传统体制学校和新体制学校的对照

序号	传统体制学校	新体制学校
1	目标随形势或其他需要而经常变动	有稳定、清晰的长远目标
2	容忍拖延新出现的问题	拒绝容忍，实行快速、有效的解决方法
3	关注局部的发展、局部的收益	强调整体的发展，关注长远利益
4	评估呈间断性，反馈低，多形式主义	不断进行诊断评估，提供反馈
5	多局部利益和非正式群体，难以形成一致的价值观和目标	鼓励形成全员性的价值观和目标
6	强调分工和责任	强调破除部门障碍
7	制度因循守旧，有很大的惯性和阻力	不断建立和修正有效的法规制度
8	多喊口号，少做实事	少喊口号，多做实事

续表

序号	传统体制的学校	新体制学校
9	对上有较大的依赖性和被动性	对上有较大的自治和灵活性
10	改革成为少数人闭门造车的产物和整人的工具	鼓励全员参与改革
11	善于推卸责任	积极承担责任

从创新德育模式的角度来看，新的体制往往发挥了以下一些作用：

一是由于有长远的目标和打算，使一种教育模式能够在一个比较长的时间跨度内稳定地形成，允许长期的探索，不断总结经验、吸取教训、升华理念，避免因政治思潮和学校班子变动而造成的朝令夕改、朝三暮四等现象的产生。

二是善于及时有效地解决问题，在贯彻实施一种教育模式特别是德育教育模式时，不可避免地会遇到许多突发的，甚至棘手的问题需要解决。新体制学校由于有明确的责任机制和通畅的政令渠道，对解决各类问题，进行各种制度建设能够实现雷厉风行、迅速有效。

三是反对形式主义，好大喜功，注重踏实的作风。形式主义产生的根本原因是趋奉上级和虚夸浮躁，形式主义的最大特点是追求眼前的利益和外观效果，注意效果而忽视过程。在民办学校的新型制度下，这种被上级旨意所左右的倾向逐渐淡化，虚夸浮躁的作风得到了抑制，使一种有效的德育模式可以在务实的环境中逐步健康地发展成熟。

四是部门之间通力合作、协同作战的良好工作氛围。讲究效益和协作的新的管理体制，是鸿文国际职业高级中学的一个亮点，它对德育工作的创新起到了十分有益的"孵化孕育"作用。德育工作是一项综合工程。在传统的学校，德育工作被看作教务处和班主任的事情，甚至德育课程与学生的日常德育生活也没有联系，这就减弱了德育效果。新体制学校可以有效地避免这些问题，把德育工作作为各个部门齐抓共管的共同事务，这其实也是德育工作有效开展的一大保证。

五是全员参与，敢于创新。由于新体制学校把责任利益与每个人关联，调动了全员参与改革和创新的积极性，这就为鸿文德育模式的创新注入了强大的动力源。鸿文德育模式的每个部分、每个细节，甚至每个实践环节都是广大师生创新的结果。这与传统的体制构成鲜明的对照：传统体制的学校对任何创新都有许多阻力，甚至形成一部分人用改革作为报复、钳制、威胁人的手段，另一部分人由于没有在改革中看到希望，因而惧怕改革的对峙局面。

新型组织形式在德育模式创新中的活力分析如图2-2所示。

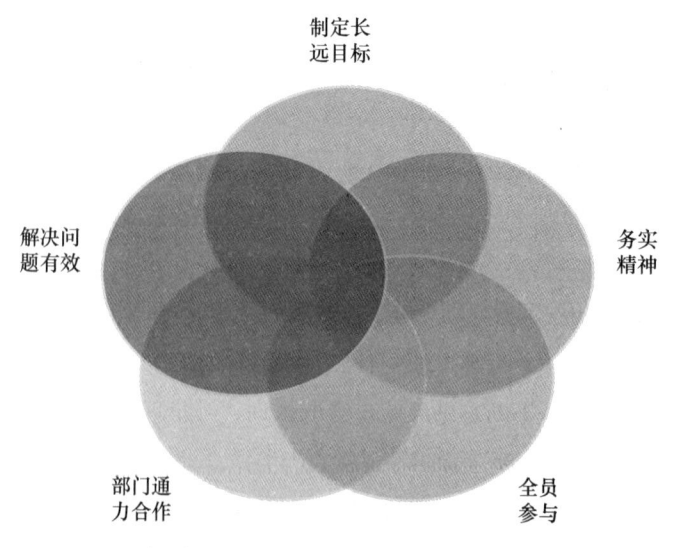

图 2-2　新型组织形式在德育模式创新中的活力分析

（2）由于学校台沪合作的背景，为学校借鉴其他德育模式或一些有效的做法预设了便捷的途径。一些国家和地区在传承中华民族传统优良美德和吸取传统文化精华丰富品德教育方面已经形成了自己的特色，也取得了一定的成效，学校对这些模式有深刻的了解，能够有正确的评价和判断，对其中的精髓也有深刻的了解，这是学校理事会注意借鉴这些地区的德育工作经验的基本原因。这些地方注重继承中华民族的传统文化精华，在与现实的德育教育结合过程中，形成了许多有效的做法，成果也是令人信服的。如新加坡政府高度重视以道德教育为基础的价值观建设。这种建设的着眼点，一是基础文明；二是从青少年抓起。该国经过 20 余年的思想、道德和文化建设，于 1990 年 2 月，由政府发表了《共同价值观白皮书》，提出了具有东方价值观特色的五大共同价值观：一再强调"东方价值观""儒家价值观""亚洲价值观"和"东亚价值观"的具体化。与此同时，总理李光耀认为，修身、养性、齐家，对朋友以诚相待，效忠国家等道德价值观，历经数千年的考验而不衰，值得弘扬，不应该随意搅乱社会的人伦关系。因此，他提倡"忠、孝、仁、爱、礼、义、廉、耻"八种美德。新加坡政府把这八种美德作为"治国之纲"，并直接贯彻到学校的德育教育之中。

以上这些对鸿文德育模式的形成具有重要的影响。深入贯彻德育教育，在鸿文国际职业高级中学进行有一定力度和深度的德育工作探索与改革，具有得天独厚的条件。更关键的是，学校的领导班子对德育模式的探索和改革有很强的主动意识，善于针对各种品德教育面临的问题，寻求有效的办法或途径，及时总结学生思想工作的经验，这就为鸿文德育模式的形成营造了良好的条件。

第三节　鸿文德育模式产生的学生内源动力分析

职业学校的学生具有一些特殊性。可以说在整个学生群体中，职业学校的学生处在相对较低和优势较弱的层次。

近几年，一方面受"普高热"的影响，中等职业教育招生不仅在数量上呈下滑趋势，生源质量也逐年下降，录取分数在近6~7年从300多分下降到100多分，有的学校现已基本不设入学分数"门槛"。职业学校各专业入学新生的初中毕业考试平均成绩，与普通高中相比最少差100多分，最多则差400~500分；在职业学校学生范围内，素质也不平衡，总体素质水平不高。录取生源素质的下降，不仅严重影响了知识和技能的教学，也给道德教育带来新的困难。由于生源道德认知的基础差，对道德"底线"的认识与学校和企业的规范都有很大距离。例如，根据有关方面对职业学校的调查结果，在问及"学生'可为与不可为'的行为"时，认为毁坏公物和打骂别人等行为是"可为"的学生都在10%以上，对于赌博行为持认同态度的学生竟高达18.3%。另外，有半数以上的学生，对校园里男女生的亲昵动作和旷课、迟到等现象，认为是"实属正常"的个人行为而与他人无关；还有2/3的学生，对违反课堂纪律的现象表示"无所谓"，其中1/10的学生还表示自己也会跟着一道这样做。个别学校的新生甚至在入学军训时搞得营地一片乌烟瘴气，有的打群架，有的男女混居，其基本道德水准之低下令人瞠目。

另一方面，当前上海职业学校学生的主体是独生子女，而他们与同是独生子女的普通高中学生存在明显的差异：一是心理素质上的落差。普通高中学生有心理优越感，他们的目标是上大学和高层次的就业；而职业学校学生是选拔考试的失败者、应试教育下的被淘汰者，大部分有自卑感，不少学生是出于无奈才进入职业学校的。二是家庭教育上的缺陷。调查显示，职业学校学生家庭中单亲、缺损家庭及父母双下岗家庭的比例明显要高于普通高中学生家庭，相当一部分职业学校学生的父母亲由于在文化程度、生活态度、教养方式上存在着缺陷，使这些学生往往得不到亲情的关怀，得不到必要的、正确的家庭教育。不少学生职业理想模糊，缺乏学习动力；劳动观念淡薄，缺乏吃苦精神和敬业精神；以我为中心，以个人意志为出发点，社会责任感淡薄。这样的生源状况对中职学校的德育教育提出了新的挑战。另外，这些学生又有强烈的求发展、求生存、求进步的愿望。他们希望通过职业学校的学习，掌握一技之长，在社会中赢得一席之地。由于他们在文化水平和升学竞争方面处于劣势，在就业竞争上不容易获取较好的职位，他们希望通过职业学校这一学习阶段，用自己的努力改变自己的环境和生存状态，而大量的就业经验表明，品德和职业素质是职业竞争力十分重要的因素。学校通过大量的宣传，将大量道德实践成功的例子告诉学生，使他们充分认识到道德品质在职业生涯和个人发展过程中的重要性，把对道德的追求内化成为他们发自内心的愿望。同时，鸿文德育模式又开辟了多种渠道，让学生通过大量的道德学习和道德实践，逐步形成健康向上的品德和良好的职业素质，不断涌现出大量的学生在学业和事业发展上有所建树，更使鸿文德育逐步形成自己的长效机制。事实证明，职业学校学生的素质状况需要改变，学生希望改变自己的命运，良好的德育模式带来的教育效果，这些都成为鸿文国际职业高级中学德育创新的内源动力，推动着这一德育模式的不断发展、不断丰富、不断成熟。

第三章 鸿文德育模式构建的理论基础

道德教育是具有悠久历史和传统的一项教育，伴随着人类社会的发展而发展，其中各个时代的思想家和教育家都做出了贡献。吸取德育教育的历史精华，合理有效地纳入新的德育教育系统是德育创新的一个重要基础工作。鸿文德育模式的创建也是以前人的大量德育成果为基础。它们有机地融入鸿文德育的系统中，使鸿文德育的模式有了丰富的底蕴，具备了扎实的理论根基。同时，也使这一新型的德育模式与我国德育的大系统一脉相承，提高了它的实践价值。

鸿文德育模式理论基础分析图如图 3-1 所示。

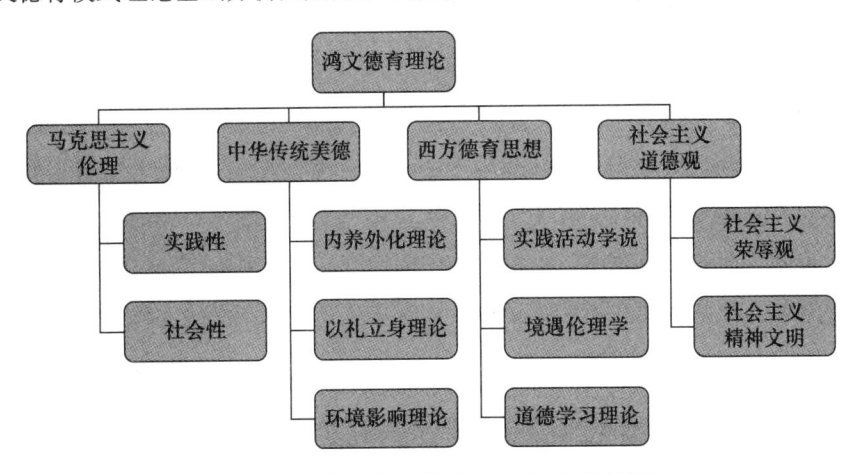

图 3-1 鸿文德育模式理论基础分析图

第一节 马克思主义伦理教育理论

在德育教育实践中，正确认识与处理中国传统文化与马克思主义的关系，创造性地继承传统文化和发展马克思主义，是一项十分重要、不容推卸的任务。马克思主义与中国传统文化不是决然对立的。马克思主义是人类智慧的结晶，这一结晶当然也包括了中国传统文化的精华。中国 5 000 余年的文化与智慧，是人类智慧的重要组成部分。大量历史资料表明，在马克思主义的思想渊源中，就已融入了中国传统文化的基因。根据材料表明，1945年，美国汉学家顾立雅在1905年出版了他的《孔子与中国之道》一书。他对中国儒学在17、18世纪对欧洲的影响，尤其是对法国启蒙学者的影响，做了极其翔实的阐述和论证。他在该书一开头就明确指出："众所周知，哲学的启蒙运动开始时，孔子已经成为欧洲的名人。一大批哲学家包括莱布尼兹、沃尔夫、伏尔泰，以及一些政治家和文人，都用孔子的名字和思想来推动他们的主张，而在此进程中他们本人也受到了教育和影响。在儒学的推动之下，中国早就彻底废除了世袭贵族政治，现在儒学又成为攻击法国和英国世袭特权的武器。在欧洲，在以法国大革命为背景的民主理想的发展中，孔子哲学起了相当重要的作用。通过法国思想，它又间接地影响了美国民主的发展。"马克思主义有三个来源：一是德国的古典哲学，其创始人是莱布尼兹，他对中国的二进位数学和宋明理学都有较多的研究；二是英国古典经济学，其创始人之一是亚当·斯密，而亚当·斯密的老师是法国"百科全书"派的权威之一——魁奈，魁奈作为当时重农学派创始人，被公认为"欧洲的孔子"；三是法国的空想社会主义，它诞生于以巴黎大学为中心百年"中国文化热"的背景之下，恩格斯曾经著文论证它与中国《礼运篇》思想之间的关系。马克思主义在中国传播，是一个与中国传统文化相融合的过程。中国革命需要马克思主义，马克思主义与中国革命实践相结合，使得中国革命取得了最后胜利。与此同时，也是马克思主义与中国传统文化相融合的过程，也就是马克思主义中国化的过程。马克思主义作为外来西方文化的精华，要在中国被认同、接受、运用、开花与结果，就必须扎根于中国传统文化的沃土之上。毛泽东思想和邓小平理论，都是"洋为中用"、马克思主义中国化的典范。马克思主义要在中国思想文化的土地上打下根基，就需要与中国传统文化有新的结合。而新一代年轻人只有对中国的历史、世界的历史有较多了解，才有接受马克思主义的文化根基。否则，马克思主义在他们的头脑中只是一些空洞、僵硬的教条，或者成为他们升学、考试、拿学分的一种"工具"。进行中华民族优秀传统道德教育，本身就是一种历史文化的教育，有助于青少年学生接受马克思主义。

马克思主义是社会主义德育建设的指导思想。马克思主义的哲学及其伦理学是德育工作的重要内容，也是创新德育工作形式的一个重要基础。鸿文模式是在整个德育过程中渗透马克思主义的伦理学思想的，其中，最突出的方面有以下几点：

第一，鸿文德育模式强调实践性。马克思主义哲学的实践性在其伦理学思想中具有突出的位置。马克思主义的一个重要伦理思想认为，在道德判断中，价值标准的确立是以科学的实践为基础的。一切以生产为核心的人类活动是道德判断的起源和道德标准产生的来源，没有什么价值标准是天生就有的、凭空产生的。"超人类社会的道德是不存在的，凌驾于历史之上的、永恒的、终极的道德也是不存在的。"这种实践性也是鸿文德育模式从学生学习和生活实践中培养品德、升华道德的一个出发点。鸿文德育模式中的一切教育形式包括行为规范教育、学生自我教育、典型示范教育等都是在实践中完成的,学生通过大量的实践,逐步形成正确的道德判断,也逐步养成健康的道德行为规范。

第二,鸿文德育模式强调集体性即社会性,认为在社会活动或集体活动中才能促进道德的成熟和人格的形成。"马克思主义认为,人区别于动物主要是社会属性。人的本质并不是单个人所共有的抽象物,在其现实性上,这是一切社会关系的总和。因此,只有从人们所处的现实社会关系出发,包括道德在内的各种社会现象,连同所谓人的本性才能得到正确的说明。"(《中国大百科全书》"马克思恩格斯伦理思想"条)鸿文德育模式强调学生通过集体和社会活动,在处理人际关系的过程中学习领会崇高的道德和腐朽的道德的区别,通过与师长、学友、亲属、同事的人际关系处理,丰富、扩展道德的内涵,正是把马克思主义伦理学的"社会属性"这一基本思想,有目标地运用到道德教育实践之中。马克思主义认为,人是现实生活中的个体和社会集团的统一,因而,只有通过对现实社会生活的具体分析,才能认识个人利益和社会公共利益的关系,并确定处理这种关系的原则,这也正是鸿文德育模式的基本特征。从学生的自我教育到行为养成和品德内化,都是在学校和社会这一大环境中完成的,特别是学校的环境,是一个学生集中实施道德实践的典型场所。它把大量的人际关系的实践寓于一个有限的真实的道德实践环境中,使学生道德的实践和检验更为直接有效,加快了道德学习的过程,加速提高了道德升华。

第二节　中华传统美德和教育方法

中华传统美德在德育教育中具有很高的当代价值以及坚实的理论依据。从当代价值来看,一个国家,在政治上独立、经济上开始富强之后,就必须有文化上的复兴。我国如果没有民族文化上的复兴,就难以建设有中国特色的社会主义,也就难有完整意义上的民族伟大复兴。道德是文化的重要组成部分,更是文化的灵魂,离开道德的文化必然是腐败的文化。中华传统美德是中华民族传统文化的灵魂,是代代相传、世世发展的民族智慧,是建设富强、民主、文明的社会主义中国的精神力量。对于青年学生进行中华美德教育,是中国历史发展的必然要求。

从理论依据来看,传统文化具有民族性,任何民族都有自己的历史,也就有了自己的传统文化。中国的传统文化,是中华民族历史的结晶,也是中华民族对于人类的伟大贡献。中华民族传统文化的精华,是人类文明中一笔宝贵的财富,它与各民族的优秀文化相互交融,共同造就了全人类的文明,在世界文化的宝库中,中国传统文化有其独特的魅力,有不朽的生命力。中华民族优秀传统文化是中国人之所以能够立于世界民族之林的根本，也是开创和建设有中国特色的社会主义新文化的历史依据与现实基础。江泽民同志对于传统文化的积极作用多次予以指出。1990年3月，他在中南海怀仁堂，与北京大学学生代表座谈时说："任何一个民族都有自己的传统。我们中华民族之所以能在世界屹立五千年，就是因为我们有着优秀的民族传统和民族精神。"1994年年初，江泽民同志在全国宣传思想工作会议上明确提出："要用科学的态度对待我们民族的传统文化和外来的文化。我们民族历经沧桑，创造了人类发展史上灿烂的中华文明，形成了具有强大生命力的传统文化。我们要取其精华，去其糟粕，很好地继承这一珍贵的文化遗产。"1991年12月19日，江泽民同志在厦门大学与师生座谈时说：广大青年是我们社会主义事业的接班人，是祖国未来的建设者，对他们要经常进行马克思主义基本理论教育，同时，也要经常进行我们民族的优良传统教育。例如，孟子的"富贵不能淫，贫贱不能移，威武不能屈"，文天祥的"人生自古谁无死，留取丹心照汗青"，林则徐的"苟利国家生死以，岂因祸福避趋之"等，对于激励人们的爱国热忱是很有作用的。应该说，这些话都是我们民族文化中一些富有哲理，教人正直、忠贞、有抱负的名言。学习和掌握它们，对于自己立身行事，为国家、为人民建功立业，是会受益匪浅的。1997年11月1日，江泽民同志在美国哈佛大学演讲中又指出，从历史文化角度来了解和认识中国，是一个重要角度，因为现实中国是历史中国的发展；中国的文明传统，一直影响着中国人的思维方式、价值观念、理想追求，乃至中国的发展方向；中国人民几千年来形成了团结统一的传统、爱好和平的传统、独立自主的传统、自强不息的传统。这些论断表明，中国的优秀文化传统，至今仍然是实现中国特色社会主义现代化的精神动力。1993年，中共中央制定了《关于中国教育改革与发展纲要》，1994年，中共中央关于爱国主义教育和加强改进学校德育工作的两个文件，1995年颁布的《中华人民共和国教育法》，都对继承和发扬中华民族优秀文化传统做出了明确的规定。从此，接受中华民族优秀文化传统教育，成为每个公民的权利；对学生进行中华民族优秀文化传统教育，也就成为每位教育工作者的义务。

从现实效果来看，传统在实践中所发挥的积极作用已为世人所瞩目。半个多世纪以来，日本、韩国、新加坡的飞速发展，中国近20年来坚持中国特色"走自己的路"所取得的举世公认的成功，都证明传统文化的活力。韩国、新加坡等国家和地区，以自己的"模式"和力量，很快冲出经济危机。历史再次证明，东方文明与东方模式相适应，东方的传统文化与价值观，是东方社会现代化的精神动力。事实证明，传统文化是世代相传的思维方式、价值观念、行为准则和风俗习惯。它既有强烈的历史遗传性，又有鲜活的现实变异性。它无时无刻不在影响、制约着每个人。

中国古代文化是以儒家占统治地位的文化，儒家的教育思想在中华民族的文化传承和发展中是一条主要脉络。先秦时期许多文化哲学流派最终被融入儒家的思想系统，成为文化长河的一些支脉。儒家教育思想中强调伦理、教化和实践的思想，由于获得了显著的效果，在我国德育发展史上具有很大的影响。对儒家德育思想的借鉴，主要应该着眼于合理的思想内核和具体的方法，而扬弃其中的封建糟粕。

我们认为，所谓合理的思想内核主要是一些最基本的道德观念和伦理规范，它可以包括在儒家的思想纲领——仁、义、礼、智、信之中。如包含在"仁"之中的尊老爱幼、严己宽人、扶危济困等道德观念，包含在"义"中的见利思义、见义勇为、道义相砥等观念，包含在"礼"中的谦恭礼让、尊师重教等观念，包含在"智"中的勤奋好学、矢志不渝、学以致用等观念，包含在"信"中的诚信无欺、贞信不渝、以信治国等观念，包含在"孝"中的孝以养德、孝以和睦等观念。

实践证明，具体的教育方法就是将这些观念外化为伦理的、行为的规范，在行为中有效约束人的一举一动，长期保持，最终形成稳定的行为取向和行动模式，并对人生不断发生积极的影响。同时，在人群中由于行为规范的一致和道德观念的共识，营造了育人的环境气氛，又反过来促进人的品格的升华和行为模式的稳固。我们对以下一些以儒家思想为代表的理论做了梳理，吸取了其中合理的部分。

一、内养外化的理论

《三字经》开章明义："人之初，性本善，性相近，习相远，苟不教，性乃迁，教之道，贵以专。"这里有两个关键词，一是"习"，它应该指习性，是由养成而完成的行为规范；二是"教"，说明习性是可以通过教育来达到预定目标的。

古人内养外化的理论包括以下内容：

第一，善根源于天赋的善端，把善归结为天赋的本性，这一观点虽然忽视了善的社会性，有一定的偏颇，但有一定的合理性。所谓"恻隐之心，人皆有之；羞恶之心，人皆有之；恭敬之心，人皆有之；是非之心，人皆有之"，"求则得之，舍则失之"。

第二，善是通过后天的教育、实践积累而成的。孟子对这一理论有比较深刻的论述，他从人的天赋的善端出发，提出发挥（求）尽致，可以达到理想的目标。荀子提出性恶论，就是为了强调这一点。他认为人性本恶，为了克服这种由恶的本性所引起的争夺纷乱，才有圣王制定礼仪，进行教化，也才有了善。明代王夫之则强调人性本身是"日生而日成之"，是一个不断形成的过程，使这一理论趋于完善。

第三，性有善质而未能善，待教而成善。古人有一个比喻："无其性，不可教训；有其性，无其养，不能遵道。茧之性为丝，然非得工女煮以热汤而抽其统纪，则不能成丝。卵之化为雏，非慈雌呕暖覆伏，累日积久，则不能为雏；人之性有仁义之资，非圣人为之法度而教导之，则不可使乡方。"（《淮南子·泰族训》）

二、以礼立身的理论

传统德育思想在强调教化的同时，也注意用规范和律令去约束人的行为。最主要的理论是刑德论，它强调在道德教育中也应该注意发挥刑、法的辅助作用，这一思想不仅在法家学派中十分突出，在居统治地位的儒家思想中也有完整的表述。例如，孔子就曾说过："宽以济猛，猛以济宽，宽猛相济，政是以和。"（《左传·召公二十年》）我们认为，儒家在德育教育中所注重的规范律令实际就是礼，以及在实践中可以模范学习的礼仪。用礼节去规范人的行为是儒家教育思想的一个主要内容。

儒家的德育从礼出发，是基于个人修养的认识。首先，一定的礼节、礼仪是人际交往不可缺少的内容或要求。一个人如果在人际交往中不讲究最起码的礼貌、礼节，就会显得粗野。儒家把有无礼貌、礼节看作人与动物的区别之一，看作人所以立的基本根据，这是有道理的。其次，礼节、礼貌可以使人的品格升华。儒家认为，讲礼节必须有发自内心的真诚，并达到恭敬、尊敬的目标。一个人只有尊敬他人，才能获得他人的尊敬，才能做到自我尊重。在这一过程中，人的品格逐渐提高。儒家很推崇《诗经·相鼠》，因为这首诗很集中地反映了儒家对礼的功用的认识和态度："相鼠有皮，人而无仪！人而无仪，不死何为？相鼠有齿，人而无止！人而无止，不死何俟？相鼠有体，人而无礼！人而无礼，胡不遄死？"

从儒家的理论系统和经典著作的角度来看，礼是儒家学说的核心部分。在儒家十三经中，有关礼的经典著作占了三部，即礼记、仪礼、周礼。三礼是古代知识分子的必修课程。在过去的几千年中，礼是大多数封建士大夫知识结构中的重要组成部分。儒家创始人孔子就是一位礼学大家，他从小好礼，史记上说他："为儿嬉戏，常陈俎豆，设礼容。"他特别留意各代各国的礼，注意采集搜访，所谓"适周问礼"。同时，又对古代的礼书进行仔细的修订，成为儒家的经典。孔子的一生就是努力复礼，践行礼仪的一生。

三、环境影响理论

中国古代的许多教育家、哲学家都对这类问题有较为系统、详尽的论述，这里，我们可以选取一些有代表性的论述。

孟子的择邻而居的理论和古代"孟母三迁"的传说，是关于环境情景教育理论较早的依据。

荀子在《劝学》中说："蓬生麻中，不扶自直。"用生动的形象比喻说明了环境对塑造品德具有自然的、潜移默化的作用。

《墨子》一书也提到类似的观点：如子墨子见染丝者而叹曰："染于苍则苍，染于黄则黄。所入者变，其色亦变；五入必而已则为五色矣。故染不可不慎也。非独染丝然也，国亦有染。非独国有染也，士亦有染。"（《墨子·所染》）但是，他所强调的是环境不仅对人的品德的养成有正面的积极作用，也有消极的负面影响。

古代哲学家刘昼在这方面有一些很深刻的论述，例如，他说过："君之德，风之与器也；人之情，草之与水也。草之戴风，风骛东则东靡，风骛西则西靡，是随风之东西也；水之在器，器方则水方，器圆则水圆，是随器之方圆也……是以明君慎其所好，以正时俗；树之风声，以流来世。"（《刘子·从化》）他的论述是将前人有关这方面的论述进一步发挥，阐述得更为生动，也更加深刻。

理学大家陆象山说："人性本善，其不善者迁于物也。知物之为害，而能自反，则知善者乃吾性之固有，循吾固有而进德，则沛然无他适矣。"（《陆九渊集·语录上》）对这句话，前人有较大的争议，有人认为，这是坚持人的本性说，并不强调环境的教化作用。也有人持相反的观点，认为这一论述恰好是强调了后天环境的因素对个人品德性格成长的关键作用。我们比较赞同后一论点。"知物之为害，而能自反"，正是强调了个人在充分认识了环境的因素之后，克服了环境的不利因素，成为环境的主宰者。

著名的颜李学派代表人物颜元说："祸始于引弊，成于习染，以耳目、口鼻、四肢、百骸可为圣人之身，竟呼之曰禽兽，犹币帛素色，而既污之后，遂呼之曰赤帛黑帛也，而岂其材之本然哉！然人为万物之灵，又非币帛所可伦也。币帛既染，虽故质尚在而骤不能复素；人则极凶大憨，本体自在，止视反不反、力不力之间耳。尝言盗跖，天下之极恶矣，年至八十，染之至深矣，傥乍见孺子入井，亦必有怵惕恻隐之心，但习染重者不易反也。蠹一吏妇，淫奢无度，已逾四旬，疑其习性成矣；丁亥城破，产失归田，朴素勤俭，一如农家。乃知系跖图圄数年，而出之孔子之堂，又数年亦可复善。"（《颜元集·存性编》卷一）颜元这段论述意义更为深刻，他指出，环境不仅可以培养人，还可以转化人。不仅坏的环境使好人变坏，而且好的环境也可以使坏人变好。即使堕落很深的人，只要有好的环境熏陶，也可以革去陋习，重新做人。

事实上，以上这些理论，一旦有机地融合到鸿文德育系统之中，就会放射出光芒，展现出强大的精神魅力。

第三节　西方的德育思想

西方的德育思想十分丰富，是人类文化的重要宝库。古希腊是西方文明的发源地，也是西方德育思想的发源地。苏格拉底是这一文明的主要源头。他在德育领域的研究中有一个重要的命题，即德育的"知识"和"识见"区别论。他认为，道德教育中区分"知识"和"识见"是一个根本性的问题。这个问题的核心是德育实施的方式或进路的问题，是以知识或知识体系的方式实施德育教育，还是以识见的培养形成作为实施德育目标的方式？说到底，这是一个德育教育采取什么方式，采纳什么内容的问题。苏格拉底认为，即使是授予关于正义的明确的知识，也未必能导致实践的正义。懂得正义的人未必是恭行正义的人。而识见则具有十分重大的意义。识见是一种实践性知性，基本上不是从课本或课堂上习得的形成道德的方法，是同一般的学科教学方式迥然不同的，是在个别的行为中具体领悟的。在个别行为中领悟是苏格拉底对德育的最重要的贡献，对西方哲学伦理学和道德学具有深刻的影响，也是鸿文德育模式通过行为指导推进品德升华的依据之一。

为近代伦理学奠定基础的著名哲学家斯宾诺莎用曲折的语言道出了具体的道德实践环境和实践活动对道德品质培养的重要意义，他说："构成人的心灵的现实存在的最初成分不外是一个现实存在着的个别事物的观念。""人的本质是由神的属性的某些样式所构成，亦即是由思想的样式所构成；在所有的思想样式中，就本性来说，观念总是在先的；假如一个人有了一个观念，则将必随之具有其余的样式。对于这些样式，就本性来说，观念是在先的。所以，观念是构成人的心灵的存在的最初成分。但是这并不是一个不存在的东西的观念。以为这样理解这种观念本身就是不正确的；所以它必定是一个现实存在的事物的观念。而且它也不能是一个无限的东西的观念。因为无限的东西总是必然存在的；因此这是不通的。所以，构成人的心灵的现实存在的最初成分是一个现实存在的个体事物的观念。"（《伦理学》）斯宾诺莎关于道德观念是从个别事物中产生的思想，为通过行为规范的养成推动道德进步的德育模式提供了哲学支持，鸿文模式正是从具体的环境和行为出发，即从个别事物出发，来培养学生逐步积累道德的观念，形成成熟的人格。

美国的哲学家弗莱彻尔可以说是西方现代德育思潮的一个最近的代表人物，他的学说被称之为"境遇伦理学"。他认为，关于人的道德决断的方法或路线只有三种：一是所谓的律法主义或律令主义；二是所谓的反律法主义，亦即"无律法或无原则方法"；三是境遇方法。律法主义的方法是指以先定的原则作为指导人的道德决断或得到选择的强制性伦理学方法。往往根据经典或教义制定出各种不容置疑的行为规范。具有理性律法主义和法道德的特征。反律法主义是指人们进入道德决断的境遇时，不凭借任何原则或准则，甚至根本不涉及规则。其表现类似"良心直觉论"或"本能论"。弗莱彻尔认为，这两种极端的认识都是片面的。前者虽然尊重律法，但是在丰富复杂的实践境遇中，往往会手足无措，而且由于是学习的知识，对行为的指导是有限的，后者把道德判断建筑在直觉和良心上，实际上是解除了任何约束，把人置之于道德的真空之中，只能引起社会和道德的退化与沉沦。所以，唯一合理的方法是介于前两种观点之间的境遇伦理学方法。其基本的要旨是，力求把一种绝对的规范与一种实际的"计算方法"统一起来，以达到一定背景下的适当的善或"正当"。这一学说不反对规范和律令，但要求在实践和具体环境中验证这些规范和律令,在验证中学习、领悟这些规范律令。它是一种既不全然否定或抛弃原则,又始终立足于具体行为境遇的道德相对论方法。境遇伦理学具有明显的实用主义倾向,但其中合理的一部分则是注重实践和具体情况来实践道德观念,与我国传统的以个人学习和实践来领悟道德的德育方法有许多相通之处。

产生于西方的道德学习理论对德育的影响更为广泛。这一理论认为,道德是可以学习的,人是可以自主地学习道德的。国外许多研究者正在或已经做了类似的实验和调查。已经形成的研究成果可以从三个专家的研究结论中体现出来。第一位是威尔逊,他认为"人的生物性中就包含合作和自我牺牲的倾向;人是热爱生命的天使;人在最原始的内心深处就有一种要'与人相联系'的感觉。"也就是说,人的这种要与人相联系的社会性是与生俱来的,或者说人的道德学习的潜能是与生俱来的,根本不是学校领导、教师和家长强迫他去学的问题,相反倒是我们要考虑是不是用不恰当的教育把人的道德学习积极性给压抑下去的问题。第二位是伽德那,他做了很多的实验,发现道德中最重要的两个观念——尊重和公正,在人脑中都有生物学的基础,因此他把它称为"人的第九种智能",也就是道德智能。既然人有这种道德学习的潜能,我们就应该通过各种方式让它发挥出来。第三位是丹尼斯,他在1994年就提出,人有"将内在知情欲的精神潜质现实化"的真诚冲动,并且由于人的这种精神潜质和自我、时空、环境发生各种关联,或得以彰显,或受到压抑和挫伤导致功能失调。也就是说,人的道德意识和道德动机存在精神上的根基。(《德育其实并不枯燥——中央教科所所长朱小蔓博士畅谈德育新理念》,《中国教育报》2003年6月26日第5版)这些研究结果与鸿文德育模式有许多不谋而合的相通之处。

第四节　社会主义道德思想和伦理观

社会主义是人类社会的一个高级阶段,也是人类道德发展的一个高级阶段,应该充分吸收人类社会历史上的文化思想精华,对教育理论的精华部分也应该充分吸取,从而形成有更高层次的道德伦理思想体系。社会主义道德思想教育体系也包容了人类社会伦理和行为规范的合理部分。我国已经制定了一整套社会主义公民准则和文明建设规范,这些也是行为规范,但其中的内容是充满了社会主义和共产主义精神的,是以先进的道德准则为基础的。

胡锦涛同志提出要大力提倡社会主义"八荣八耻","八荣八耻"就是一种对行为的规范以期达到教育人、发展人的目的道德纲领。从它的具体内容来看:它同样包括观念和行为规范两个方面,是以行为准则包容道德观念。它的语言形式是一套道德判断,它成为鸿文德育系统的纲领,进一步丰富这一德育模式,使之更具有鲜明的是非观和道德界线。

从"八荣八耻"的内容来看,"以热爱祖国为荣、以危害祖国为耻",是一种道德立场;"以服务人民为荣、以背离人民为耻",是一种服务宗旨;"以崇尚科学为荣、以愚昧无知为耻",是一种世界观;"以辛勤劳动为荣、以好逸恶劳为耻",是一种人生观;"以团结互助为荣、以损人利己为耻",是一种社会交往的道德;"以诚实守信为荣、以见利忘义为耻",是一种职业道德;"以遵纪守法为荣、以违法乱纪为耻",是一种社会道德;"以艰苦奋斗为荣、以骄奢淫逸为耻",是一种奋勉的道德情怀。它从道德的各个层面提出了具体的是非观念和行为准则,体现了社会主义基本道德规范的本质要求,体现了社会主义核心价值观的鲜明导向。它是有效反对拜金主义、享乐主义、极端个人主义的一面旗帜,是在现当代的国情下,对人的行为是非、善恶、美丑制定的界限,所以它就是一套行为规范。"八荣八耻"具有巨大的实践价值,为鸿文的德育建设提供了直接的理论支持,使鸿文德育模式的内容更富有时代性,道德的标准更为鲜明。

"八荣八耻"的道德纲领与鸿文国际职业高级中学提倡的一整套学生行为规范是无缝对接的。可以说,"八荣八耻"是总纲,而学校的行为规范是目的,是总纲的细化或具体化。在学校制定的行为规范中,细化了"八荣八耻"的内容。例如,在学校的国旗仪式、班会活动的准则中,融入了"以热爱祖国为荣、以危害祖国为耻"的内容;在对学生义务劳动和责任区的准则中,融入了"以服务人民为荣、以背离人民为耻"的内容;在提倡努力学习、尊重知识和人才的准则中,融入了"以崇尚科学为荣、以愚昧无知为耻"的内容;在学校尊敬师长、友爱同学的准则中,融入了"以团结互助为荣、以损人利己为耻"的内容;在对待国家、社会、学校制度的有关准则中,融入了"以遵纪守法为荣、以违法乱纪为耻"的内容;在对节俭、环境保护的相关准则中,融入了"以艰苦奋斗为荣、以骄奢淫逸为耻"的内容。

可以说,鸿文德育模式具有深厚的文化根基和理论根基。同时,新的德育研究成果也不断被吸纳到鸿文德育的系统中,不断丰富这一模式,推进它的发展。这种继承和创新相结合的关系成为鸿文德育模式的一个显著特点。

第二部分　实践篇

第四章 鸿文德育模式的思想原点

鸿文德育模式的概念定位：以伦理思想为原则，以行为规范为原点，以"训""导"相辅为手段，以学生自我教育为主要途径，以行为养成到品德内化为过程，以制度为保障的德育教育模式。

由此可见，鸿文德育模式是一种以训导制度为基础，以实践和内省为主要渠道的德育教育模式。这一模式具有突出的"训""导"结合，即制度约束和正面引导互为表里的特点，在理论和实践中寻求这一模式的合理性是这一模式存在和发展的前提。对这一模式的建设具有特别重要的意义。在这方面的研究中，我们力求在传统和继承、教育科学和当前实践、法律规章和实际应用等几个关系上寻求突破点，使这一思想原点的研究可以为鸿文德育模式提供基本的依据。

第一节 训导制度型德育模式的基本依据

构建一种适应社会主义新的历史阶段的德育体系，必须紧密结合社会主义现阶段的实际，特别是道德教育的特点，确立可行性、有效性和针对性的标准。鸿文德育模式是以训导和制度为重要支持的一种模式，这种模式是否符合目前的教育主流和德育环境，能否收到明显的教育效果，这些都是需要认真探讨和论证的。我们通过对以下几个方面的研究，使鸿文德育模式有了坚实的实践基础。

一、德育与规范性管理相辅相成

通过管理约束行为，通过德育教育，引导行为实施和内在思维的模式。二者相辅相成，最终实现有目的育人，这是一种有效可行的德育模式。我们认为，德育过程是教育主体与受教育客体双方能动的对立统一，教育者的教育与管理是约束受教育者品格形成和发展的条件，但很难使客体在心理上产生实质性转化。只有针对性地开展深层次的德育，促使受教育者思维的内部矛盾运动，释解内在的阻力，转化为正确言行，才能真正实现德育目的。规范化管理是在客体受教育的同时，利用一些科学化、规范化的手段强制约束受教育者，促使其执行相应规范。管理与教育的目的是一致的，都是为了最终实现德育培养目标，使受教育者具备现代公民和职业人的必备素质。

规范化管理对德育的积极作用主要表现在：第一，规范比道德有更鲜明的显现形式。道德的内容十分丰富广泛，这使它的表达往往难以有系统性和明确性，通常只能给人们的行为指出一些原则性的道德主张。但如果道德内容获得了制度和规范的确认，道德原则就会变得易于遵循。第二，制度和规范的伦理性具有隐形的德育功效。制度本身隐含着伦理性，制度的执行过程也是隐性德育发挥功效的过程，通过赞扬或表扬道德行为，禁止或惩处非道德行为，就为学生提供了明确的道德导向，指导学生选择道德行为，具有潜移默化的德育功效。第三，制度执行的刚性能提高德育实施的实效性。道德原则和规范如果得到制度的确认，会获得执行的强制力，也会在一定程度上保障道德规范实施的效力和刚性。学校如果通过"学生守则""行为规范""文明礼貌公约""实施细则"等把一些德育内容和要求以制度的形式确认下来，就能有力地保证道德规范的贯彻执行，有效避免道德教育软弱无力的现象。

鸿文德育模式的思想原点就是将制度规范作为德育的一条路径，在制度对行为的约束中逐步培养和提高学生的道德意识，使学生从道德的"必然王国"走向"自由王国"。

二、礼仪教育应该作为德育的重要内容

《公民道德建设实施纲要》提出，公民道德建设要在全社会大力倡导"爱国守法、明礼诚信、团结友善、敬业奉献"（《公民道德建设实施纲要》第6页，学习出版社2001年10月第1版）的基本道德规范。在这个方针中，已经把礼仪教育的内容融进了公民道德建设的系统工程。把礼仪教育纳入学校德育，既是时代的要求，也是学生自身成长成才的需要。我国是一个文明古国，礼仪文化源远流长，素有"礼仪之邦"的美称。早在两千多年以前，先人们就对礼仪的作用做过许多重要的论述。孔子认为，礼是治国安邦的基础，"不学礼，无以立"（《史记·孔子世家》），"能以礼让为国乎，何有？不能以礼让为国，如礼何？"（《论语·里仁》）荀子把礼与法相提并论，"礼仪者，治之始也"（《荀子·王制》），"礼仪生而制法度"（《荀子·性恶》）。管子则把礼仪视为立国的精神之本，曾经指出："礼义廉耻，国之四维，四维不张，国乃灭亡。"（《管子》）这些精辟的论述把礼仪的重要作用揭示得淋漓尽致。

在现代社会，虽然一个国家、一个民族的综合国力所包含的内容十分广泛，但在评价一个国家、一个民族时，通常是从这个国家、这个民族人们的言行举止、文明习惯所体现的公民素质与精神面貌入手的。因为从国家和民族的角度讲，礼仪是一个国家、一个民族的社会风貌、道德水准、文明程度、文化特色、公民素质的重要标志。从公民个体的角度说，礼仪是一个人思想觉悟、道德修养、精神面貌和文化教养的综合反映。通过一个人在社会生活中对礼仪运用的程度，可以察知其教养的高低、文明的程度和道德的水准。

礼仪与道德的关系是极为密切的。礼仪本身是一种既具有内在道德要求，又具有外在表现形式的行为规范。谦恭的态度、文明礼貌的语言、优雅得体的举止等方面表现出来的，是人的内在文化修养、道德品质、精神气质和思想境界等。没有内在的修养，外在的形式就失去了根基。亚里士多德曾经说过："美是一种善。"普罗提诺也说："善在美后面，是美的本质。"但是，在礼仪的内在要求和外在表现形式这一对矛盾中，我们强调内在美德的决定性地位的同时，不能忽视外在礼仪形式的重要作用。正如英国资产阶级思想家约翰所说的那样："没有经过琢磨的钻石是没有人喜欢的，这种钻石戴了也没有好处。但是一旦经过琢磨，加以镶嵌之后，它们便生出光彩来了。美德是精神上的一种宝藏，但是使它们生出光彩的则是良好的礼仪，……无论什么事情，必须具有优雅的方法和态度，才能显得漂亮，得到别人的喜悦。"内在的良好道德品质、文化修养只有通过一定的外在形式表现出来，才能在现实的社会生活中具有实际的意义和作用，离开了一定的外在表现形式的抽象道德理论和思想是空洞与无用的。

世界上的不少国家，在现代化的过程中始终把现代化建设与弘扬本民族优秀传统文化有机结合，在推动经济飞速发展的同时，为传统文化注入新鲜血液，使其焕发出新的活力，成为社会稳定与经济发展的精神动力。例如，新加坡在20世纪70年代后期，伴随经济的飞速发展，道德出现危机，李光耀总理及时提出，要把国家建设成为一个"富而有礼"的国家。20世纪80年代初，又进一步把"仁、智、勇、义、礼、信"确定为中学《儒家伦理》课的重要内容，把"忠、孝、仁、爱、礼、义、廉、耻"作为政府必须贯彻的"治国之纲"。20世纪90年代新加坡政府又发表了《共同价值观白皮书》，进一步提出树立"敬业乐群、勤劳进取、廉洁奉公、讲求效率"的新加坡精神。

我国的德育教育，其中一个重要的弊端，就是概括性的道德发展境界方面的要求多，行为养成强调得少；空泛的大道理讲得多，操作性的技能技巧讲得少；道德的知识性传授多，扎扎实实的行为训练少。这使得一些青年学生不知道该如何把社会普遍提倡的道德规范，具体地转化为个人的道德行为。在学生中基础文明方面的问题十分突出。例如，屡禁不绝的课桌文学；在卫生间、校园里、教室的墙壁上随处可见的污言秽语；在图书馆的杂志、图书上乱涂乱画，开天窗，甚至偷拿、毁损；在公共场所勾肩搭背、大声喧哗；上课迟到早退；摔酒瓶、讲粗话、乱扔纸屑果皮；等等。更令人不安的是，有的学生把无视校规校纪，行为不羁，只顾自己不顾他人看成是有个性；有的学生强烈地要求别人尊重自己，却不知尊人为何物，难以与别人建立良好的合作关系。学生中这种受教育没教养、有知识没文化的现象，直接影响到学生的整体素质和人才质量，已经引起了许多有识之士的关注。尽管造成这一状况的原因是多方面的，但与学校德育目标过大、过空、过泛，质量不高，效果不尽人意，难以"入耳、入心、入脑"不无关系。把礼仪教育作为学校德育的重要内容，从最基本的礼仪规范入手，引导学生在约束和规范自身行为的同时，培养高尚的道德情操，进而形成正确的道德观、价值观、世界观，可以有效地加强德育的实践性和可操作性，解决知与行不统一、学与做两张皮的问题。礼仪这种行为规范内外统一的特性，能够使学生在学习的过程中，把陶冶情操与养成良好行为习惯有机地结合起来，成为内在修养良好、外在形象优雅的一代新人。

三、德育需要有效的行为体验和内化途径

检讨现行的学校道德教育，事实上存在着很多不尽如人意的地方。例如，道德教育"人为、表浅化""孤立、封闭化"，德育课程知识化；单向灌输多，双向理解少；集体受教多，个体选择少；道德教育僵化而少活力，实效性不够，缺少魅力；德育未能成为有助于人生命发展、生活质量和精神心灵成长的工作。有鉴于此，应当在方法上做以下调整：

（1）从知识化、书面化向行为化、体验化发展。20世纪五六十年代以后的长时间里，世界上流行的是重视认知发展的道德教育模式。虽然和传统道德教育模式相比它具有相当的历史合理性，但对于发展人的道德教育而言它还不够完整，因而需要扩展到重视人的行为参与和体验。大量的研究表明，人们在实践中已经认识到体验学习和道德成长之间有着天然而内生的亲缘关系。道德教育从本质上讲是为了影响人、化育人的心性品质，这种品质反映了人的内在要求，是自主的，因而是个人的真实存在。伦理可以从社会性的角度加以把握，而道德则必须落实到个人的精神世界和具体行为。从这个意义上说，道德是个人化的，道德的学习是个人在关系中的自我把握，所以，真正的道德教育一定包含着关系性、个体性、真实性和情境性等一些基本属性。与此相应，人的行为体验恰恰反映了人最真实的存在，是个体在特定情境中的一种经历，如果没有这种经历和由经历所构成的切身体验，那么个体就不可能对道德产生深刻的认同并进一步渗入人的内心。研究表明，在生命发展的不同阶段存在着不同类型的和道德教育相关的情感体验。在生命早期，联系感、依恋感和归属感的体验对道德的最初成长有着非常重要的意义。事实上，依恋、归属并在其中产生自我认同，是人性的基本需求。实际上，道德情感需要在一定的教育情境中来培养，教师要善于灵活运用一切情境来培养学生的道德情感。

（2）从单向灌输到双向互动，这是道德教育在方法甚至立场上的一个改变。过去有一种观点认为，成人比孩子、教师比学生掌握了更多的道德真理，因此，道德教育只能是单向的灌输，直到20世纪末随着各种新兴文化的兴起，这种看似天经地义的观念终于发生了动摇。调查研究发现，在各个年龄阶段的孩子中间都有一些较成人更为可贵的道德品质，于是就提出了一个崭新的道德教育理念：向孩子学习——两代人共同成长。所以，今天的道德教育是需要在代际交往和互动中进行的，是需要在对话和讨论中展开的。这不仅包括

父母与子女的互动，还包括教师与学生的互动。只有这样，道德教育才可能真正成为精神生命的相互碰撞，才可能生发出更多鲜活的道德个性。

（3）从封闭的课堂教学到具体的生活实践。实际上，道德原本就产生于现实的社会生活关系中，离开了生活就不可能滋养德性。生活中酸甜苦辣都有，只有通过体验百味人生，人才能不断超越自身从而扩展和丰富个体的精神世界。鸿文国际职业高级中学注意将道德教育融入学生的日常生活之中，目的是让道德回归生活，让生活成为道德最重要的教师。鸿文德育模式注重生活学习行为的细节和实践，就是本着让学生自己体验、自己感受、自己认知、自己收获的原则，以期望使学生的道德进步实实在在，扎实巩固。

第二节　训导、行为与制度之间的关系

鸿文德育模式是以伦理思想为原则，以行为规范为原点，以"训""导"相辅为手段，以学生自我教育为主要途径，以行为养成到品德内化为过程，以制度为保障的德育教育模式。所以，行为规范是我们的教育原点，也是一个重要的突破点。

我们借鉴了党和政府从 20 世纪 80 年代开始倡导的社会主义文明行为规范的做法，对一些规范行为的文献做了比较和研究，从各地精神文明建设的条例包括"五讲四美三热爱"这样的口号性规范文本的制定来看，都着眼于从人的各类行为的小处入手，注重营造道德的养成氛围。从行为规范入手这一做法符合我国道德教育的基本特点。

行为规范的养成，不是一种自然而然的过程，而是在一种有效的德育教育手段中才可能形成的。鸿文德育模式的教育手段是以"训""导"相辅，把握其中的一些关系就成为这一德育模式达到成效，得以立足和受到社会认可的关键。

实施"训""导"相辅的教育手段应该着重把握以下几个方面的关系：

（1）"训"为"导"先——发挥规制性文本对规范学生行为习惯的定型功能，学校的各项规章制度、条例、目标、任务等具有规范学生行为的约束力，执行中具有一定的强制性，但当它们通过长期的文化渗透、浸润，被学生内化为自觉的态度、观念和行为准则时，规章制度就能促进学校形成特色的文化传统，传统的校园文化对学生的行为取向起着软性的强制作用，产生一股强大的习惯力量，保证学校管理秩序、教学秩序、活动秩序等正常运转。规范也成为制约和矫正学生不良行为的重要力量。

（2）"导"中有"训"——教育环境的同化功能。育人可分为教书育人、环境育人和服务育人三类。其中，环境是影响学生身心发展的重要因素。环境包括社会环境和自然环境。社会环境是指社会上各种形态的事物所构成的环境，如制度、法制、文化、舆论、风气、社会的活动等；自然环境是指自然界各种事物所构成的环境，如山水、风景、气候、

花木等。任何学校都是生存于一定社会环境和自然环境之中的，学生长期学习、生活在这种环境里必然会受到各种价值观念、舆论导向、处世态度、自然风光等信息的陶冶，在不知不觉中接受教育。环境熏陶的意义在于潜移默化。

（3）"训"中有"导"——教师形象的示范功能。形象是一个人各种心理特征的综合反映，也是一个人最基本的精神面貌。教育心理学认为教师的形象对学生的认知、情感、意志等世界观的形成具有很强的精神感染作用。教师应当是学生的楷模。教师的一言一行，对学生能产生巨大的影响。主要表现在教师的人格和道德水准对学生所起的潜移默化的作用。教师严谨、务实、整洁的风貌，对祖国、对民族的热爱，对工作、对事业的追求及他们身上所体现的人格力量，对学生的影响会远远超过教师所传授知识的"分量"。

（4）"导"带动"训"——信息交往的协调功能。良好的人际交往对陶冶学生情操有重要的协调作用。学生经常交往的对象是教师、同学和家长。因此，家庭关系民主化，和睦共处，尊老爱幼，相互信任，文明上进；学校生活和谐化，尊师爱生，团结友爱，生动活泼，奋发向上，都会有益于学生身心的健康成长。教师以平等的身份去和学生交朋友，充分地理解他们，关心爱护他们，取得学生的信赖，成为他们的贴心人，这样就能摸准学生的脉搏，及时地发现问题，有针对性地做好教育工作。同学之间相互理解尊重，彼此袒露心声，团结、信任、合作，学习中优帮差，劳动中强帮弱，在这样的氛围中，学生将会产生积极自觉的情感体验。在这种情感体验中，如果教师向他们有计划地灌输有关的观念，并使这种观念与直接情感体验联系起来，就能促进学生优良品质的形成，并能促进"个体社会化"的进程。人际交往能力的培养涉及一个人的文化修养、家庭教养、思想水平、思想方法等诸多方面。

训导教育手段的综合效果如图 4-1 所示。

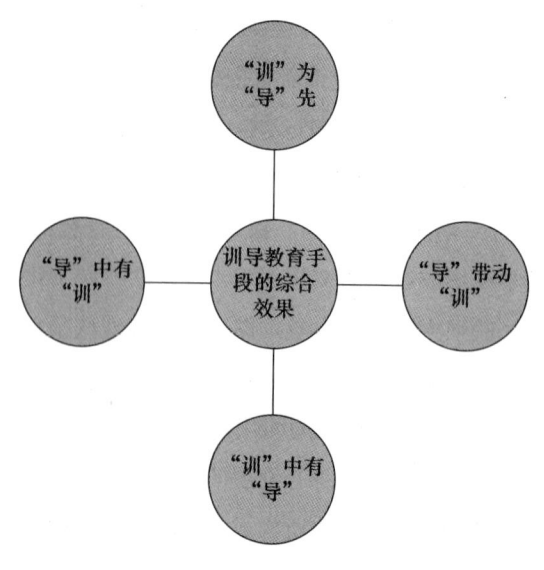

图 4-1　训导教育手段的综合效果

第三节　在处理训与导的关系时必须辨明的误区

在对这一模式的理解上，由于经常存在着对训导的庸俗化理解，一般会出现两个误区：一是认为训导教育就是一种强迫、被动的教育；二是认为训导教育就是单向的、没有互动的教育。

误区一，训导模式是他律模式，是一种强迫被动的教育。其实鸿文训导模式是为了从他律走向自律。学校德育的传统模式是一种他律型的德育模式。在德育过程中，教育者以权威者的身份，以训诫的口吻，要求学生服从、忍让、遵守规则等，忽略了学生在教育过程中的主体作用，学生在教育过程中始终处于客体地位，被人们当作一种"美德袋"而被迫接受着单一化的教育要求，接受着纯品德知识的灌输，没有品德情感的体验和品德意志的锻炼，更谈不上自我判断、自我选择、自我教育等能力的培养。在强制和灌输中，学生对规则、条例的遵守，不是出于道德需要，而是迫于外界的压力，因此也就缺乏道德行为的自觉性，导致知行脱节。鸿文训导模式则高度重视自我教育、自我修养、重视外律与内省的结合。鸿文训导模式通过学生的身体力行，呼唤着人的主体意识，要求发挥人的主动性及创造精神，要求教育培养和发展人的自主性与自主能力，促进德育教育由他律型转变为自律型，要求学校德育应以培养学生的自律意识和能力为主。

为此，学校德育模式要有新的突破。首先，努力实现德育目标由客体性向主体性的转变。通过充分发挥学生在德育过程中的主体作用，使德育目标最终落到学生的自我判断、自我选择和自我教育能力的发展上。其次，努力实现德育方式由强制性向民主性的转变。通过民主的交流与合作，智慧地把学生引向既定目标，通过发挥教师和学生、学生和学生的交互教育作用，启发学生进行自我教育和自我评价，培养学生的自我道德判断能力、道德行为选择能力和抵制不良影响的"免疫能力"。最后，努力实现德育过程由灌输性向实践性的转变。通过让学生亲自去参与实践，缩短教育内容和学生需要的时空距离，从而让学生领会道德的要义；通过教师、家长的引导，启发学生掌握合理的标准，做出正确的自律行动，从而使学生形成知行统一的良好人格，以显示高度的学校德育实效。

误区二，鸿文训导模式是一种单线传递的教育模式。其实，鸿文训导模式是一种互动双向的交流和教育模式。传统的学校德育主要以教师的训导和传递为主，过于强调品德知识的学习和掌握，致使在评价标准上常常以考分取人。然而，书面考试可以反映一个学生有关这种精神的知识，但是一个学生可能有关于这种精神的知识，然而没有或者并不能感受这种精神本身。学生是否有这种精神是考分远远不能体现的。这种认知和内化之间的矛盾，实际上是道德教育上很普遍的知行不一的矛盾。而解决这一矛盾本身就是德育工作的一个主题。许多从事德育工作的教师都会遇到这样的情况：对于品德知识，学生可以通过系统学习教材来掌握，可以通过考试来检查，而学生品德情感、意志和行为等无法通过书面来检验的而又恰恰是德育最核心的内容，我们又该怎么办？我们不能说一位能背诵《学生守则》的学生就是思想进步、道德高尚的人。由于人的社会性和精神性，人身上的某些东西如品德的好坏是永远无法数量化的。因此，仅以德育考试的分数作为衡量学生的思想品德的标准是不全面的、不科学的。尤其是在提倡素质教育的今天，学校德育也应由注重品德知识的学习转移到注重品德能力的培养的轨道上来，这就更要求我们要改变以"考分取人"的学生思想品德评定方式。鸿文德育模式从学生的行为着眼，正是为了避免单向的德育教育可能引出的各类弊病，通过训导的结合，通过学生行为与知识的对照，实现良性知性把握的循序渐进的知识源流，避免德育教育走向形式主义，走向僵化，走向纯粹知识学的死胡同。

作为双向的互动式教育，行为习惯的养成在于不断地反复实践，有些习惯必须在群体性的活动中才有可能养成，如与他人合作共事、与他人和谐相处。通过各类活动教育学生在当今的社会里，一个人仅凭自己的力量难以取得事业上的成功，凡是能够顺利完成工作的人，必定要具有集体主义精神。因此，员工在个性特点上要具有集体主义精神或合群性，几乎已成为各种企业的普遍要求。只有善于沟通、交流、协作、配合、讨论，凡事优先从整体利益考虑，并能集合众人的智慧和力量的人，才能得到大家的支持和认同，最终取得成功。

鸿文训导模式在评价学生的道德品质时，在对学生的操行进行量化测评后，还要对其进行定性分析，这一分析正是建立在学生行为规范的实际行动的基础上。即遵循定量评价与定性评价相结合的原则，使我们能客观真实地掌握学生的道德发展情况。通过全面地了解学生思想品德的发展状况，找出其中存在的问题，帮助学生进步，帮助学生解决困难，使品德评价有助于避免施教的盲目性并改进我们的工作，以利于受教育者的道德发展，提高学校德育的实效。

第五章 鸿文德育模式的核心内容

鸿文德育模式是一种以伦理思想为原则，以行为规范为原点，以"训""导"相辅为手段，以学生自我教育为主要途径，以行为养成到品德内化为过程，以制度为保障的新型德育教育模式。

日常行为规范的养成教育应该作为鸿文学校德育的重要内容。大量研究表明，在青少年身心发展的最佳时期，从小抓行为规范的小事，对人的成长具有十分关键的作用。通过这些教育，将有效促进学生个性社会化的发展，促进学生自觉性、独立性、自制力等良好个性品质形成，促进学生的全面发展和可持续性发展。通过有效的实践探索，学校在养成教育的目标与内容、形式与方法、管理与评价等方面进行了有益的尝试和大胆的探索。

鸿文德育模式的核心内容包括实施原则、规范体系和推进方法三个方面。

第一节 实施原则

根据"低起点、小坡度、分阶段、分层次"的原则，制定"日常行为规范目标分解训导达成要求"，指导全校学生从身心发展的特色出发，对行为规范目标进行分解，由大化小、由小化细，形成纵向呈系列、横向相关联的训导目标。

所谓低起点，就是在行为规范中以最初级的礼貌规范为起点，逐步向整个行为规范扩展。"低起点、小坡度、分阶段、分层次"，其中包括以下一些德育教育的规律或原理：

（1）德育直觉思维的原理。直觉思维作为思维的一种特殊形式，是对思维对象进行瞬间而迅速的把握，具有整体性、综合性、"非逻辑性"和深刻性等特点。其中渗透着大量的情感和意志因素，通过情感和意志的强大动力作用，使思维主体把注意力高度集中在所要解决的问题上。直觉思维虽然具有特殊性，但它在本质上仍是思维，只不过省略了诸多环节，仍然是主体在实践活动过程中针对某一事物而进行的积极能动的反应和把握，是人的主观能动性的更大程度的集中发挥，从而迅速直指事物的内在本质，达到对事物整体的把握和解决。礼貌是一种直观的行为，它的社会认同的基础就是直觉的道德思维。例如，在需求别人帮助时用"请""谢谢",就是对别人帮助的感激和别人付出的尊重。礼貌的行为规范强化和高度肯定了人与人之间的平等交往和互助关系。所以"低起点"并不低,实际上是道德品质的一种外部表现。礼貌在肯定和强调了正向的直觉思维后,也就强化了潜在的道德观念,催发了道德行为的自觉性,提高了道德的评判水准。

(2)道德推理原理。从礼貌规范出发的道德规范判断也是一种道德判断,而且是一切道德判断的起点。研究表明,道德判断是根据已有的道德原则和规范对自身或他人的道德行为进行判定,并对道德行为做出校正,使其符合道德规范的要求。这种判断具有较大的客观性,直接依据的是社会道德规范,因此,可以直接为受教育的主体所接受。道德判断包括指令性道德判断、规范性道德判断和评价性道德判断三种形式。我们认为,礼貌规范正处在指令性道德规范和规范性道德规范之间,具有德育的初级特征,与学生的现有道德认知水平相适应。这一阶段的德育教育是主体的主动学习和被动接受的结合。它为今后的道德评价性判断奠定基础,同时,也为提高学生道德推理的能力奠定基础。在道德推理的四种方式中都离不开以礼貌为主要内容的基本道德判断。例如,类比推理是德育主体在人我类同的基础上,从"我"的需要推出"别人"的需要。礼貌作为最常见的道德行为规范最可能进行大量的类比,通过"己所不欲,勿施于人"的比较,强化道德的自觉意识。道德回溯推理是一种道德反思。依据道德行为的结果推出导致某一道德行为结果的原因或理由。由于礼貌行为是最常,也是最早发生的道德行为,就必然成为反思最经常的材料。道德演绎推理是主体由高度凝结的抽象善恶价值推导出的具体道德原则、规范等实用性道德知识的过程。这里所谓的善恶价值其实不外乎原有的道德实践经验,而最基础、最丰富的实践经验就是以礼貌规范的各种行为为核心的实践经验。道德归纳推理则是将积累的道德行为进行归纳推出一般性的道德知识和结论,这种归纳由于也是以具体的道德实践经验为基础,因此,礼貌规范的行为经验必然是其中的一个重要方面。

(3)德主刑辅的原理。德主刑辅是我国传统文化中的一个重要内容,实际上是强调教育和制度的相辅相成关系。这里所谓的"刑"应该是一个宽泛的概念,可以包括制度和奖惩等内容。我国历史上汉代是一个集大成的时代,在《春秋繁露》中有一段对德主刑辅关系的经典表述:"教,政之本也;狱,政之末也。"古人很注意强调道德舆论的毁誉必须与法的刑罚相协调。鸿文德育模式中的行为规范,尽管其起点是层次较低的礼貌规范,但由于成为一种规范化的制度,附带了一整套奖惩的规定,就使它有了很强的约束力。它在学校德育主渠道教育的同时,起到了推进、强化道德规范的辅助作用。

可以将道德行为规范养成教育分解为以下五个方面:

1)生活行为规范。生活行为规范主要涉及培养饮食起居等方面的良好行为和习惯。其养成教育的目标是使学生懂得一些生活常识,养成良好的生活和卫生习惯。

2）学习行为习惯。学习行为习惯主要包括学习纪律和学习方式、方法等方面的要求。其养成教育的目标是培养学生正确的态度，掌握正确的学习方式、方法，提高学习效率。

3）劳动行为规范。要求学生参加力所能及的劳动，形成正确的劳动态度，具备一定的劳动能力。

4）交往行为规范。从待人接物的礼仪、态度等方面对学生提出要求，其养成教育的目标是使学生掌握必要的交往规则，提高其交往能力。

5）社会行为规范。社会行为规范即为人处世的态度和行为方式，主要是从对人、对事、对国家、对集体、对自然界的态度和行为方式等方面向学生提出了要求，其养成教育的目标是培养学生正确的处世态度和行为方式，提高学生的社会化水平和社会适应性。

鸿文德育模式在将礼貌规范作为德育起点的同时，已经考虑到从这些礼貌的起点出发，可以逐步扩展到其他行为规范之中，最后形成完整的德育规范系统。礼貌规范与其他道德行为的对应关系如下：

日常生活礼貌→生活行为规范和交往行为规范。

家庭生活礼貌→交往行为规范和劳动行为规范。

学校生活礼貌→社会行为规范和劳动行为规范。

接洽公务礼貌→交往行为规范和社会行为规范。

聚餐饮宴礼貌→生活行为规范和交往行为规范。

搭乘车辆礼貌→社会行为规范和交往行为规范。

第二节 细化的规范标准（一）：礼貌规范

鸿文德育的礼貌规范有一个鲜明的特点就是"细"，这正是德育工作必须注重的一个特点。由于道德的提升是一个内化的过程，必须通过具体的行为，经过长期的潜移默化才能取得内心道德领域的完全认同，所以对外部道德行为的规定越细越好。另外，道德品质也必须通过具体的行为才能衡量，具体的规范就成为衡量学生品德进步的一个标杆，也成为学生自己努力的一个具体目标。鸿文礼貌规范细则见表5-1。

表5-1 鸿文礼貌规范细则

行为类别	序号	具体内容	备注
一、日常生活礼貌	1	请求别人协助、帮忙的时候要说"请"	
	2	接受别人帮忙、服务的时候要说"谢谢"	
	3	妨碍或影响别人的时候，要说"对不起"	
	4	和别人谈话的时候，要面有笑容	

续表

行为类别	序号	具体内容	备注
一、日常生活礼貌	5	使用电话找人通话就说"请",如拨错号码应说"对不起",对转达留言的人要说"谢谢"	
	6	购物付款后,店员与顾客应互道"谢谢"	
	7	天热时不可赤身露体	
二、家庭生活礼貌	1	早起要向父母尊长说"早"	
	2	用餐时要请父母尊长坐上位	
	3	出门时要告诉父母到哪里去	
	4	回家时要先看望父母	
	5	客人造访要敬茶并亲切问好	
	6	兄弟姐妹要和睦,如有意见可告知父母,不可争吵	
	7	晚间睡眠前要向父母尊长道"晚安"	
	8	父母给钱或给东西时,要说"谢谢"	
三、学校生活礼貌	1	早上到校,要向老师说"早"	
	2	放学回家时,要向老师说"再见"	
	3	请同学帮助,要说"谢谢"	
	4	和同学有意见,要报告老师,不可争吵	
	5	要主动帮助年纪较小或残障的同学	
四、接洽公务礼貌	1	接听公务电话要先说明自己的单位	
	2	进入办公室应先敲门或喊"报告"	
	3	不可翻阅别人的公文	
	4	接洽公务要和对方说"请"和"谢谢"	
	5	借用公物,用毕归还原处	
五、公共场所礼貌	1	在公共场所,不可高声喧哗	
	2	公共场所设置座椅,不可卧下	
	3	要维护公共场所的设备和清洁	
	4	误犯公共场所的规定,要说"对不起"	
	5	在公共场所得到别人的帮助,要说"谢谢"	
六、聚餐饮宴礼貌	1	赴宴时衣着要整洁	
	2	入席时要请长者坐上位	
	3	进餐时讲话要小声	
	4	宴会时不可酗酒失礼	
	5	嚼食物时不可张嘴	
	6	饮用汤羹不可出声	
	7	对服务人员不可大声斥责	

续表

行为类别	序号	具体内容	备注
六、聚餐饮宴礼貌	8	散席时要对主人说"谢谢"	
	9	离去时服务人员与顾客要互道"谢谢"	
七、搭乘车辆礼貌	1	上下车辆要遵守秩序，遇年长者、孕妇、病人或残障者，要让其先行	
	2	对年长者、孕妇、病人或残障者应让座	
	3	搭乘计程车下车时要互说"谢谢"	
	4	坐错座位要说"对不起"	
	5	搭乘公交车时不可高声谈笑	
	6	搭乘公交车时不可抽烟	
	7	维护车辆清洁，不可随地乱扔纸屑、果皮	

可以看出，以上这些礼貌规范都是一些最基本行为的礼貌要求。可以看作一种文明礼貌的常识，是道德文明的一个起点。但是，这正是鸿文德育模式低起点、小坡度的特色。低起点并不是低要求。尤其对于现在的职业学校的学生来说，他们的品德水平不高，有的已经处于底线以下，最基本的礼貌规范使他们可以有章可循、有法可依，在看得见、摸得着、容易检查、容易约束的规范制度面前，道德的知觉才能觉醒，榜样的力量才能彰显，道德力量的功效才能立竿见影。另外，从德育研究的大量成果来看，道德的进步也必须通过具体的行为才能评价衡量。一切道德成果在量化的时候必须分解为一些具体的行为。如雷锋精神，就是从他做好事的具体行为和量的积累才得以体现出来的。

鸿文德育模式的礼貌规范还有一个特点，就是这些规范成为一个系统，它涵盖了大部分学生个人活动的场景，这也就把德育的教育渗透到了学生学习生活的各个角落，促使学生行为道德的全面提升，从而逐步造就学生完美的人格。德育工作者经常会遇到这样棘手的困难，即双重人格的问题。所谓双重人格，是指个人在不同的场景具有不同的道德表现和行为特征。这种人格的产生是与德育工作的形式化、书面化、外观化的弊端相联系的。由于德育教育一般是在学校等教育场所进行，个人的德育行为的评判一般也局限在校园，就导致部分学生的行为在学校里是一套，在家里是一套，在公共场所又是一套。有些人带着这种双重人格走向社会，甚至伴随终生，结果给个人和社会贻害颇深。这样的例子是屡见不鲜的。而鸿文的德育模式通过礼貌规范的设计，将德育贯穿到一切生活场景之中，有效避免了学校德育环境和社会、家庭德育环境的脱节，有利于避免双重人格的形成，为学生打下了扎实的德育基础。

可以根据鸿文礼貌规范的分类，归纳出以下场景：

（1）一般交往场景。一般交往场景是德育工作最容易忽视的部分，又是最重要的品格发展的环境。事实上，大量的研究都表明，小节、细节是品格成长最重要的环节，因为它影响着一个人一辈子的行为、全部的行为，即"行为的细节决定一生"。从德育的角度来看，行为的细节最能够反映个人的品德状况。一招一式、一举一动，可以观照一个人的道德水平和品格风范。

（2）家庭场景。家庭是一个小社会，品德发展的起点就是家庭，而品德巩固的阶段也常常在家庭完成。家庭场景的设置还有一个意义是将学校的德育向家庭渗透，解决德育工作"两层皮"的形式主义问题。

（3）学校场景。学校是学生接受德育教育最主要的场所，是学习、认知道德知识的主课堂，也是演示品德教育的一个演示场所，对其他场合的德育教育具有典型示范的意义。所以，学校的礼貌规范具有细致、严谨的特点。

（4）工作场景。学校设计学生的工作场景多数是模拟的，也有一些是在实习中发生的。工作场景的德育实践设计关系到培养学生的职业道德和职业素质。这也是鸿文德育的一个重要目标。职业教育是以就业为导向。大量学生就业的经验表明，就业竞争力的一个重要部分是职业素质，而这一素质的外在表现形式就是行为规范。学校制定的礼貌规范直接从工作场景的需要出发，对学生职业素质的培养具有直接的推进作用。

（5）公共场所场景。公共场所场景就是完全的社会场景，作为学校的德育目标必须与社会、城市对文明、道德的要求结合起来，也就是要将学校的德育与公德的培养结合起来。职业学校的学生是一个即将走向社会的群体，在社会中必然要遭遇大量的道德实践考验，从而逐步成熟，学校对这一场景的设计是为学生提供一个提前演练的机会。

（6）餐厅场景。餐厅是一个重要的人际交往场所。就餐文明是许多国家对文明进行衡量的重要标志。餐厅就餐的文明不仅是一种礼貌，也是一种礼仪。因此，在这一场景的礼貌规范设计中将规范和道德行为更为有机地结合起来。

（7）公交车厢场景。公交车厢场景是反映公德的典型场景，也是培养人的道德品德的重要场所。可以说，公交车的车厢是德育教育的初级学校和经常的演练场、考核场，这是鸿文德育模式高度重视"车厢德育"的原因所在。

以上这一系列场景交汇后，就形成了一个完整的人的生存环境，全方位地为个人的道德实践提供了一个平台。

礼貌规范场景交汇图如图5-1所示。

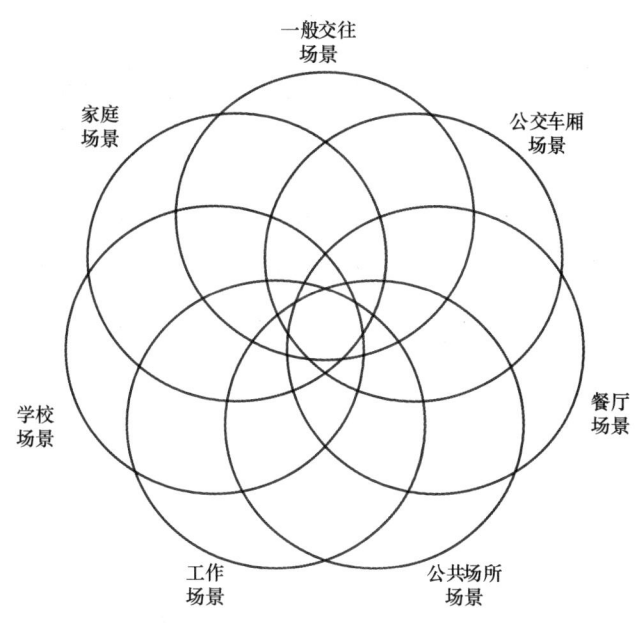

图 5-1　礼貌规范场景交汇图

第三节　细化的规范标准（二）：生活公约

鸿文生活公约表见表 5-2。

表 5-2　鸿文生活公约表

	序号	内容
（一）一般礼节	1	我在集会上，听、唱国歌，立即肃立致敬
	2	我对尊长，鞠躬致敬；对亲友、亲切问候；尊长在座，不交足
	3	我注意礼让，不忘记说个"请"字，接受帮忙服务时，不忘记说"谢谢"，自觉不周到处，应说"对不起"
	4	我候车、购物（购票）、入场，均应遵守先后次序
	5	我在公共场所，遵守规定，不大声喧闹、乱抛杂物、践踏草坪、攀折花木
	6	我说话要诚恳庄重，声音适度。不谈人私，不谈人短，不炫己长
	7	我出席集会，必须守时间，中途退席时，我会先请求主席许可
（二）食的方面	1	我进餐时，长者未食及家人未到齐以前，绝不先食
	2	我喝汤时不发出声音，碗盘筷匙，不撞作声
	3	我吃剩果核骨刺、残肴饭粒，不随手弃置
	4	我茶饭即毕，将餐具理好，座椅也应放回
	5	野餐后，纸巾、饭屑、竹筷、木盒等放置于垃圾桶内，或集中自行带回

43

续表

（二）食的方面	6	我用西餐时	（1）取用靠右边的饮料，靠左边的面包
			（2）先取用离盘远匙、刀与叉。喝汤使用大匙，割食肉类与茶肴
			（3）除酒及饮料外，不可将任何盘碟举起饮啜
			（4）不可用自己的刀叉在公共盘碟内取用食物
			（5）刀叉用毕，应并置于盘中
（三）衣的方面	1	我的服饰以整洁朴素为主，材料用国货，式样不奇异	
	2	我的衣服应穿正、扣钮，污垢随时洗涤，破绽随手缝补	
	3	我出门不赤膊，不穿拖鞋，不着睡衣	
	4	我参加丧礼吊唁，着深色衣服，举止肃穆	
	5	我绝不穿不合学校规定的制服	
（四）住的方面	1	我经常剪指甲、理头发、勤沐浴，保持良好生活习惯	
	2	我打喷嚏、哈欠，必须掩口	
	3	我饭前、便后、工作、运动完毕，必洗手，以保持卫生	
	4	我与人同住，守望礼让，守望相助，疾病相扶持	
	5	我在室内一切动作，均宜轻缓，以保持安宁	
	6	我常用物件，放置一定处所，用毕归原处	
	7	我有事出门，言明去处。逾时不归，及时通知家人	
	8	我在午休时，安静休睡，养精蓄锐	
（五）行的方面	1	我与尊长同行，应固定退于后方一步，必要时，予以搀扶	
	2	我走路时，要注意交通标志，服从交通指挥	
	3	我穿越街道时，应走行人道或斑马线	
	4	我走路抬头、挺胸、比肩、齐步、举止安详	
	5	我行进间，不吃零食，不攀肩搭背	
	6	我乘坐车船，对老弱、妇孺、伤残、疾病者让座，并照顾其上下车船	
（六）育的方面	1	我不孤立自私，投机取巧，偷懒怠忽	
	2	我努力用功读书，考试绝不作弊	
	3	我上课时专心听讲，不看课外书籍	
	4	我善用休闲时间，培养艺术兴趣	
	5	我踊跃参加文艺、武艺活动，提倡正当娱乐	
	6	我绝不进入不正当娱乐场所	

生活公约和礼貌规范相辅相成，形成互相补充的两个方面。生活公约既是礼貌的具体实施，也是全面实施文明礼貌的基础。在交往中有时确实是细节决定成败。鸿文学校有一些很有说服力的例子。有位毕业生到某公司应聘一个职位，整个面试阶段，表现平平，没

有给主持考试者留下深刻的印象，看来，录取的希望不大。但是，就在面试结束后，一个细节却赢得了转机。该学生起身后，很自然地顺手将自己坐过的椅子端端正正地推进桌子底下，恢复了原来的面貌。这一细节给主试者留下了良好的印象，把这一点小小的动作与该学生平时爱整洁、有规律、讲次序的作风联系起来，认为这个学生会成为一个称职的员工，当即录取了他。

整个鸿文行为规范都包含传统文化中"礼敬"这部分内容的合理成分。中国传统文化认为，礼与恭敬是紧密相关的，是人际交往中必不可少的。一个人只有尊敬他人，才能做到自我尊重。在人际交往中彼此尊敬，才能形成友善、和谐的人际关系和良好的社会环境，这也是和谐社会建设的基础所在。当然，恭敬和礼貌都不应只表现在外貌与形式上，而应该出自内心的真诚；否则，就变成虚伪。这些形式的仪式只有赋予道德教育的内涵，才有意义。鸿文模式的特色所在就是将规范与品德的修养完全结合起来，避免了纯粹的、空洞的规范说教。

鸿文的德育模式从细节出发，与个人发展成功的基本规律是合拍的，大量的个人事业成功的关键都是以细节的完善为基础的。研究表明，细节造成了人与人之间在竞争发展上的差距，细节是事业成败的关键，1%的失误会造成100%的失败，而一个细小的完善又成为某一大事成功的关键。有人把细节重要性归纳为以下几点：细节体现素质，细节表现修养，细节隐藏机会，细节凝结效率，细节产生效益。我们周围是一个细化的世界，管理在细化，分工在细化，市场在细化，产品和服务在细化，客户在细化，在这样的环境中，细节为每个学生提供了无限的机遇，也提出了无限的挑战，这就是鸿文德育从细节入手的一个基点。

第四节　推进方法

学校在推进鸿文德育模式的过程中采取"三个并举"的方法。一是静态教育与动态教育并举。为了抓实抓好养成教育，让校园文化环境成为一部立体、多彩、富有吸引力和约束力的教科书帮助教育。组织学生开展各种针对性的系列活动，让学生在活动中受教育，在教育中促成长。二是引导教育与自我教育并举。学校教师采用训导结合的做法，引导学生发挥主体作用，学会自我约束、自我教育，逐步内化成为自主自觉行为。三是知识教育与实践教育并举。养成教育的知识内容较为丰富，实践教育体验深刻。学校在养成教育实践中还探讨出了学生行为习惯教育的方法，主要有亲切说理法、榜样示范法、情感陶冶法、讨论交流法、相互评议法、结对竞赛法。

一、静态教育与动态教育并举

静态教育是由教科书、德育行为规范的文本、德育报告、德育标语等静态形式组成的教育环境、形成的教育过程。静态教育对学生有着不容置疑的意义，也可以收到一定的教育功效。静态教育的特点一般是通过良好的外部环境，对学生进行潜移默化的德育熏陶。目前，有人提出了道德思维环境的假设，认为环境对道德具有很大的决定作用。首先，从比较宏观的角度来看，德育的思维环境包括整个社会环境，如社会风俗和社会习惯的变化。因为在这些风俗和习惯中包含丰富的道德因素，所以在进行德育目标的设计、德育方法的选择时，要充分挖掘和应用这些潜在的德育材料。其次，社会风气和社会风尚也是重要的道德环境。好的社会风气和高尚的社会风尚有利于德育主体的健康成长。甚至具有良好道德品质的德育主体还是整个德育过程中最有创造活力的部分，会有力促进积极向上的社会风气和道德风尚的形成。从学校的环境来看，学校的校风当然是德育环境的重要组成部分，良好的校风不仅是德育实施的保证，还丰富了德育的内容，并对德育系统本身不断提供创造性、建设性的材料。实际上，鸿文德育模式也是在校风建设中逐步发展起来的。最后，具体的社会政治经济环境的变化制约且影响了道德环境。例如，我国社会在转型之中，道德准则发生的一系列变化，就是十分关键的影响因素。在诸如善恶、义务和责任、良心、荣誉、幸福等道德范畴中，内容都发生了本质的变化。这种大的德育环境虽然表现为静态的特征，但对德育的影响力是巨大的，有时还是决定性的。这在本书的第一章、第二章已经做了分析，此处不再赘述。

所谓动态教育，是指通过各种活动的参与，经过主体与客体的互动来实现道德的认知与升华。这种动态教育也被称为活动德育，是指以学生的兴趣、需要和能力为基础，通过活动的形式，以学生的经验、生活、劳动、社区等活动为德育内容，旨在增进学生的道德认识和实践能力，改善其道德生活而组织或产生的德育活动。鸿文德育模式之所以称为活动的德育，是因为它的全部内容都是在行为中贯彻的，即如它提出的礼貌规范就是必须在特定的活动场景中才可能实现的。许多德育研究者都认为，活动德育的主要载体是学生的各种外部活动，如科技文体活动、社会实践活动、体育活动、班团队活动、学校传统活动等。这些活动既可以是群体活动，也可以是小组活动、个别活动。学生可以自主组织活动，也可以是学校、班级开展的有组织、有计划的活动。

鸿文国际职业高级中学有每年在相对固定的时间安排活动的传统，如爱国歌曲比赛、学校文艺比赛、征文比赛、军训、"教孝月"活动、教室布置比赛等。这些比赛都成为德育的一个重要组成部分。鸿文的活动德育最重要的部分是日常生活的德育教育。由于鸿文国际职业高级中学实行寄宿制，学生整天的生活都在学校的视野之内，就为学校通过全方位的生活细节深入开展德育工作创造了条件。可以将学生的活动通过场景进行分割。只要抓住每个场景作为德育实施的机会，就可以将德育工作渗透到学生的生活角落，而这正是活动德育的精髓所在。正如第二节所分析的，礼貌规范的七个部分就是七个活动场景，基本包含学生可能接触到的各种道德行为活动，完全有可能让学生充分体验道德实践的各种经验，造就完整的人格。

二、引导教育与自我教育并举（引导教育既包括榜样教育，也包括制度的奖惩）

鸿文国际职业高级中学有健全的宣传导向系统。学校的校刊、班级的墙报、学生广播电台、学校组织的征文比赛等都是宣传先进事迹的讲台。如果制度为鸿文德育奠定了一个规范的框架，那么每天产生的大量好人好事就为这个框架填补了有血有肉的内容。在鸿文的校园里最引人注目的就是大量的德育宣传的标语、口号、制度规范的公示，表彰先进的光荣榜、事迹栏，这些形式是鸿文德育不可估量的重要手段，通过健康向上的德育环境，有力推动着学校德育的高层次发展。

鸿文国际职业高级中学有完备成熟的奖惩制度。值得注意的是这一制度是长期的、高度稳定的，它包含在学校一系列制度体系之中，在新生入学伊始，就通过发放的手册让每个学生知晓。其中包括《本校优秀学生选拔及表扬办法》、"本校优秀学生推荐表"、《本校学生生活教育荣誉竞赛（秩序竞赛）实施要点》、《本校学生生活教育荣誉竞赛（环境整洁竞赛）实施办法》等诸多文本。由于它们一以贯之的稳定性，成为学生进校后的长期努力目标，让学生在较长的时间段内，充分发展，走向成熟。

在自我教育中有一些生动的例子，如学长的成长就是一个范例。鸿文国际职业高级中学管理中采用学长制度。学长是行为规范的监督员、示范者，也是对低年级学生的看护者和引导者。学长本身也是学生，他们也正处在道德成长期，品德人格都不成熟。但是由于他们自己要承担一部分指导、示范的作用，就必须先走一步，这对他们的自我无形增加了压力，添加了动力。"在低年级学生对学校的制度规范不理解的情况下，学长们便手把手地示范和引导，同时，也将自己当初是一名新生的感受告知学弟学妹们，有的学长还因为学弟学妹在军训时中暑而不能自己洗衣服而完全地帮助他们洗；还有的学长不顾自己一天的劳累和教师一起将夜晚生病的同学送到医院。由于军训的高强度，有些意志薄弱的学生开始不能承受，甚至有学生因不能接受困难而退却。如1999级军训时，有一个学生因接受不了这样严格的管理和超强度的军训而逃出了校园，当时担任军训教官的1998级学长何同学和老师一起冒着烈日追了两公里路才将这位同学找了回来，回来后没有休息又开始给这位同学做思想工作，彻底地打消了逃跑学生畏难的情绪。这些点点滴滴，使新生们见识了学长的能力，体会到了学长的关爱，让一个个刚接触陌生环境的无所适从的新生找到了心灵的崇拜与依靠，也就很快地接受了学校严格的校规并能在榜样的作用下自觉遵守纪律。

更重要的是学长们自己在很短的时间里，在对别人的关爱中品德升华了，人格成熟了。"

三、知识教育与实践教育并举

知识教育是指学校通过教材、课堂教学开展的系统的德育教育，包括德育课、思想品德课、主题班会等。德育的知识教育除对一般道德知识的了解掌握外，还把学校的各种制度和行为规范条例作为学生道德学习的内容。鸿文的德育课程在总体上实现了几大转变：第一，在课程的取向上，由纯粹的知识化转向德育的实践能力。它的特征就是把行为和一般为人处事的道德取向与知识结合起来，注意结合学生的道德实践和评判来上好德育课。第二，在内容上，注意由知识本位转向生活本位。它的特征是以实际生活为道德教育的切入点和讨论的焦点，提高它的实践内涵：一是以日常生活事件而不是非日常生活事件为主。日常生活事件是学生个体每天都可能发生的事件，如对待一个事件，处理一个关系，消除一个摩擦等；二是以普通的生活事件而非崇高的生活事件为主，即以生活中学生普通个体经常遇到的事件为主；三是以今天的生活事件而非可能的生活事件为主，即个体正在生活的事件而非未来生活的事件。第三，在课程实施上，由道德教学转向道德学习。即注意以学生的视角来呈现教材的教育话题和案例，十分重视个体通过感受价值、判断价值、比较价值、选择价值来促进道德学习，推进学生开展自主式学习、合作式学习、探究式学习。

而实践教育就是把学生道德实践本身作为教育的材料。它的教育过程不是系统的，而是有完整过程的、贯穿在生活中一切行为的细节和事件的环节中的。由于鸿文德育模式本身就是从对学生的生活训导入手，所以实践教育就是鸿文模式的主体。也就是说，它的德育教育是通过学生的具体行为的检查、审视、评价，通过学生对整个行为过程的体验来完成的，这更符合德育的一般规律。可以说，整个鸿文德育系统就是一种以实践教育为特征的德育模式。

六种教育模式的作用框架如图 5-2 所示。

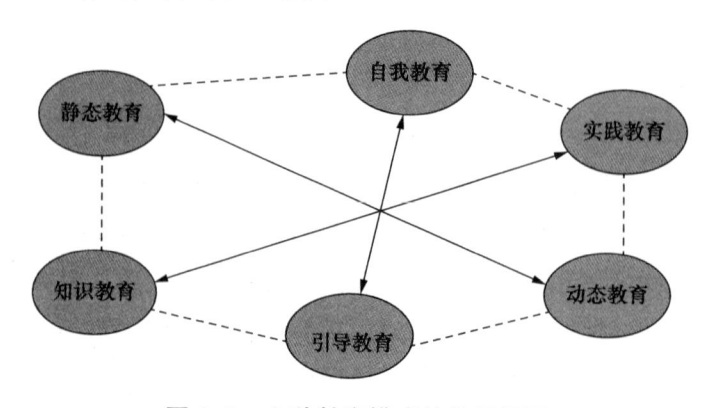

图 5-2 六种教育模式的作用框架

第六章　鸿文德育模式的支持系统

一种德育模式要有效地贯彻实施，必须有一个有力的支持系统。鸿文德育模式的系统是由管理文本系统、教师德育工作队伍、学生自治队伍组成的。

第一节　制定规范的管理文本

鸿文国际职业高级中学的德育工作者们认为，要对道德行为进行制度化的引导和约束，必须制定一套规范的标准，并始终将其作为行为和评价的参照系。一项重要的工作是必须把这些准则成文和固定化。比较有效的方法是将一切有关的条文汇编成册，让每个学生人手一册，时时对照，检查自己的所作所为。已经编印的鸿文学生手册就是一个典型的例子，这本手册容纳了学校的全部章程和规范要求。

鸿文学生手册包括六个部分：一是一般行政，包括16个管理制度文本，特别是将学校的管理机构、学生学籍管理和生涯发展规划流程这些重要的内容包括在内。二是教务章则，包括6个管理文本，特别是将学生作业抽查办法、考试规章等内容包括在内。三是训导章则，包括31管理文本，是学校推行鸿文德育模式的最重要的文件汇编，也是集学生行为准则之大成，这部分内容具有兼容并包、事无巨细的特点，从学生的社团组织到生活公约，从优秀生的选拔到学生服装仪容的规定，从会客须知到环境保护、垃圾分类，几乎将学生的日常生活全部考虑在内。四是实习章则，包括12个相关管理文本，将学生这方面的活动予以规范。五、六是总务章则和图书馆章则，共包括10个相关的管理规定（表6-1）。

表6-1　鸿文管理文本一览表

文本类别	文本序号	文本名	备注
一般行政	1	国歌	
	2	本校简介	
	3	本校校歌	
	4	本校校徽	
	5	本校平面图	

续表

文本类别	文本序号	文本名	备注
一般行政	6	本校校训	
	7	本校教育宗旨	
	8	本校各处室职责表	
	9	本校奖学金一览表	
	10	本校学生生涯规划流程图	
	11	本校学生学籍管理规定	
	12	本校学生成绩考查办法	
	13	本校各科技能效标	
	14	本校学生荣誉卡	
	15	本校常规（暂定）	
	16	本校学生获校内外团体奖个人给奖办法	
教务章则	1	本校考试规章	
	2	本校学生保存各科资料及考试卷实施要点	
	3	本校学生作业（笔记）抽查办法	
	4	本校鸿文学报出刊办法	
	5	本校计算机教室使用管理规章	
	6	本校专业教室使用管理规章	
训导章则	1	本校始业辅导实施计划	
	2	本校学生奖惩实施要点	
	3	本校学生生活公约	
	4	本校学生社团组织办法	
	5	本校学生社团活动组织要点	
	6	本校学生班会组织要点	
	7	本校优秀学生选拔及表扬办法	
	8	本校优秀学生推荐表	
	9	本校学生干部训练实施办法	
	10	本校学生生活辅导计划——自治干部（辅导学长制）实施计划	
	11	本校学生生活辅导计划——生活教育荣誉竞赛计划	
	12	本校学生生活辅导计划——服装仪容规定	
	13	本校学生生活教育荣誉竞赛（秩序竞赛）实施要点	
	14	本校学生生活教育荣誉竞赛（环境整洁竞赛）实施办法	
	15	本校环境保护垃圾分类资源回收实施计划	
	16	本校学生加强民族精神教育实施计划	
	17	本校学生爱国教育实施要点之一	

续表

文本类别	文本序号	文本名	备注
训导章则	18	本校爱国歌曲比赛报名表	
	19	本校爱国歌曲比赛评分表	
	20	本校进行礼貌运动实施计划	
	21	本校学生课间管制及请假规定	
	22	本校学生会客须知	
	23	本校学生意外伤害或突发疾病事件处理要点	
	24	本校急难救助仁爱基金收支保管及运用办法	
	25	本校文艺奖实施办法	
	26	本校教室布置比赛实施要点	
	27	本校学生申请住校注意事项	
	28	本校住校生生活公约	
	29	本校住校生生活辅导注意事项	
	30	本校学生宿舍安全防护注意事项	
	31	本校体育运动器材管理及借用注意事项	
实习章则	1	本校职业观念及职业道德宣导计划	
	2	本校指导学生应征面谈计划	
	3	本校指导学生就业之适应能力计划	
	4	本校长学生升学/就业意愿调查表	
	5	本校推荐卡	
	6	本校学生校外实习实施办法	
	7	本校学生校外实习须知	
	8	本校学生校外实习管理办法	
	9	本校学生校外实习日常行为考核表	
	10	本校学生实习月记	
	11	本校学生实习成绩考核表	
	12	本校毕业生追踪调查表	
总务章则	1	本校公物赔偿要点	
	2	本校损坏赔偿价目表	
	3	本校学生课桌使用须知	
	4	本校设备维护工作实施要点	
	5	本校校园及传达室管理规则	
	6	本校处理灾害流程图	
	7	本校复印机使用管理办法	
	8	本校公物设备使用管理方法	

续表

文本类别	文本序号	文本名	备注
图书馆章则	1	图书馆借书规则	
	2	图书馆图书遗失赔偿要点	

这一套文本体现了以下几个方面的特点：

（1）高度的稳定性和明确性。一切制度实施的大忌就是朝令夕改，令人难以适从。鸿文国际职业高级中学之所以要把这些制度汇集起来，印制成正规的手册，就是要将这些制度形成正式的文本，让学生能够在任何时候都可以拿出来对照。为了形成这一效应，必须使这个制度汇集能全面准确地反映学生生活学习的各个环节。所以，前期的工作十分重要，需要大量的调查研究和实践探索，最终形成成熟的制度。稳定性和明确性的主要表现是学校将一切重要的活动和奖惩规定都用文件的形式固定下来，这与传统的学校工作随意性和缺乏计划性形成鲜明的对照。例如，鸿文国际职业高级中学每年要组织数次爱国歌曲比赛活动。按一般的做法都是每一次比赛做一次计划，进行筹备，呈现一种独立性和随机性。而在鸿文的制度里则把这一比赛作为一个固定的活动，用制度规定下来。在鸿文的学生手册中有三个文件，即《爱国主义实施要点之一（爱国歌曲比赛）》（鸿训字〔99〕0414号）、《××学年度××学期爱国歌曲比赛报名表》（鸿训字〔99〕0414-1号）和《××学年度××学期爱国歌曲比赛评分表》（鸿训字〔99〕0414-2号）。在这些文本中对比赛的时间、地点、参加人员、服装、比赛方式、评比标准和奖励方式都做了详细的规定。这就避免了由于各种主观、客观原因对学校重大活动的冲击，和对学校传统的随意改变、中止。

（2）前后的高度一致性和互相连贯性。例如，其中的学籍管理规定可以说是处在大制度的层面，它从学生的入学注册、成绩考核、升级留级直至转学转专业、纪律奖惩、毕业结业，都做了详细的规定。这些规定又与后面的相关文件构成统属关系，例如，教务章则的考试规章、训导章则的奖惩实施要点、总务章则的损坏赔偿价目表都与学籍管理的规定统一起来，成为可以相互解释和补充的系统。

（3）标准的唯一性和公正性。它体现了所有的人都一视同仁，在相同的标准下规范自己的行为，使每个学生都有平等感和公平感。再以《爱国主义实施要点之一（爱国歌曲比赛）》（鸿训字〔99〕0414号）这个文件为例。传统的学校活动在评比标准上经常会出现因人、因事、因境的改变，从而使各类活动都有大量的人为因素，造成事实上的不公平。而在鸿文，即使是一场歌咏比赛，其评比标准也是如"神策军牌"不容更改的。它做了以下规定："一是满分100分：进出场纪律10%、歌声30%、精神30%、步伐20%、指挥10%。二是加分规定：停止间演唱如有队形变化或全体答数整齐者，可酌予加分，以班级总分5分为限。三是扣分规定：各班有无故缺席或服装不整者，每人扣班级总分1分。比赛的过程，在场外的班级有不遵守纪律或喧哗等行为，扣该班级总分10分。"这只是一个例子，但鸿文德育规章的总的风格可见一斑。

第二节 建立和不断壮大教师队伍

一、班导师队伍

鸿文国际职业高级中学实行班导师制度，这与我国学校教育的班主任制度是对应的。在对班导师的要求中，鸿文国际职业高级中学十分注重从班导师自身的素质入手，充分发挥班导师榜样的力量。在德育工作过程中，首先要求班导师转变观念，帮助他们确立这样的共识：学生来校绝不仅是读书，更重要的是让他们在学习的同时学会"做人"，这是时代赋予学校的神圣使命。学生只会读书不是教育的全部，而教育的全部和任务就是把人从"自然人"变为"社会人"。"书要读好，人要教好"，唯有如此，学校的教师才能达到高尚的境界，才能真正肩负党和国家交付的重任。

教育目标的转变需要班导师创新德育教育的内容、方法和手段。可以说，德育创新是鸿文国际职业高级中学一个长期持久的工作主题，产生了大量的成果。班导师在德育工作中创新了许多行之有效的方法，成为鸿文德育模式的一笔重要的财富。例如，制订切合学生发展的德育工作计划，组织学生结合班级实际状况和突出问题定期召开主题班会，发动学生积极参加团组织活动和各类升学就业指导，调动学生为班级集体服务的热情，提高学生自己管理班级的能力，让每个同学都有展现自己才能的机会，尽力使德育教育以各项活动为载体，寓成功快乐于其中，在运作的模式中充分考虑学生主动参与的积极性，发挥学生的主观能动性。通过无数次的锻炼和渐进式的积累，提高学生的综合能力，实现德育教育预期的效果，形成你追我赶的良好学风和积极向上的健康班风。

鸿文国际职业高级中学的班导师在德育工作中的作用体现在以下几个方面：

（1）搭建与学生沟通的桥梁。班导师已经充分意识到，教师的责任就是努力创造学生生长的适宜环境，为他们提供上进的机会。一个只会训斥、嘲笑、轻视学生的老师，永远都不可能营造出适宜学生生长的空间。而一个后进生最需要老师的微笑、鼓励、赞扬和理解，不能把自己的思想强加给学生。周记已经成为师生沟通的一条重要途径。鸿文为了加强教师与学生的沟通，要求每位同学都写生活周记，将自己在学校一周的生活感悟，学习心得等如实地反馈在周记本上，然后由班导师进行批阅，这样可以使班导师迅速地掌握学生的情绪波动，最大限度地与学生进行有效的沟通，阻止一些不良影响的扩大，这种方法对于教师了解学生十分有效。及时并适时地表扬也已经成为鸿文班导师们的主要教育手段。他们认为优秀的学生需要微笑，后进生更需要微笑。表扬就是一种赏识，对学生具有极大的激励作用。每个后进生都应得到不断的激励，每个后进生也应该得到不断的表扬、赏识。因此，班导师一旦发现了他们的进步，就要大大地表扬。表扬，是学生渴望得到的礼物，学会表扬是教师的必修课。

（2）搭建与家长沟通的桥梁。鸿文职业学校的德育工作者认为，班导师是班级这个基层单位的领导者、组织者和教育者，他们是德育工作整个机体细胞群中的细胞核。在学校，班导师的主要任务是对本班学生进行有计划、经常性的管理，如抓学生的思想品德教育、帮助学生学好功课、指导学生的课外活动等。但培养学生仅靠学校教育，只靠班导师"孤军奋战"是不行的，还需要协调各方面的教育力量。家庭是学生首先接受教育影响的地方，家长是学生的第一任教师，家庭教育在使学生全面发展中占有重要的地位，因此，做好与家长的联系工作十分必要，这是班导师工作的又一项重要内容。鸿文长期的德育实践经验表明，班导师与家长亲密的人际关系、心理相容的感情，是学生个性全面发展的良好环境，也是他们的天赋、才智得以发展的良好背景。班导师与家长之间的相互信任、相互协作的关系是通过交往形成的。鸿文的班导师都与家长保持经常、稳定的联系，它包括家访与电话家访，这些访问形式都成为班导师主动与家长交往的较好方式，形成了畅通的沟通渠道。家访工作具有直接性和有效性。从家长这方面来讲，班导师通过家访直接把学生在校的德、智、体各方面的表现和学校制定的一些教育举措向家长说明，使家长及时了解自己的孩子在学校的各方面表现，以便与班导师积极配合，共同搞好孩子的教育；从班导师这方面而言，通过家访可以全面地了解每个学生在家庭教育与环境影响下的各方面的表现，了解家长对班导师教育工作的看法，与家长进行情感沟通，彼此建立起良好的人际关系。这样，班导师不仅能牢牢地掌握教育的主动权，而且使家庭与学校、家长与班导师形成一股强有力的教育力量，从而在教育学生方面获得较大的进展。

二、展示教师的榜样力量

师德是引导学生形成正确人生观的基石。鸿文职业学校的德育工作者认为，教师要教书育人，首先必须为人师表。这就要求每位教师必须自身树立以马克思主义理论为主导的世界观、人生观和价值观，从而能够引导学生树立科学的价值观。只有立志奉献于教育事业的老师，才可能把自身价值的实现定位于教育事业上，甘于在平凡的现实中体现自己的人生价值，为学生做出榜样；才可能以一种认真、积极的态度去对待人生，不断化解内心理与欲、公与私的矛盾，才可能在执着追求理想的过程中，超越世俗的现实，而达到心灵净化，实现自我设计、自我发展。这些都将通过教师的一言一行影响广大的学生。诚如俄国著名教育家乌申斯基说过的，教师的人格感召是任何教科书、任何道德箴言、任何惩罚和奖励制度都不能替代的一种教育力量。教师严谨的工作作风、乐观的生活态度，在潜移默化中传送着某种信息，引导学生关心自我价值，懂得自珍、自爱、自尊、自重，从而在认识真、善、美的过程中逐步学会关心他人、善待别人、注重情感的交流和体验及重视亲情友情和尊重他人的存在，以至普及到关心国家、关心世界、关心地球，逐步培养出学生健康的心理和健全的人格。

鸿文国际职业高级中学的教师主要通过以下几个方面对学生进行潜移默化的教育，达到言传身教的效果。

（1）通过过硬的教学技能和有效的教学实践体现师德。要取得实际的德育教育效果，必须遵循教育自身的规律，要求教师寻求符合学生心理特征、知识结构、生活实际的正确方法，认真钻研德育教育理论，通过隐性、显性、直输、渗透的方式，将道德风尚和规范贯穿到教育过程中。教师应该有意识、有针对性地对学生直接灌输一些做人的基本道理，如尊敬师长、孝敬父母、勤劳朴素、艰苦奋斗、付出是一种快乐、生命的意义在于奉献等思想，以培养社会主义的优秀思想品质；教师还可以有选择、有计划地将一些社会性问题带进学校，沟通学校、社会、家庭之间的联系，以典型的、富有人情味的事例，向学生示范严谨治学的作风、为教育事业奋斗的精神、淡泊名利的思想，从而唤起爱国主义的热情。

（2）在教学中实践师德行为。青少年对于各种知识、道德和观念，从领会、实践到自觉、自省，不是一蹴而就，而是有一定的阶段性和长期性。每次有意义的教育和实践，都是一种积累。无论其效应大小，都是为学生取得明显进步与发展打下重要的基础。在整个过程中，教师都应十分重视学生的实践活动，以及对实践进行设计、引导，培养学生通过行为实践，逐步形成符合时代需求的品质与德行。正如赫尔巴特说过的，教学的起点在于个性，终点在于德性。激发青少年的现代意识，需要让学生每天能够实际地自我实践，并从中得到某种满足和快乐。随着"教育民主"呼声的提高，教育领域越来越重视学生个性的发展。让学生在学会竞争、懂得自我发展的同时，还应学会宽容、学会合作，改变学习上互相妒忌、单一竞争，鼓励水平、特长不同的学生自由结合共同完成一个任务，在这一过程中形成相互团结、合作意识，充分发挥每个人的才能与特长。

（3）爱心是德育实践的基础。青年学生除获得知识的愿望外，还需要有特殊的情感交流。学生更欢迎尊重和爱护学生、办事公正合理、平易近人的教师。教师只有具有一颗爱心，才能真正了解学生特定的心理发展特点，帮助他们形成对社会、学校及他人的正确态度，逐步消除由于理想与现实之间存在的距离而产生的困惑与迷茫，并能珍惜学生那种充满幻想、好奇的心理，呵护学生的创造萌芽，鼓励学生的创造活动，充分培育他们的想象力、思考力和创造力，乐意与学生交往，积极融入学生之中，参与他们的活动，体验他们的感受，真正营造师生之间的良好关系和民主氛围，促进学生各种潜在能力的发展。一位班导师在笔记中写道："我班有位女生，由于父亲、母亲一直上夜班，没有时间照顾她，于是该生经常不按时完成作业，频频抄作业，导致学习一塌糊涂，教师批评她时，总是一副无所谓的样子。尽管如此我并没有因此放弃对她的教育，而是特别注意关心她。一节自习课上她突然腹痛难忍，脸色发白，我赶紧送她去校医务室检查，做了紧急处理，并为她付了药费。这种关心触动了她的心灵，此后，她不仅见到我毕恭毕敬，而且好像变了个人，学习突飞猛进。因此，教师教育学生要因时而导、因人而导、因事而导。教师要掌握好爱的程度，对学生表现出的任何不良习惯，应及时纠正，不能迁就，更不能撒手不管或放任自流。但关心时就关心，学生就会觉得教师严而可亲，敬而生畏。"

鸿文德育支持系统图如图 6-1 所示。

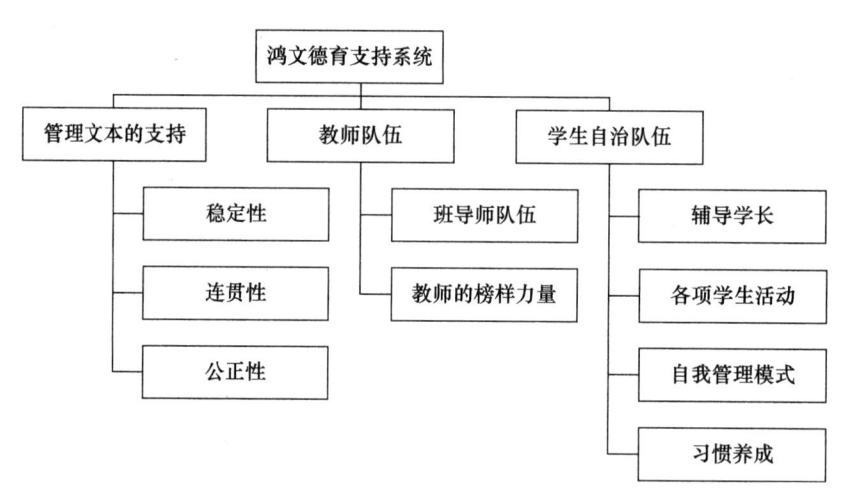

图 6-1 鸿文德育支持系统图

第三节 学生自治队伍

（1）充分相信和发挥辅导学长的模范带头作用，让学生体验成功，培养学生自我激励、自我评价的能力。学校全面推行辅导学长制。候选辅导学长和学生会干部都由各班推选产生。由学校训导处领导负责培训和带教，在选拔的过程中既要体现民主集中制的原则，也要衡量学生的综合素质能力，故而选拔出的辅导学长素质也普遍较高。辅导学长制设立风纪组、卫生组、行政组。学校根据所选拔的学生特有的个性特征来分类安排工作，并大胆放手让他们分工负责各项管理工作，并对两项常规（风纪、卫生）情况记录、张榜公布，使之成为学校衡量班级管理的有效凭证。学校训导处需对辅导学长进行培训，指导他们卓有成效地开展工作，考察他们工作的得失，并且对他们取得的成绩及时表扬，注重在精神上的激励。实践证明，辅导学长具有较出色的组织管理能力，同时也在实践体验的过程中理解了学校的规定并自觉地引导着周围的同学。一方面，在实际工作中他们的工作能力和水平得到了锻炼与提高；另一方面，也有效地减轻了教师的工作负担，使教师有更多的时间从事教学。这有效地培养了学生自我激励、自我评价的能力。

（2）开展各类活动，鼓励学生自主参与，增强学生自我管理、自我教育的能力。学校规定班级每周举行一次班会，每月举行一次主题班会，每月布置一次主题板报，学校领导根据需要还适当举行全校性的主题周会。另外，还不定期地开展各类活动，为学生提供了展现自己才能的机会，同时，也为学生的交流架起了桥梁，使他们能很好地相容、互助，活动激发了他们拼搏向上、积极进取的信心和力量。自主的活动，使他们的人格受到了尊重，参与意识、主人翁精神大大增强。活动本身有着很强的目的性，可以极大地发挥受教育者的潜能，实现教育者所设定的教育目标。如本学期学校组织的"文娱会演""八荣八耻主题班会""广播操比赛"等主题活动，通过这些多样化、多渠道的形式，充分发挥学生自主参与、自我教育的积极性，在活动中学生受到了教育，增强了自我管理、自我教育的能力。

（3）构建学校自我管理模式，发挥学生主体作用，培养学生自我管理、自我教育的能力。学生是独具个性的，鸿文的德育教育和管理注重把制度和要求内化为学生的自身需要，激发学生自觉的行为。他们认为，能力再强的教育工作者，如果只靠自己单枪匹马，想把独具个性的学生管理好是不可能的，必须调动学生的积极性，培养学生自我教育和自我管理的能力，这就需要在实践中构建一套行之有效的职业学校自我管理模式。任何教育和管理的成败，是否注重了发动学生自己管理自己是关键的一个因素。学校的自我管理模式实际上可以用八个字来表达，即"制度明细，落实明细"。例如，鸿文国际职业高级中学为了培养学生的爱国主义精神，每日都要举行一次全校师生必须参加的升降旗仪式。在这个仪式上，氛围和场面都是庄严肃穆的，学校常规中规定：升旗仪式时不得说话、晃动，而且必须对国旗行注目礼，保持肃穆立正。在这个活动中，有学校班主任对学生的监督管理，也有学校训导处安排辅导学长参与的检查管理。在检查过程中，皆是主要以学生为主，发挥了学生的主体作用。学生每日的参与和升旗仪式环境氛围的熏陶，已经逐渐地促使学生得到自我道德的完善，学生不管走在何处，只要听到国歌声都会肃立。例如，在一次学农归来途中，学生们听到了国歌声就马上立正。这并非是一次升旗仪式，而是学农基地的教师们在调试喇叭而播放的国歌乐曲。该类事件虽然是小事，但却从小事中体现了学校构建学生自我管理模式、发挥学生主体作用、培养学生自我管理自我教育能力的实效性。

(4)使学生养成三种习惯：学习习惯、生活习惯、人际交往习惯。

1）学习习惯。它体现了一个"严"字。纠正学生的不良学习习惯主要靠教师的督促、帮助和学生的自身努力。针对这些学生，一定要严格要求，提出规矩，用规范来促使他们养成良好的学习习惯。没规矩不成方圆，有些学生的不良习惯就是在长期的要求不严、没有规矩的情况下造成的，典型表现就是得过且过、放任自流。教师的责任就是要做到对学生出现的问题不轻易放过，用严格的课堂纪律给予约束。例如，上、下课班长叫了起立之后有学生讲话，教师就要叫他们站着，并且用眼光审视和寻找讲话的学生，直到他们全部静下来、站齐了才叫他们坐下，两次之后，第三次就不会出现这类问题了。又如回家作业不放过，有些学生回家不做作业，教师就盯住他们不放，要让他们知道拖是拖不过去的，今天不做，明天还得做，今天漏做，早晚得补上，有时放学后把他们留下来补做，几次下来这些学生就不会再漏交作业了。事实证明，不良的习惯是可以靠规矩扭转的。

2）生活习惯。它体现了一个"细"字。学校无小事，事事是教育。这些事既包含课堂之上、书本之中的事情，也包含生活中的点点滴滴。学生的一句言语、一个动作，甚至穿衣打扮，都可能说明着这样或那样的问题，也都有可能是一次教育的契机。言语、动作、服装仪容这些都是一种习惯，培养良好的习惯，克服不良的习惯，就是德育的基本内容和主要途径。

从这一认识出发，学校在衣、食、住、行各方面都做出了规范性的要求。经过这样的教育和管理，绝大多数学生对于这些服装仪容的规定从不接受到接受，从不理解到理解，从被动的怕训导处检查到为集体荣誉相互提醒再到自觉主动地做到，从遵守规定到养成习惯，再到了解和掌握仪礼。

只有引导学生在现实生活中，在学生喜爱的、乐于参与的活动中体验、感受、领悟，才能使道德认知在多层面的体验活动中内化为道德行为。所以，道德教育和生活中的行为习惯是相互关联、密不可分的。也可以这么说，行为规范是道德教育的基础，行为习惯的养成也是一种道德教育的过程。

3）人际交往习惯。它应该体现一个"恭"字。从完整的意义上来看，人际交往行为规范包括两个方面：一方面，一般的交往行为规范，如待人接物的礼仪、态度，必要的交往规则，交往能力。另一方面，社会行为规范，即为人处世的态度和行为方式，主要是从对人、对事、对国家、对集体、对自然界的态度和行为方式等方面，其养成教育的目标是培养学生正确的处世态度和行为方式，提高学生的社会化水平和社会适应性。在人际交往习惯的养成中，我们突出了诚信教育，倡导诚信，从小事和细节入手，并从考试这一关键点出发，提出"诚信从我做起，坚决杜绝考试中的作弊行为"的口号。在每次考试前教务处主任和相关老师必定要在学生面前大声宣讲，在各类班级活动聚会中反复强调。在一起手机作弊事件后，学校不仅对作弊的学生进行了严肃的处理，更重要的是对其他学生进行警示，作为供学生借鉴的反面案例，因此针对这一事件的发生，学校召集所有的学生进行了一次大讨论，让学生在讨论中辨明是非，倡导"以诚实守信为荣，以见利忘义为耻"，使学生们实现了道德的升华。

第七章　鸿文德育模式的制度设计

第一节　制度建设是德育发展的关键支撑

一、德育制度形式

制度建设与德育之间具有十分紧密的关系。有很长一段时间，德育理论工作者对制度在培养学生道德品质的价值上认识不足。20世纪90年代以后，许多德育研究专家纷纷提出要建设现代德育制度体系，强调了德育制度对于德育实践现代化的重要价值，有些研究者认为："任何一种德育，都要根据一定的德育思想建立起一套实践体系，其核心就是德育制度"，"德育制度的现代化与德育思想的现代化比起来要更加艰巨"，"建立现代德育制度的问题到目前为止尚未引起研究者足够的重视"。

最近十多年来，学校德育的改革实践者，已经对德育目标、德育内容、德育教材、德育方法进行了改革探索，也从校园文化的角度对物质文化（美化校园）与精神文化（校风建设等）给予了相应的重视，但是德育制度、制度文化在学校德育实践中的作用没有进入一些德育工作者的视野，他们没有开展通过道德的制度来培养道德的个人的实验探索，也谈不上对现存的德育制度予以道德合理性审视，更不用说对教育制度之外的社会制度给予反思。

德育制度是指有关学校道德教育的规范体系，它既对学校德育工作做出规定，也对学生的道德发展和道德面貌做出规定。它所约束的对象既包括教师，也包括学生。德育制度构成要素有三个方面：一是观念形态的规范体系，如《德育大纲》《学生行为规范》《德育考评制度》等；二是学校德育的组织系统，如学校德育的党、政领导，党、团、少先队组织，政教主任、班主任和德育教师所构成的德育工作者队伍等；三是保障德育活动的物质条件，如德育基地、校园环境等。按照这样的理解，实质上是把德育制度等同于德育组织，即指观念形态的规范体系，一般包括正式的、理性化的、系统化的、形诸文字的行为规范，如学生守则、学生日常行为规范、学习制度（考勤制度、课堂常规、考试制度、图书馆规则）、生活管理制度（作息制度、宿舍规则、食堂规则、卫生清洁制度等）、学生的礼貌常规和品德测评制度等。

二、制度的榜样效应

在传统德育模式中，榜样示范法是一种重要的德育方法，人们之所以认为它重要，一个强有力的理由就在于相信"榜样的力量是无穷的"。在这样的观念支配下，无论是社会教育还是学校教育都很重视通过榜样的典型作用来教育人、影响人。中华人民共和国成立以来，我们在不同的时期，结合各行各业的特点，树立了各种各样的榜样。工人有工人的榜样，农民有农民的榜样，军人有军人的榜样。学生则更是从"三好学生"到"积极分子"，从"学习标兵"到"救火英雄"等，形形色色的榜样层出不穷。可以说，我国是"出产"榜样最多的国家。究竟怎样来认识榜样及其作用？制度与榜样相比，又具有什么特殊意义？

任何一个时期，任何一个社会，人们的道德境界、道德修养都是有差异的，期望每个人的道德水平都一样只能是异想天开而已。既然人们的道德存在差异，那么，处在较高层次的人就是榜样。所以，榜样并不神秘，而且，既然差异总是存在的，每个时期总有一部分人处于较高的道德层次，那就没有必要花大力气去寻找榜样，因为榜样无时不在，也无处不在（不是早就有"三人行，必有我师"之说吗）。由此反观我们以往的德育工作，几乎每项都要通过榜样来推动（可以概括为这样三部曲：先是寻找榜样，然后是宣传榜样，最后是号召学生学习榜样），实在是舍本逐末。

学校德育工作的着眼点，不是少数几个榜样，而是全体学生；对学生进行道德教育的目的也不是要教育所有的学生像某几个榜样一样，因为那是不现实的；而是要培养学生对于道德的敬重，让学生懂得做好事比做坏事好，做好人比做坏人强。学校德育所要面对的不是几个特例，而是大多数"一般人"。对大多数人的行为做出规范，这恰恰是制度的"本能"。制度是面向每个人的，它不允许有例外，不允许有特殊，它所考虑的、所针对的就是一般。一言以蔽之，榜样是有例外的（特殊的人和事），而制度是没有例外的。认识到这一点，在学校德育工作中，就应该把主要精力放在德育制度、德育规范的建设上。找榜样、树榜样和学榜样只能是辅助性的工作。

三、通过制度德性来培养个人德性

在传统的德育模式中，德育制度本身的道德性问题是落在德育工作者视野之外的。德育工作者往往把已有的德育规范、德育制度看作天然合理的、公平公正的；即使在执行过程中发现了有不合理之处，需要改造德育制度，也认为那是教育行政管理部门、教育官员的事情，本人无能为力。应该说，这种制度德性意识的欠缺，制度创新能力的不足是德育工作难以走出困境的原因之一。如何改变这种状态？

（1）学生参与原则，即让学生来参与制定学校德育制度，让学生来选择学校德育制度。因为"道德是社会的共识"，制度的基础在于共同"约定"。德育制度要真正起到对学生的教育、导向作用，必须征得学生的理解和同意。否则，它始终只是一种外在于学生的"束缚"。

（2）发展为主原则。制定德育制度、德育规范的目的何在？整个学校德育工作的目的又是什么？是教学生学会顺从，还是教学生学会选择？是以限制、束缚学生为目的，还是以鼓励、发展学生为目的？对德育制度和德育规范的尊重是不是就意味着只能服从，不能变革？要妥善解决这些问题，必须确立以发展为主的原则，学校德育的目的是促进学生发展，规范与制度都只是手段。

（3）服务生活原则。学校德育制度所表达的是社会的意志、成人的意志，这本身已经造成了与学生生活的隔膜，从而孕育了"不道德的种子"。如果在执行制度时又不联系学生的日常生活，只是"照章行事"，只是完成任务，其结果只能是更加的不道德。其实，道德、规范、制度既是从生活中来的，也是为生活服务的。对学生来说，德育制度也应该从学生的生活中来，为学生的现实生活而不是未来的生活服务。

应该指出，通过制度德育性来培养个人德性这个问题最终要靠教育实践来回答，这就是鸿文的模式实践的意义所在。要建构通过制度德性培养学生个人德性的学校德育新模式是这一模式建立和不断完善的初衷。

鸿文德育模式的制度建设主要体现在四套制度的建设上，这些制度都有丰富的内涵，并具有不可替代的功用。

制度对德育具有推进保障作用。我们有一个调查可以表明，通过制度的推进，可以使学生从一个散漫、松懈的难以教诲者，一跃成为可以塑造的良材，完成品格发展的初步，也是最重要的跨越（表7-1）。

表7-1 制度对德育的推进保障作用

行为情况	入校前	入校后
学习的自我评价	爱玩、不肯学习、不认真听讲，作业马虎，没有做作业习惯	教师盯得紧，不得不做，作业要求高，觉得累，上课听讲要求高
守纪的自我评价	上课不讲话难，平时懒散，不知服从是什么，有时打架，错误屡教不改	有点懂得服从，上课不敢睡觉，比以前自觉些，注意自己的言行了，懂规矩了
对鸿文的看法	听说鸿文严，校风好，家长要我来等	管理太严，有点苛刻，规矩太多，有点烦，有些不自在，会慢慢习惯，适应鸿文，鸿文细节管理能锻炼人，学长制有点新鲜

第二节 基本制度

鸿文的制度是一个系统，它包括五个层面：第一层面，制度原则，即制定标准的原则及指导思想，包括校训、教育宗旨；第二层面，一般制度，即学校的常规，包括学籍管理技能效标、一般奖惩办法等；第三层面，教学制度，包括课间管制及请假规定、教室管理、宿舍管理、实习管理等；第四层面，自律制度，包括生活公约、社团组织办法；第五层面，鼓励制度，如各类竞赛实施要点、礼貌运动实施计划等。

鸿文制度系统层次图如图 7-1 所示。

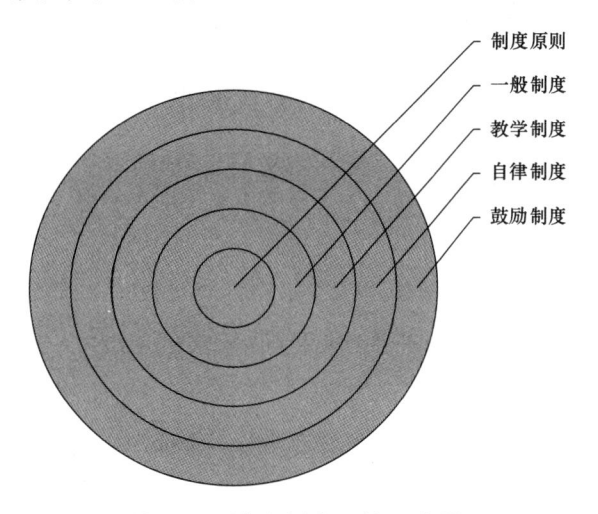

图 7-1 鸿文制度系统层次图

鸿文制度具有以下几个基本特征：

（1）严格细致，体现无微不至、循循善诱的精神。如《推行礼貌运动实施计划》第三条第一款：日常生活的礼貌：请求别人协助、帮忙的时候要说"请"；接受别人帮忙服务的时候要说"谢谢"；妨碍或影响别人的时候，要说"对不起"；和别人谈话的时候，要面有笑容；使用电话找人通话应说"请"，如拨错号码应说"对不起"，对转达留言的人要说"谢谢"；购物付款后，店员与顾客应互道"谢谢"；天热时不可赤身露体。又如《环境保护垃圾分类资源回收实施计划》第二条第二款垃圾分类具体做法：利用各种集会宣传垃圾分类发展过程，包括分离、选别、压缩、减量。废弃物处理之三大原则为减量化、资源化、无害化。在周会中实施垃圾分类专题报告或在班会中实施垃圾分类专题讨论。厕所垃圾筒内置塑胶袋，需每日更换清倒废弃物，并送至橘色可燃物垃圾处理室处理。午餐饭盒指定专人整理，分别将餐盒叠好、厨余包好送至橘色可燃物垃圾处理室处理。废灯管、水银电池等有害物质，应妥适分类，列入污染源废弃物处理（地点另行指定）。

（2）具有极其明显的可操作性。如《学生意外伤害或突发疾病事件处理要点》中规定了具体的操作程序，第五条，伤患外送医院护送人员的优先顺序：（日间）校医→生辅组组长→导师→辅导学长→学生。（夜间）值班老师→宿舍管理员→学生。第六条，本事件的报告程序：学生（任课教师指派）→校医→生辅组组长→训导主任→校长。

（3）富有弹性和张力，体现"训""导"结合。鸿文国际职业高级中学始终倡导以人为本、以制度为辅的管理方式，坚持从实际情况出发，根据学生的态度和一贯行为来判断各种问题产生的原因。妥善处理各种事件，做到以教育为主要目的，不伤害学生的积极性。

第三节 学长制度

学长制度又称辅导学长制度，是指从全校高年级学生中选拔一部分学业、德行、能力皆优秀的同学来参与学校管理，可以将其身份定为"学生德育工作者"。这些学生所参与和行使的职责产生的相关要求与制度，称之为"辅导学长制"。辅导学长具体产生的办法是由全校高年级班级的师生自行选举推荐，报训导处张榜通过后，由学校学生管理教师进行辅导和培训，由学生管理教师和高年级辅导学长给予工作上的直接带教，并在次年的毕业生典礼上接过高年级辅导学长传继的红色领带后，就成为一名行使辅导、督察、服务、检查、自治管理等方面职责的辅导学长。他们佩戴红色领带（本校普通同学佩戴黑蓝色领带）以显示学校赋予学长们至高的责任和荣誉。

成立辅导学长制度的初衷，一是为了使学生在校期间获得良好的照顾与辅导，以学长自身德行的榜样力量来帮助行为有偏差的同学，以期共同获得身心的正常发展；二是为了增进学生干部自治与处事的学习机会，培养其领导能力，进而增强自身的工作与办事才能，以成为社会优秀的人才。因此，学校将辅导学长在日常生活学习中的工作划分为日常生活行为管理类、军训教官类、班级管理类三大类。这些辅导学长在平时的学习生活中，主要由训导处直接管理和指导工作。他们的主要职责：利用早自习、升旗、午休到班上管理秩序及做好环境卫生的检查监督；协助教师处理班级事务和对学生个别辅导；对一些违规同学开展约谈，帮助他们及时纠正行为；收集同学意见，向学校和教师做好反映与沟通；于每学年新生军训期间参与学校军训。

辅导学长制度提高了学校的管理水平。辅导学长们所涉及的工作范围涵盖了全校的校规所规定的制定范围，担负了值勤、检查、督促、服务的权力和责任，如生活行为、服装仪容、礼貌礼仪、请假考勤、奖惩制度、卫生检查与监督、课间活动、心理辅导等校园平台上都有学长们工作的足迹。学校学生管理部门训导处只设训导主任一名，其下属包含管理学校卫生工作的卫生组、负责学生训育管理的训育组及其全校各个班的班导师。这两组又统辖管理由辅导学长组成的行政组、风纪组、卫生组。学生管理部门所有的德育工作皆直接由这样一个金字塔似的组织囊括了，极大地简化了学校机构的臃肿所带来的不便，与班级及学生之间的沟通更加直接通畅，使学校领导可以直接掌握学校各班级状况，更直接有效地带动全校师生共同进步和发展。于管理而言，简单、直接、有效是所有管理部门所追求的境界，也是该校德育管理工作的一大特色，而这个特色便是由该校辅导学长制度创立所带来的良好成效。

辅导学长制度对学校校园氛围的影响也很大。学校的各项规定能够得到落实并能从建校至今保持一个校园风纪良好的状态，其中应有辅导学长制度得以良好推行后所起到的积极作用。如在日常生活管理中，辅导学长需要利用自身课余时间及时提醒帮助班级和低年级同学注意自身不合规范的服装仪容，做到及时修正，帮助同学讲礼貌、礼仪，使学校校园里到处都是绅士，到处都是淑女。

在新生入校的军训时，学长又将直接带领并辅导新生很快地融入学校，以使新生更快而准确地了解学校校规。学校中专部的军训是由这些辅导学长（即军训教官）来开展军训活动的，从学校领导最初考虑由本校的学生干部负责军训的目的来看，主要是想让这些各方面均优秀的学长能在军训期间给予新生纪律、秩序及心理上的辅导。

第四节 军训制度

职业学校的学生在学习习惯、生活习惯、思想意识等方面都与一般高中学生有着较大的差距，他们有着极强的自卑感，缺乏同龄人所具备的自信心。但这样一个群体在鸿文独特的环境中仅仅生活学习了六个月之后，就从军训实践里脱颖而出，令人刮目相看。一个职业学校学生所表现的行动的规范、纪律性，竟连许多重点中学都没能表现出来。这充分体现了鸿文的德育模式的实效性。

鸿文德育模式将军训作为教育的一个重要组成部分，有机地整合到德育工作之中，一起实现德育的目标。学校十分重视军训的准备工作。军训前的一个星期，学校领导就先后召开各级主管会议、参加军训的各班导师会议，学习此次军训的重要意义、基本要求等文件内容，研究和确定学校的军训目标、每位教师的基本职责和遇到突发事件的处理方法等。在全体军训学生的总动员中组织学生观看去年军训的影像资料，使每位学生都了解此次军训的基本要求，正确理解军训过程中个人行为与集体荣誉的关系，理解学校在学业上与好学校的学生有差距，但在其他方面不比他们差的观念，以此激发学生的进取心。

在军训的开营仪式会场，鸿文在学生自己的组织下高呼口号以整齐的步伐进入会场，"威武、雄壮、自强、自立、服从、服务、荣誉、责任"的行进口号和整齐的步伐赢得军训各级领导和各军训学校领导、师生的瞩目，更重要的是在鸿文学生自己的心目中唤起的自豪感和成就感。在本是近千人嘈杂的饭厅，只有鸿文学生吃饭的地方安静、整洁；两次全体军训学生聚集的大会场，只有鸿文学生离开后椅子摆放得整齐有序，地面无任何杂物；文艺会演中两千余人同时喊出各自的校名，主持人只听清了"鸿文"的声音；休息时路上向认识或不认识的军人问好的，只有鸿文的学生；在三天的军训过程中行进路上只有鸿文的队伍以班级为单位，由班长组织，口号声不断、歌声此起彼伏、步伐整齐、有力。他们的行为，俨然在军营中熏陶了数年的自律性极强的军人。

军训对学生良好行为规范的养成具有直接的促进作用。例如，以寝室为单位去集合场、几个人到浴室、饭后回寝室，常常能看到学生不足十人，却排着队列行进；严明的纪律带到课堂上，促进了课堂纪律的整肃。军训养成的有规律的作息和良好的生活习惯延伸到平时的学校生活中。

第五节 奖惩制度

学校为奖励德育、智育优秀的学生和优秀的学生干部，专门设立了"汪松奖学金""周西伯奖学金""宝荣纸业公司奖学金"。为帮助经济困难，德育、智育优秀的学生，设立"清寒奖学金"。这些奖学金成为鸿文德育奖励制度的资金基础，丰富的奖金库使各项奖励制度推行起来更为有效。

鸿文有专门的奖励惩处文件，如《学生获校内外团体奖个人给奖办法》《本校优秀学生选拔及表扬办法》等，但大部分的奖惩内容都渗透在各种规章制度之中，已经成为训导结合的一种手段。在推行奖惩制度时，鸿文也注重借鉴一些有效的激励理论，如马斯洛的需求层次理论、弗鲁姆的期望理论、斯金纳的激励强化理论。

最典型的是"学生校外实习日常行为考核表"。它由奖、罚两个版块构成，形成鲜明的对照，同时，又有详细的条款可供比照。

在具体实施这类制度时，鸿文注重坚持三条原则：一是注重物质利益与精神鼓励相结合的原则。坚持表扬与奖励结合，注重精神鼓励的效应。二是公平合理的原则，无论学生处在什么层次，有没有过失记录，学校重视的是个人的当前表现和行为本身。三是随机制宜，创造激励条件的原则。注重在一切场合寻找学生的闪光点，尽量给学生更多的鼓励、激励的机会，使更多的学生在道德品质上尽早升华，成为有用之才。

鸿文实施奖惩并举的制度是有一个认识过程的。现在学校普遍提倡"赏识"教育、"激励"教育，少用惩罚性处罚手段，认为处罚只能打击学生的自尊心，使学生丧失上进和改正缺点的动力。但是，教育不能没有"惩罚"，没有批评和惩罚的教育是不完整的教育。大量教育实践的事实证明，一个人在年轻的时候如果不曾受到批评，那他将来很难面对挫折与失败。所以，应该教育学生在有了缺点或错误的时候正确地面对，接受处罚和教育，从思想深处认识到自己的缺点与错误，进行反思和借鉴，以便今后可以避免再犯类似的错误。这是一个人一生中的宝贵财富，是不可替代的。作为教师，对于学生的缺点或错误如何进行批评、教育？这又是一个非常重要，而且含有技巧的问题。有效的、成功的，具有激励性质的批评，可以改变一个人，使他一生受益，将一个人引向成功；相反，一个伤人自尊心的、令人消沉的批评如讥讽、嘲笑，会让一个人精神从此一蹶不振，失去前进和向上的动力。教师面对有缺点的学生进行批评的同时，应当检讨自己的批评教育方式是否正确，是否具有"励志"性，是否能催人向上，使学生自觉自愿地改正缺点和错误，立志成才。

第八章 鸿文德育模式的"作用场"

在鸿文德育的系统中,其教育的环节可以大致分为六个方面,即构成"六维原点":制度规范、"训""导"相辅、自我教育、管理组织、校园文化和课程推动。这六个方面在一个教育环境不仅分别发挥各自的德育作用,还在其中发生相互作用,所以,可以把鸿文国际职业高级中学的德育环境看作一个"作用场"。

鸿文德育模式"作用场"图如图 8-1 所示。

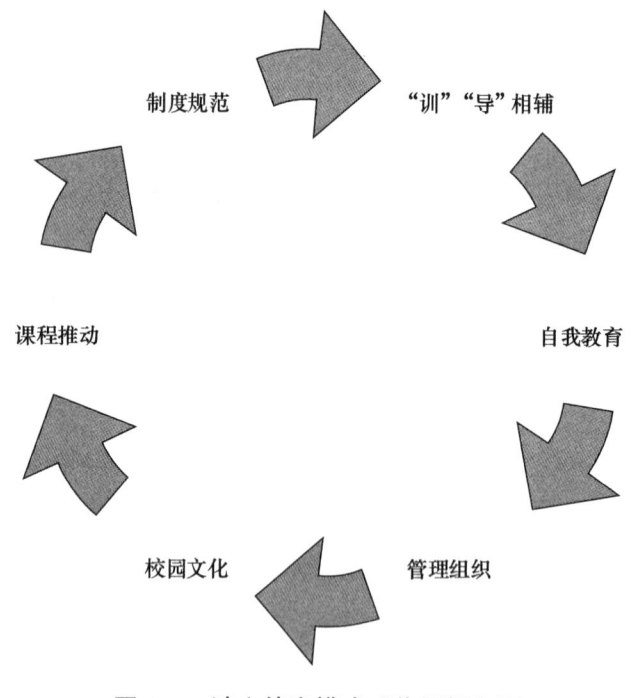

图 8-1 鸿文德育模式"作用场"图

第一节 构成"作用场"的六维原点

(1)制度规范。制度是德育工作的重要组成部分。制度规范不仅直接约束人们的道德行为，而且对道德品质的发展具有促进作用。从历史发展来看，中华人民共和国成立后经历的历次教育运动，都十分重视将制度作为重要的工具，特别是党和国家颁布的有关精神文明建设和学校德育工作的意见、纲要等文本就是以制度推进德育教育的范例。鸿文德育体系中制度起着十分重要的作用。它规范着学生的一切行为，促使学生养成良好的道德行为习惯。这与我国传统德育"德主刑辅""赏罚必须以教化为基础"的教育方式有很多相一致的地方。

（2）"训""导"相辅。"训""导"相辅实质上是教师主体性与学生主体性的关系。社会主义市场经济体制的确立激发了人的主体意识，为德育过程中人的主体意识的实现提供了现实的外在社会环境。从哲学意义上讲，按照马克思主义经典作家的观点，主体是人，客体是自然，教师和学生都具有能动性，都应是主体。作为道德的载体，师生又表现为道德主体。道德主体主要是个体以认识、肯定、发展和完善自己为己任的。而且作为道德主体，师生又表现为德育主体。德育主体不仅要尽相应的道德义务，更要求个体和群体道德认识、道德情感、道德修养向较高层次迈进。在德育过程中，树立教师主体与学生主体双主体合作关系的理念，使教师主体和学生主体双向互补，发挥双方的个积极性，形成合力。经由这一过程，学生主体性逐渐成长，达到自我教育的目的，最终促进学生自我教育主体达到各个具体的德育目标，从而发展和完善个体道德人格，成为适应市场经济、推动市场经济建设的主体。

（3）自我教育。在道德教育问题上，我国古代道德教育提倡教化，也注重环境的陶冶、感染，通过潜移默化的形式促进自我道德的完善。在校党总支、校团委的引导下，学校以"学长辅导制"为组织特色，坚持"日新又新，自强不息"的校训精神，结合学生自身特点，培养学生为梦想奉献青春的担当精神，学校治学理念也在鸿文学子价值实现的过程中不断升华。学生会设立伊始，立足自身办学理念及生源特色，结合学生所处年龄段特有的个性特征合理分类承担工作，本着"师生之桥，同学之家"的建设目标，以全心全意为广大同学服务为宗旨，开展了大量卓有成效的工作。同时，达成促进师生不断创新、自强不息的办学初衷。学校学生会组织机构健全，职责明确。学生会分为三组（行政组、风纪组、卫生组）和五部（生活部、体卫部、文宣部、组织部、学艺部），并从学生会选拔优秀的学生组成辅导学长队伍，形成具有学校特色的辅导学长制。近年来，学生会配合校团委开展十九大、二十大精神进课堂主题系列活动，举行"我与祖国共成长"征文比赛、"匠心筑梦"演讲比赛、全国文明风采舞蹈比赛等，激发学生爱国情怀，培养学生心系祖国，不忘初心，继续拼搏，争做新时代的奋发有为者。

学生德育上的发展，全靠遇到困难问题的时候，有自己解决的机会。因此，鸿文德育模式着力创造一个让学生独立解决实际道德问题的环境，使学生在遇到了问题后，能够自己想办法解决，从而积累道德判断的经验。遇到问题自我决断得越多，经验越丰富。若是别人代自己解决问题，纵然暂时解决了问题，可经验也是属于别人的。所以在教育者全面代管的形式下，只能产生缺乏经验的学生。若想经验丰富，作为学校，要为学生创造一个培养经验的空间，让学生具有自行解决问题的责任。即以辅导学长的培养而言，学校训导处的辅导教师经常地教导辅导学长，要求他们"作为一个干部，必须站在比普通同学更高的立场和境界去看待与处理事情"。从学校给予的责任和荣誉来看，辅导学长自身也确实获得了思想境界上的升华。

（4）管理组织。鸿文德育的管理组织分成两个部分，即学校管理组织和学生自治组织，它们都有自己的功能。学校管理组织主要行使制度，保持基本的学校教学生活秩序；学生自治组织主要管理学生的各项活动。在管理形式上，前者主要以制度赏罚的手段对学生行为进行规范，这与其他学校的管理方式基本相似；后者由于是学生自我管理，体现了学生自主的特色，更具有创新性和可塑性。从组织制度的行使上，前者比较重视制度的稳定性和严肃性；后者则注重制度的发展性和学生的参与性、理解性。可以说，学校管理组织建立主干制度框架，而学生组织则起到辅助作用。

（5）校园文化。校园文化是学生道德实践最重要的环境之一，学生在这里将道德知识进行检验，对道德标准进行审视，对自己的道德行为进行检讨。这些活动产生的作用是巨大的，为学生奠定了行为道德的基础，对学生一生的道德发展具有较大的影响。

1) 开展各类德育主题活动，鼓励学生自主参与，增强学生自我管理自我教育的能力。学校遵循"用文化的方式，发展有灵魂的教育"原则，以"文化育人，和谐发展"为着眼点，努力使"社会主义核心价值观"内化为德育新格局的主线，坚持依法治校、以德育人，树立学校"大德育"的管理理念，秉持德育科研为先导。我校德育工作已趋规范化、系统化、科学化。在学校德育实践中，真正形成了教书育人、管理育人、服务育人、环境育人的良好格局，鸿文品牌已近形成。

以多种方式进行生命教育。生命教育既是一切教育的前提，同时还是各种教育形式的最终指向。学校除确定11月作为"生命教育活动月"外，每学期学校还利用广播、板报、主题班会、朗诵、演讲等形式，开展预防艾滋病教育、毒品预防教育、环境教育、青春期教育、网络安全教育、法制教育等专题教育，充分利用重大节日、纪念日活动、仪式教育、学生社团活动、社会实践活动、《鸿文月刊》等多种载体，开展生命教育活动，让学生感悟生命的价值和爱心的真谛。

学校还开展丰富的文体活动提高学生的综合素质。其中，篮球社、手语社、民族舞社、手鼓社、烘焙社等社团组织已形成特色。2021年，手鼓社荣获上海市明星社团称号；我校有每年在相对固定的时间安排活动的传统，例如爱国歌曲比赛、广播操比赛等都获得了不错的成绩与效果。开展丰富多彩的创建活动，既要体现文化特征，又要体现职业教育的内涵，以保证活动开展的针对性和有效性。

①弘扬主旋律。强化德育课教育教学质量，充分利用课堂教学主阵地，大张旗鼓宣扬以爱国主义为核心的中华民族精神，加强对学生理想信念教育，进行中国国情教育和社会主义教育，教育要注重结合典型案例，培育学生树立坚定的理想信念、远大的抱负和脚踏实地的人生价值。办好校刊和团刊，弘扬学校发展的主流态势，报道学校建设和发展的好人好事，交流学校发展中的案例研究，介绍学生学习、实习实训和成长事迹等。充分利用学校网站，开辟学校年度和专项荣誉榜，对各类优秀人物事迹和事件宣传通报；开辟信息栏，构建信息交流沟通平台，将学校网站建成校园文化建设的主渠道。建立健全学校校园文化建设点、线、面、块"四位一体"的工作机制，进一步整合资源，强化功能，提升层次，完善体系。

②加强活动的针对性。捕捉师生个性和乐趣，在思想、教学、生活和爱好等方面，培育师生兴奋点。结合开展学习和活动项目，给教师和学生创设活动环境，激扬内在驱动力，培养活动的积极性。坚持价值观念、信念、情感、意志的塑造，充分发挥其引领作用；坚持思想性、知识性、趣味性、群众性的统一，日常规范各相关要素的统一；坚持以秉承优秀传统、与时俱进、喜闻乐见、寓教于乐、潜移默化、陶冶情操为基本原则。

2）开展专题讨论活动，如开展人生价值的讨论。教师和学生对人生观和价值观的讨论，应各有侧重。学校层面，应注重政治理论课的教学质量，结合时事教育，坚定不移地进行爱国主义、社会主义和中华民族精神的教育，帮助学生正面了解、熟知目前所处的世情、党情和国情。教师层面，应正确处理个人专业方向发展同学校整体发展的关系，处理个人发展与为学生服务奉献的关系，树立人民教师的良好形象。学生层面，要正确认识自己的职业方向，树立正确的学习态度和理想抱负，锤炼自己的品格修养，锻造自己的人格魅力。在开展人生价值讨论时，可以邀请高职部学生担任中专部学生的辅导员。邀请行业企业人员开办企业（行业）文化讲座，引导学生对职业道德、职业素养和就业观、人生观的理解。又如开展多种形式的专题交流活动，包括知识竞赛、名人演说、师生论坛等。

3）开展文体艺术活动，如每年组织一次学校科技文化艺术节和学校运动会。积极开展学校文学艺术活动，弘扬健康、高尚的情趣，营造良好的艺术氛围。建立健全学生社团，学生社团体现文化、艺术、技能和职业等特征，既要注重营造气氛，更要注重提高学生的文化和职业素养，促进学生提高与人交流、沟通和协调的能力。

4）开展职业技能比赛活动。根据行业企业生产岗位特点、学校专业设置和学校的培养规格，开展科普活动、专业技能比赛、岗位模拟实训等职业技能比赛活动。

（6）课程推动。考虑章节篇幅的均衡性，这方面内容在第九章做具体阐述。

第二节 "作用场"的相互关系和理想合力

鸿文德育模式是通过大量的德育活动和实践来实现其德育目标的。这些实践活动通过各种方式、途径向学生提供各种德育教育的材料，在学生主体意识中产生影响，让学生产生共鸣乃至共识。这可以称之为德育教育的合力效应。这些具体效应是怎么形成的，有必要做以下分析：

（1）说教与实践的统一，是德育教育不容省略的重要阶段。制度、训导、管理、课程等都是使用说教的形式。它们用条款、标准、规范来约束学生的行为，指导学生的思想，纠正学生的道德动机。但是这些道德内容是从外部对学生施加影响的，没有经过学生自己的体验和验证，这些感性的认识还没有上升为意识的自觉，所以也不是真正的理性认识。而学生的自主管理和学生开展的各种活动，由于是学生亲身参加了实践活动，这些原来还处于抽象化、文本化的德育材料就逐步在实践中得到检验、印证。

（2）在实践中把握利益关系，是提高学生道德观的必要环节。有人认为，科学概念所把握的是客观存在的自然现象和自然规律，所求为世界之真；美学概念所把握的是主体愉悦与痛苦的情感体验，所求为世界之美；而利益关系的性质则是道德观念所要把握的本质内容。在实践活动中，学生要面对的最主要的关系就是利益关系。学生在平时的实践中，在关注道德概念时，必然要关注利益的取舍，必然要面对各种利益关系或将被掩盖的利益关系明晰化，使利益界限清晰化。正是这种利益的具体取舍，使学生亲自面临道德的判断，逐步实现道德发展的成熟。

（3）在实践中检验、扩展道德评价的标准。在现实生活中，学生要根据事物是否符合自己的价值性需要，对事物形成两种态度，即赞同或反对，进行肯定性或否定性评价。学生只有在实践中，在面临具体的实践场景和目标时，才会对道德对象的善恶进行肯定或否定的评价。有些人认为，道德的善恶评价在课堂上，在德育课程中都已经告诉学生了，教育的过程已经完成了。但是，事实上，学生在德育课上只是"学"到了道德的知识，而不是提升或改变了道德的观念。从鸿文的德育实践来看，与许多其他学校一样，也出现过学生德育课程高分和品德水平低下的反差，这一距离的存在实际上就是缺少实践这一环节的结果。由于学生的活动主要局限在学校，所以学生参与的各种活动在德育教育中的意义就显得格外重要了。

（4）道德概念的形成不是简单的利益取舍，它还包括其他层面的内容，这些目标更不是简单的说教可以达到的。例如，道德观念往往将处理伦理关系作为一个重要的内容，道德观念还与人格发展有紧密的联系，道德观念在面临利益取舍时有时会面临复杂的关系处理。甚至道德观念本身还有一个大小、高低、轻重缓急的层次，如"大家"和"小家"的关系、"大公"和"小公"的关系等，这些都只有在丰富的实践中，经过权衡的实践，才能得到正确的把握。

正如一位教师在笔记中所写的："行为习惯的养成在于不断的反复实践，有些习惯必须在群体性的活动中才有可能养成，如与他人合作共事、与他人和谐相处。众所周知，在当今的社会里，一个人再优秀、再杰出，如果仅凭自己的力量也难以取得事业上的成功，凡是能够顺利完成工作的人，必定要具有集体主义精神。只有善于沟通、交流、协作、配合、讨论，凡事优先从整体利益考虑，并能集合众人的智慧和力量的人，才能得到大家的支持和认同，最终取得成功。而时下的独生子女们最需要培养的也是最缺少的素质就是团结协作的集体观念、团队意识。为了使学生更好地融入集体，适应将来的社会需要、企业需要，我校在每学期都由相关部门牵头组织各种形式多样的集体活动，如爱国歌曲比赛、广播体操比赛、文艺汇演、跳绳比赛、篮球比赛等。这些活动的开展，使学生感受到了集体的智慧和团结的力量，并珍惜集体的荣誉，以集体为荣。"（鸿文教师张秀岩：《行为养成实现学校与企业的零距离》）

第九章　鸿文德育模式的课程推动

上海鸿文国际职业高级中学在学校教育中将德育内容渗透到文化课和专业课中。课程推动图如图9-1所示。

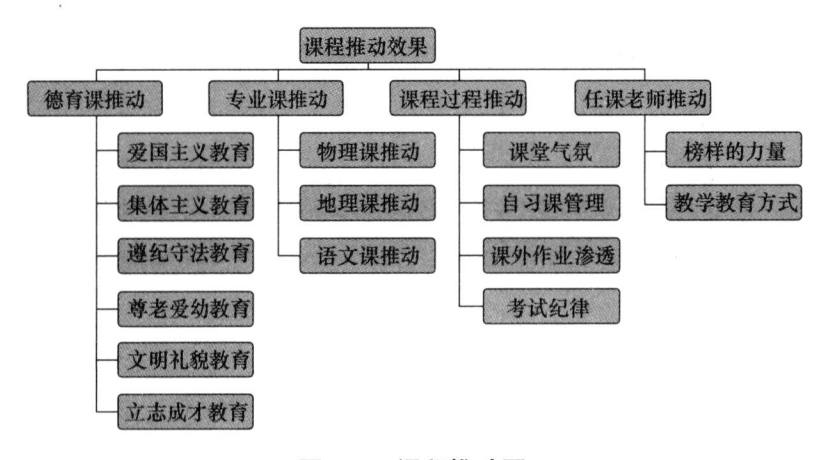

图 9-1　课程推动图

第一节　德育课的推动

德育课主要是将传统美德与学校的德育工作相结合、相渗透。德育的实质是一种高层次的文化教育。从"以文化人"的意义上讲，德育在本质上是一种以教人"学会做人"为目的的文化教育。这种教育不是在一般意义上教人学会生存的技能和懂得生活的常识，而是引导人们明确生命的意义，也即德育是培养人们树立正确的人生观和价值观，确立科学的信仰和信念的文化教育。优秀文化（包括传统文化和现代文化）是德育之"根"。优秀的传统文化中内含着社会的永恒价值，使其成为宝贵的德育资源；优秀的现代文化标志着社会的发展方向，使得与其紧密相连的德育具有时代气息和生命力。从一定意义上讲，文化构成了德育的"发展生态圈"，德育从其中汲取营养，丰富自身内涵，强化自身生命力。脱离文化的德育必然是苍白贫乏，缺乏生命力的。"以文载道"，丰富多彩的文化是德育的最佳载体。德育的内容、方法、途径和手段等都要并可以通过相应的文化形式表现出来。学生的精神世界是丰富多彩的，学生的道德品质层面也是多样的、立体的。注重发挥文化的德育载体作用，通过丰富多彩的德育文化内容和形式，满足众多不同的德育对象的教育要求，有利于提高德育的针对性和实效性。

"潜移默化"是提高德育实效的内在要求；加强实践是提高德育实效的关键环节。通过文化建设形成良好的文化氛围，使学生从中受到良好的文化熏陶，在潜移默化中接受思想品德教育。引导学生参与文化建设活动，在这个过程中提高学生运用正确的价值观标准对各种文化进行判断、选择、欣赏、接受及创新的能力，同时，也有利于发挥学生在德育过程中的主体作用。

（1）传统美德教育与爱国主义教育相结合。爱国历来被看作是一种"大节"。中国人民历来崇尚气节，注重情操。爱国主义思想培育了中国人的正义感和是非观，形成了民族的浩然正气，出现过无数仁人志士，如"北海牧羊"的苏武、"精忠报国"的岳飞、"虎门销烟"的林则徐，以及爱国主义诗人陆游等。这些仁人志士至今受到人们的称颂，这是因为他们具有"舍己为国"的高尚精神。班导师结合学校布置的中心德育目标，带领学生进行别开生面的班会活动，通过类似的集体活动来激发学生的爱国之情，从而增强学生建设祖国、振兴中华的责任感。

（2）传统美德教育与集体主义教育相结合。中国人历来把"天下为公""克己奉公"作为价值坐标。范仲淹"先天下之忧而忧，后天下之乐而乐"的强烈的社会责任感，为历代所颂扬。我们把"先忧后乐"作为青少年的格言和道德准则，并注入集体主义的新内容，以此作为激励学生热爱祖国、热爱集体、热心扶贫帮困、为人民的利益而奋斗的精神动力。在学校组织的"爱心帮困"捐助过程中，学生们都踊跃地将自己以前的校服捐给了贫困地区的学生们，并用自己的零花钱奉献了一份爱心。

（3）传统美德教育与遵纪守法的行为规范教育相结合。古人倡导"责己严，待人宽"的原则。这都说明古代思想家已经具备了勇于自我批评、加强道德修养的自觉性。又如"不贪为宝""暮夜却金"等典故表明了古人非常重视道德品质修养，把不贪作为人生的珍宝，这对教育、引导学生严于律己，加强道德修养，自觉抵制、反对拜金主义、享乐主义，树立正确的人生观、价值观具有重要作用。

（4）传统美德教育与孝敬父母、尊敬师长相结合。古人所讲的"仁爱孝悌""老吾老以及人之老，幼吾幼以及人之幼"是中华民族传统美德中最具特色的思想精华。"仁"的核心是"爱人"，即重视人、尊重人、关心人、同情人。在家庭生活中，"仁爱"以"孝悌"为根本，崇尚"父慈子孝""兄友弟恭"，从而形成一种浓厚的家庭亲情，进而有利于形成"尊老爱幼"的社会风尚。如果学生对养育自己的父母和教育自己的师长都不尊敬，又怎么能爱他人、爱社会、爱人民、爱祖国呢？因此，我们必须以此来教育学生，在家庭要孝敬父母，尊重长辈；在学校要尊敬师长，尊重每一位职工；在社会要敬老爱幼，助人为乐。在鸿文，"学长优先制"就充分体现了这一点，也展示了学校德育工作的过人之处。

（5）传统美德教育与文明礼貌教育相结合。我国人民历来注重文明和礼貌。"与人为善""平易近人""推心置腹"等成语即说明了人要以善良、谦让、诚恳、宽容的态度处理人际关系；"举案齐眉""让枣推梨""宾至如归""千里送鹅毛"等典故，说明了长幼、夫妻、父子、兄弟、亲友、主宾等各方面的具体礼貌原则。学校的教师坚持晓之以理、动之以情、导之以行的原则，突出文明行为的训练和养成，如语言文明、礼貌待人、尊敬师长、遵守社会公德等。

（6）传统美德教育与立志成才教育相结合。古人是非常重视立志成才的，并倡导自强不息，持之以恒，如大禹为根除水患"三过家门而不入"，屈原为挽救楚国的危难而"上下求索"，还有"磨杵成针""悬梁刺股""羲之墨池"等故事，表现了古人有一股为实现理想而甘愿吃苦的决心和恒心，这无疑是我们民族精神中的精华，对教育学生立志成才具有极大的启发和教育作用。每一位鸿文学子的心中都时刻铭记着鸿文的校训"日新又新，自强不息"。

第二节　专业课的推动

专业课也是进行德育教育的课堂，对这一点，许多教师都有清醒的认识，并在教学实践中进行了大量探索，有了一定的收获。例如，物理教学中的德育渗透就是一个范例。

一、物理教师主要通过一些环节将专业课与德育课结合起来

（1）爱国主义教育和集体主义教育。爱国主义是对青少年进行德育的中心内容。在物理教学中对学生进行爱国主义教育，教师平时要注意收集素材，同时，将德育素材巧妙地融于智育、实验教学之中，激起情感共鸣，达到德育的目的。

如在讲人造卫星时，可介绍我国的人造卫星的发射与回收，洲际导弹的研制成功，"神十二""神十三"的成功发射与安全返回都处于国际领先地位。在讲电阻定律一节中的超导现象时，可介绍我国的超导研究与实践已处于国际前沿。在讲原子物理时，可介绍浙江秦山核电站和广东大亚湾核电站都处于世界领先地位。由此可见，爱国激情和对科学事业的执着追求是科技工作者成功的支柱，实践证明感情的陶冶往往要比其他德育方式牢固可靠，情感通融，学生的思想境界就能升华。

在实验、探究中可以培养学生的集体观念和团队精神。学生实验、探究是以小组为单

位，既要分工，各司其职，又要合作，紧密配合，群策群力。在实验时可以组织实验竞赛，看哪组做得最快最好，评选最佳实验小组，这样既提高了学生做实验的兴趣和积极性，又培养了学生的集体荣誉感和团结协作精神。

（2）辩证唯物主义教育和破除迷信、树立科学世界观的教育。中学物理教学内容中充满辩证唯物主义观点。教师在教学中应自觉地用辩证唯物主义观点去分析教材，阐明物理概念和规律。坚持实事求是的精神，坚持知行统一的原则，使学生在潜移默化中领悟和接受，逐步形成辩证唯物主义的世界观和方法论。

例如，在讲完惯性实验后，可引导学生讨论惯性的利弊，使他们懂得任何事物都有两面性；讲述古人对"海市蜃楼""天狗食月"等的误解，通过光学的学习，很自然地消除了同学们的误解。这对反迷信、反邪教，确立科学世界观是不无裨益的。又如，人们对光的本性的认识过程，最初赞同微粒说，后来由于托马斯·杨和菲涅耳关于光的干涉、衍射实验的成功，战胜了微粒说而确立了波动说，这是对前一种认识的否定。到了20世纪，爱因斯坦在光电效应实验的基础上，提出了光的量子说，认为光是一个一个不连续的量子，微粒说似乎又复活了，波动说遇到了困难，这可以说是对最初认识的否定。但这不是简单地回到最初的认识，而是一种新的飞跃，在这里光子已不是经典意义的微粒。经过这种曲折过程，人们终于达到了"波粒二象性"的崭新认识阶段。通过这些事例，也可以培养辩证唯物主义观点。

（3）对学生进行道德品质教育。结合教学，有重点地介绍中外科学家发现重要定律和原理的过程，可以培养学生锐意进取、百折不挠的精神。例如，法拉第刻苦自学，经历十多年研究，发现了电磁感应现象。这些内容对于培养学生刻苦学习、勇于克服困难的精神，会起到良好的作用。

在教学实践中，可以从两个方面来培养学生讲诚信的好品质。一是教师自己做到实话实说，在课堂上遇到不懂的问题不必回避，可以坦诚地告诉学生自己不知道，而不能教授给学生错误的知识和方法；二是将对学生的情感态度与价值观的关注和科学知识、科学探究提高到了同样重要的程度，不再仅仅用分数评价学生物理课学习成绩的好坏。在实验课上帮助实验失败的学生查找原因，并且给他们重做实验的机会，让学生明白说实话的重要性，体会到科学的严谨。物理课上培养学生"诚信"的品质，对学生未来的健康发展有着深远的意义，整整一代人都将从"诚信"中受益。

（4）培养学生勤俭节约和环境保护意识。物理课上不仅可以列举数据使学生懂得控制人口增长、节约能源和开发利用新能源是相当必要的；还可以对学生进行核能开发利用的意义及前景的教育，激励学生为祖国能源建设和核科学技术开发利用做出贡献。在讲授噪声污染、内能利用与环境保护、能源开发与利用等问题的同时，例证当今世界许多地方经济发展了，但生态环境遭到了破坏，森林大面积减少，洪水泛滥，许多动、植物种濒临灭绝，绝大多数城市遭到污染，全球气温升高，我们共同的家园——地球危机四伏……这样可帮助学生初步树立可持续发展观。

二、在地理课程中渗透了德育教育的内涵

（1）爱国主义教育。列宁指出"爱国主义教育就是千百年来巩固起来的对自己祖国的一种最深厚的感情"。在地理教学中开展爱国主义教育是对学生进行思想品德教育的核心内容。中学地理教材蕴藏着极其丰富的爱国主义内涵，在地理教学中通过学习可以帮助学生了解祖国、认识祖国，从而激发学生的爱国主义情感和建设祖国、报效祖国的豪情壮志，坚定他们不怕困难、勇于进取、立志成才的决心。

（2）环境道德教育。科学技术的空前发展增强了人类利用自然、改造自然的力量，与此同时，人类不合理地开发、利用自然也使得环境污染日益加剧。保护人类生存环境也是全人类共同的责任，要让学生认识到：人的行为无论是有意识还是无意识，也无论是直接还是间接，只要对环境产生不良影响，就是不道德的。破坏环境，会危害社会、危害他人、危害自己；保护环境，会有利社会、有利他人、有利自己。要培养学生热爱大自然的感情。

（3）人口道德教育。目前我国人口已超过14亿，人口问题已成为影响我国人民生活质量及经济可持续发展的制约因素。受传统"多子多福"的人口道德观念的影响，我国人口的增长已有悖于我国社会及经济发展的现状与需要。让学生在地理课上增长一些人口知识，了解我国"地大物博"而"人口众多"的"大分母效应"是非常必要的。

（4）社会责任感教育。地理学科的区域性使其内容大到全球，小到乡土，地理学科的课题都与人类的生产、生活息息相关。在地理教学的过程中，通过对全球性问题的某一局部内容进行探索及对当地乡土地理调查研究中揭示的自然、人文及人地不协调问题的认识，使学生充分认识到，要解决人类生产、生活中存在的问题，需要自己的聪明才智和不懈的追求与探索，促进社会发展和人类进步是每个人应尽的义务和责任，逐步形成关心国家和社会的进步、关注人类与环境和谐发展的人生态度。

（5）可持续发展观教育。在地理教学中教育学生，要使经济不断发展就必须使工业、农业、资源、生态等的关系得以协调，就必须正确认识人口、资源、环境的关系。如果只注重经济效益而忽略生态效益与社会效益，必然导致资源的短缺和枯竭、环境的污染和退化，甚至影响人类生活，危及人类的生存。通过地理学科的德育教育，培养学生可持续发展观，可以帮助学生正确认识人类活动与资源环境的关系，可以大大激发学生的忧国之情、报国之志，增强学生的社会责任感和时代使命感。

（6）创业意识教育。地理学科的内容既有传统产业的内容，又有市场经济时代和知识经济时代新兴产业的内容，并且涉及产业更新和有序竞争的内容。地理学习中涉及的产业课题，都与当前产业发展过程中的热点问题息息相关。通过地理学习中创业意识的渗透，将为培养一代既动脑又动手，既能从事一般生产劳动，又能参与新技术、新产品、新服务的研究开发，甚至自主创业，并能做出实际贡献的新人提供可靠的保证，这对教育的深化改革和可持续发展具有重大的实践意义。

三、在语文教学中对职业素质教育的推动

职业意识是一个当代职业人员必备的素质，是从事某项职业的人所具备的对该领域该职业的领悟理解能力，在心为意识、思想、觉悟；在志为对该职业的热爱、执着；发自内心而非外在的，在工作上，表现出对职业的热情熟练，从眉宇眼神到举手投足间都渗透着强烈的职业品位，从而具有一种不可言喻的职业灵性、气质。职业的技能、方法、规矩都是可以培训带教传授的，但职业意识却很难一下子培训传授，说到底它是一种职业文化，只能通过长期的培养熏陶。这个任务就是职业教育的最根本任务，而语文教学在这个舞台上便可以大展宏图。

（1）上好开卷第一课。职业院校的学生，绝大多数重视专业技能，这并没错，但因为重视专业技能而忽视了文化课程的学习，却是错误的。原因很简单，我们是学校，不是作坊带徒弟，是为全面提高人的素质而开展教学的，不管是蓝领、白领还是金领，文化素养的提高是一个共同点，只是要求高低不同。在这个问题上，刚升入职业院校的学生的认识非常幼稚，必须加以引导教育。我们在每届新生入学的第一节语文课上都要将语文和职业作为主讲的题目，目的就是要让学生明白，作为一个从事某项具体工作的人哪怕是车床操作工，也必须学好语文，提高文化素质。

每个人最终都将踏上社会，融入滚滚的人的洪流中，这时候，文化素养的高低将决定这个人在社会中的人际交往、活动范围及社会地位。沉湎于麻将的人，他周围的人都是麻将朋友，专注于骗人勾当的人，他们开口闭口就是如何骗人；而一个有涵养、有文化的人对于这些是不屑一顾的，因此根本不可能和他们走到一起，他会有自己的一个朋友圈，有自己的爱好，所谓"人以类聚，物以群分""近朱者赤，近墨者黑"，古训是不错的，每个人都想在这个社会上有自己的立足之地，为实现这个目标，你就必须努力提高自己的文化素质。

事实上，有一定的语文素质也将使自己受益无穷。文化素质不是海市蜃楼、虚无缥缈的，它是一种客观的实际存在，也具有功利性。如在社会上我们经常会看到有的人巧舌如簧、能言善辩、人见人爱，因而在升迁、待遇、评审、交友等各个方面应付自如，处处主

动；有的人老实本分、埋头苦干，本质很好，但由于文化底子薄，不善言辞，因而上司同事发现不了他，各方面都被动，这虽然有社会偏见的一面，却也不可否认自身存在的问题。试想，如果他们的文化素质提高一个层次，语言表达能力强一些，岂不是于人于己于社会都是一件有益的事情！有些人在工作中可能会有很宝贵的经验、心得，有科学文化知识，善于表达的人可以将自己的经验心得诉诸笔端，写成文字，通过总结整理，甚至将经验提升为理论，不断地提高完善自己的工作，同时又可以和同行分享经验，交流心得，全方位提高自己的业务水平。而一个词不达意的人，再宝贵的经验也只能深埋在他的心里，外界无法确切地了解，对他来说，经验也只能是经验，仅此而已。他和别人的交流、他的业务能力的提高无不深受影响。对于该业务领域，对于社会，也都是损失。

语文对人的文化素质影响是决定性的，全方位的，同时又是潜移默化的，对人的思想、道德、情感、情操、性格、脾气、认知、思维的发展无不起着重要的作用。这些只有经过较长时期才能达到显性反应结果，无疑是更具有价值的。可惜，许多职业院校学生不理解，一些教育工作者对此也常常忽略。无形的影响比之功利的有形性的影响常常起着更大的作用。

（2）语文中学习科学的职业精神。当代的职业精神的核心是什么？在信息科技昌明的今天，就是用科学的头脑追求岗位的成绩。语文学科有一个得天独厚的有利条件，就是可以用鲜活生动的课文对学生进行科学的职业精神的渗透。科学的职业精神主要表现在两个方面。

首先，是科学的求真务实精神。我们学过苏轼的《石钟山记》，"石钟山"名由来已久，前人对此做过考证，且都为权威，但苏东坡并不满足于此，也不"唯权威"，在暮夜和儿子苏迈乘小舟"夜泊绝壁之下"。夜深人静，江水湍急，林森树密，山石狰狞，想起来就令人赫然出汗。经过实地考察，苏东坡终于找到了山名的真正由来（当然他的考证结论后来又被证明是错误的），最后不由得叹道："事不目见耳闻，而臆断其有无，可乎？"作为一个封建士大夫能在夜晚亲临考察，这种求真的探求精神，实在值得我们好好学习。

结合毛泽东同志的讲话《改造我们的学习》，可以对学生进行学习态度和工作态度的教育。毛泽东同志批评的那种主观主义的学习态度其实也正是今天我们有一部分人表现在职业岗位上的工作态度。有些人做事不从实际出发，凭"想当然"办事，没有科学的头脑和科学的态度，当然要在工作中失败。有了理论，就要会应用到工作实际中，应用不是生搬硬套，因为理论的东西是解决一般问题的，个人的具体工作中有许多实际的特殊的情况，这就需要随机随时随地的应变，根据实际情况，对理论加以应用、修正、补充，这才是科学的老老实实的职业精神。

其次，是科学的探求创新精神。创新是国家发展之源，没有创新的民族是没有前途的。因此，应该培养全民族的创新精神，而不只是少数科学家、专家的事情。对于职业院校来说，同样应肩负着培养创新思维的一代新人。

科学史上的科学家无疑是创新思维的楷模，如《杨振宁和他的规范场》一文中的杨振宁、《居里夫人传略》一文中的居里夫人、《张衡传》一文中的张衡等。另外，课文中涉及的马克思、爱因斯坦、毛泽东等，在他们身上无不闪烁着创新的光辉。

然而普通劳动者同样需要在平凡的工作岗位上有创新的意识，即如普通到一个船夫。在学习《三峡船夫曲》一文时，我们知道那块横卧在西陵峡上的"对我来"礁石，历来就是峡江船夫的拦路虎、鬼门关，经过了世世代代船夫的探索积累经验，才有了"对我来"这个集智慧和勇气于一身的名称，由于水流的冲击力，穿过此礁石时，如果想避开它，则会撞到峡江礁石上，粉身碎骨，而如果有意识的对准礁石撞击过去，则可以化险为夷，与死神擦肩而过。船行到此，需要船工们做出有悖于常理的创新思维。学到此时，学生们更加深刻理解文中所说的 "小木船在三峡激流中那些曲折而又惊险的航道，是船夫们用智慧、用勇气、用尸骨一米米开拓出来的！"战胜任何工作上艰难险阻，都需要我们用科学的头脑，创新的精神！

说明文《留得秋橘春天采》就是用科学的创新思维解决了果业发展中的难题。自古以来，柑橘越冬保鲜是件解决不了的难事，贮藏过冬天的柑橘，即使不烂，也是"金玉其外，败絮其中"。即使如今有了现代化的冷库，还是无法解决。问题的关键还是几千年来，人们的思路永远在"室内""贮""藏"方面动脑筋，思维没有摆脱出传统的束缚。四川万州区的农业科技人员就跳出了传统思维的框框，独辟蹊径，变"室内"为"野外"，变"贮""藏"为让柑橘留在树上挂枝越冬，并在实践中摸索出了一整套挂枝越冬的经验，以至形成了秋橘春采，岁暮新春、赏橘观景的动人景象。在这里，创新思维解决了千年难题，为林果地区开辟了一条致富的简捷通道。

同样，《小行星撞击地球的危险性与对策》一文提出地球面临的极度危险，并对如何避免这种危险开启了种种富有创新意义的有趣思考。特别是这种前无古人后无来者的问题的解决，必须用科学创新思维的头脑。事实上，在我们无数平凡的工作岗位上，都将面临无数的别人未曾遇到过的困难，因此，创新是克服困难破除一切禁锢的钥匙。

（3）榜样就在眼前。无论从事伟大的科研工作还是从事普通的服务工作，要做好本职工作的一个共同点，就是爱岗敬业。只有在这种大前提下，才能激发每个人潜藏的工作活力和创造力，才能把工作做好，从而推动社会的进步。对于职业院校的学生，尤其应当经常地进行热爱工作岗位的教育与引导。自然，我们并不缺乏徐虎、包起帆这样爱岗敬业的先进人物作为材料，但是，更重要的是我们应将这种教育贯穿于所有学科的日常教育中。在语文教学中，我们应当就地取材，自然而然地引导学生爱自己今后的岗位，在频繁的工作岗位上做出自己的成绩来。宗璞的散文《哭小弟》记述了小弟平凡而又执着的一生,一个科技工作者,肿瘤已经非常严重,影响到生命的时候,应立即做手术,可他的内心还很想参加一个技术讨论会。手术后休养期间,还在看论文,做翻译。卧床不起时,手边还留着科研材料。如果他不爱自己的本职岗位,就决不会如此拼命地工作。

关于这个问题,贝弗里奇的《改变世界的人们》一文为我们做了总结。他指出,杰出人物的性格有三大特征,其中,他们如痴如醉地热衷于自己的工作,从自己的工作中享受到真正的乐趣,这种近乎狂热的情绪很有感染力;他们喜欢并有能力长时间地艰苦工作,以至于没有时间顾及家庭生活和消遣娱乐。美国一些科学家每周工作120多个小时,他们都心甘情愿地献身于工作,如居里夫妇、我国两弹元勋邓稼先等,这些生动鲜活的材料,让学生懂得了热爱本职工作是没有平凡和伟大的区别的。

当然,语文课毕竟不是职业道德教育课,更不是具体的职业技能课,但能起到这些课无法起到的良好的启发引导作用和意想不到的教育效果。

第三节　课程过程的推动

(1) 良好的课堂气氛,培养良好的人际关系。通过良好的课堂气氛培养良好的人际关系主要靠教师在课堂上的教授和学生在课堂上的学习,所以,课堂纪律的好坏直接影响到教学质量的优劣。鸿文把课堂纪律放在对学生德育教育的首要位置。上课要求每位学生要保持安静,专心听课,不能打瞌睡或是趴在桌子上睡觉。如果教师上课发现有类似的情况,通常会提醒他们专心听课,如果他们实在想睡觉,会让他们站在墙边,以保持清醒。久而久之让学生明白,在课堂上认真听课不仅是对教师的尊重,还是对他们自己的尊重。逐渐使学生养成了良好的课堂习惯。当他们发现自己难以集中精神想睡觉时会主动站起来,让自己提提神,继续认真听课做笔记。对上课一直能够专心听课的学生,期末给予表彰奖励。良好的课堂环境让学生能更加认真、专注、轻松地学习,并懂得如何尊重他人。所以,在鸿文不会发生因为课堂纪律不好影响学生上课以至于学生成绩不好的情况。

(2) 自习课上对课堂纪律的管理。学生大部分是住校的,下午的自习和晚自习是学生很主要的学习时间。他们通常要利用这段时间把课堂上学习的内容吸收消化掉,进行旧课的复习和新课预习。为了保证自习课的质量,学校采取让高一级的学生管理低年级学生,同时教师进行课堂巡视的模式。学生在自习课上采取以自己看书自习为主、请教教师为辅的方法。高年级学生管理课堂纪律,不允许学生在课堂上做与学习无关的事情,否则要受到一定的处罚。而教师巡堂来辅导学生不会的题目,提高学生的学习兴趣。目前,有些同学在自习课上有一些不良的学习习惯还未改正，如在课堂做小动作、抄别人的作业，或者交头接耳，还有些貌似在看书其实在走神。针对这些学生的不良习惯，教师和校方正在研究如何提高他们的思想觉悟使他们养成良好的学习习惯。

（3）对课外作业德育的渗透。由于现在的孩子在家里很受溺爱和教育偏离使许多学生养成懒惰和贪图享受的习气，因为学习是一项艰苦、长久的事情，而写作业又需要付出大量的劳动，所以，有相当一部分不爱学习的学生在课堂上不发言、不动脑，课后抄作业，学校和教师为了阻止这些坏习惯发展，除在各种主题班会、全校大会上表扬学习优秀的学生，批评不爱学习抄作业的学生，还用一定的方法来对付抄作业的学生。如采取每周一次的小测验，把平时作业的一些重要习题放在测验中，看学生掌握的情况如何，如果作业是自己做的，那么这些题对学生来说是很容易解答的。如果是抄作业的学生就不会做，从这些成绩中不难判断出哪些学生的作业是抄的，除对他们进行批评教育外，还要针对他们不懂的地方进行补课，让他们意识到抄作业是行不通的，慢慢地抄作业的人越来越少。学生在大量的事实面前明白了"樱桃好吃树难栽，不下苦功花不开"的事实，使他们真正明白知识是为自己学的，知识改变命运。

（4）对监考的加强和对违纪作弊行为的严惩。德育工作在教学上的成功并不是对所有的学生，还有一小部分学生始终不能把心思放在学习上，总是想着蒙混过关，这在鸿文是行不通的，他们把学校和教师对他们的教育当作耳边风，上课不听，作业不按时完成，考试时要么低分，要么作弊。鸿文对于在考试中进行作弊的学生采取延长学籍的措施，让他们不能按时毕业，重者开除学籍。为了帮助学生严肃考场纪律，每次考试前，学校都对学生进行考场规则的教育，并让学生做"诚信"宣誓。考后对违纪学生做各种处分直至开除学籍。

第四节　任课教师榜样力量的推动

教师的榜样力量是十分重要的。教书育人，师生互动，要提高学生的教学质量把德育工作渗透到文化课和专业课上教师是关键，以身作则，树立榜样。榜样的力量是无穷的，要使学生有良好的学习习惯，教师必须有更高的授课品质。除服装仪表要端正外，课前认真备好每一堂课教案也被提到了教师的议事日程上，使每堂课都让学生感到有重点、有难点，知道哪些是必须掌握的，一定要让学生感觉到教师是有充分准备的，这样学生才会更加愉快地学习知识。因此，学校对教师的要求也是很严格的，每月定期检查教案，并要求教师相互听课交流来提高水平、取长补短。除此之外，教师还要认真批改作业，从作业中发现学生没有掌握的知识内容。只有高素质、高水平、高觉悟的教师才能培养出高质量、爱学习的学生。

从大量活动教育的实践要求来看，教师也承担着更多的责任，需要更高的素质。在道德教育的过程中，活动道德教育的教师较之传统道德教育的教师肩负着更多的责任，实施起来也更为困难，它不仅要求教师懂得活动之于道德发展意义的一般原理，而且要求教师认识到什么样的活动、什么样的环境最有利于学生道德的发展或道德经验的获得，知道如何利用已有的自然和社会条件并从中抽出一切有助于建立有价值的道德经验的东西。它不仅要求充分利用现有的条件和环境，而且要求充分利用自己的智慧创造新的更适合学生发展的条件和环境。显然，这与只需让学生按既定的目的和要求去做、去活动的传统道德教育教师有着根本的不同。

第十章　鸿文德育模式的意义和实效分析

　　鸿文德育模式是一种创新，这一模式不仅对一个学校的教育模式改革、办学模式的发展有意义，而且对整个学校和社会的德育教育发展也有意义，对许多学校及其他领域，它有着很大的参照意义和借鉴意义。同时，这一模式也为学校本身的教育和培养人才的工作带来了直接的成果。

第一节　鸿文德育体系对我国德育工作具有积极意义

　　《中共中央关于加强社会主义精神文明建设若干重要问题的决议》指出："加强青少年思想道德教育，是关系国家命运的大事。要帮助青少年树立远大理想，培育优良品德。各级各类学校都要全面贯彻党的教育方针，坚持社会主义办学方向，加强德育工作，努力培养德、智、体等方面全面发展的社会主义建设者和接班人。根据大、中、小学的不同特点，切实加强和改进思想品德课程、政治理论课程，把传授知识同陶冶情操、养成良好的行为习惯结合起来，把个人成材同国家前途、社会需要结合起来，形成爱党爱国、关心集体、尊敬师长、勤奋好学、团结互助、遵纪守法的风气。积极组织学生参加生产劳动和社会实践，帮助他们认识社会，了解国情，增强建设祖国、振兴中华的责任感。"实际上，鸿文的德育模式正是以上述的内容为核心的。《中共中央国务院关于进一步加强和改进未成年人思想道德建设的若干意见》提出，对学生思想道德建设应遵循以下四项原则：

　　（1）坚持与培育"四有"新人的目标相一致、与社会主义市场经济相适应、与社会主义法律规范相协调、与中华民族传统美德相承接的原则。既要体现优良传统，又要反映时代特点，始终保持生机与活力。鸿文的德育模式在传承传统美德，创造性地建设德育模式方面显得非常突出。

　　（2）坚持贴近实际、贴近生活、贴近未成年人的原则。既要遵循思想道德建设的普遍规律，又要适应未成年人身心成长的特点和接受能力，从他们的思想实际和生活实际出发，深入浅出，寓教于乐，循序渐进。多用鲜活通俗的语言、生动典型的事例、喜闻乐见的形式，多用疏导的方法、参与的方法、讨论的方法，进一步增强工作的针对性和实效性，增强吸引力和感染力。鸿文的德育模式就是通过大量的规范和活动对学生进行深入浅出的德育教育的。

（3）坚持知与行相统一的原则。既要重视课堂教育，更要注重实践教育、体验教育、养成教育，注重自觉实践、自主参与，引导未成年人在学习道德知识的同时，自觉遵循道德规范。鸿文的德育模式将课堂教育与实践教育结合得十分紧密，把德育知识融入学生平时的生活之中。

（4）坚持教育与管理相结合的原则。不断完善思想道德教育与社会管理、自律与他律相互补充和促进的运行机制，综合运用教育、法律、行政、舆论等手段，更有效地引导未成年人的思想，规范他们的行为。鸿文的德育模式是在坚实的组织的基础上贯彻的，这一组织机构是立体的、多层面的，并有学生参与和发挥主角作用的，对推进德育教育具有极其关键的意义。

鸿文的德育模式的创建就是对以上的部分问题寻找解决的途径，解决当前青少年德育工作的难题，以期更有效地达到精神文明建设的目标。它的意义表现在以下几个方面：

（1）以传统道德教育为基础，多方面加强学生的职业道德教育。通过鸿文德育的具体实践可以看出，鸿文的道德教育不是简单地向学生介绍道德观念，也不是价值观念的简单说教，而是贯穿于学生在学校生活的全部：教师在课堂上所举的案例、校园里学校的管理行为和师生员工的行为表现与学校的徽章、标志、校旗、校歌等都是培养学生职业素养和集体荣誉感的最好教材。因此，我们的职业道德教育也应该从多个角度，采取多种方法，向学生进行社会主义职业道德理论与实践教育。同时，要在发扬优秀传统文化基础上，实施家庭、学校、单位、社会"四结合"的道德教育模式，以此来增加职业道德教育的针对性和实效性。

（2）及时更新职业道德教育的内涵与外延。道德在不同时代、不同国度有着不同的内涵和外延。在我国，一般将职业道德理解为"从事一定职业的人，在工作或劳动过程中，所应遵循的与其特定职业活动相适应的行为规范"。可见，目前学校的道德教育还局限于道德的一般规范，是个人在工作、生活中应遵守的、应服从的道德规范。这种典型的、近乎标准的定义总是从道德的约束和规范性出发，忽视了道德的批判、创新的主体价值。随着社会经济的不断发展，作为学习或工作的主体——个人，在面临道德问题时，更为注重人的主观能动性的发挥，更为注重人的道德判断能力和道德推理能力的运用。因此，在加强社会主义职业道德理论与价值观念灌输的同时，还应不断增加学生对职业世界的了解和职业指导，帮助学生真正将职业道德理论和观念从认知到接受，直至形成职业习惯，为学生在将来的职业世界中取得成功、为社会做出贡献做好准备。

（3）不断提高教师的道德素养。从鸿文德育的特点可以看出，教师的职业道德素养在很大程度上决定了职业道德教育的水平。教师的一言一行都对学生具有直接的影响，也是检验道德教育有效性的第一块试金石。美国著名教育家维恩（Wynne）指出，教师与学校领导之间以及教师与同事之间和睦的工作和生活关系是塑造学生职业道德的重要教材。澳大利亚教育专家认为，最佳的职业道德教育方式是模范教育（Example Education）。要想使学生具有职业道德，首先要有高素质的教师队伍。学生所接触到的成年人的道德素养和相处与沟通的能力会极大地影响学生的职业道德教育。有了道德高尚的教师，学生可以了解道德的真正含义。因此，提高教师的道德素质，培养一支高素质的职教师资队伍，是对学生进行道德教育的关键。在提高教师业务素质的基础上，加强教师人格品质的培养和岗位培训，形成教师的教育观念和自我教育意识，促进教师队伍的整体教育教学能力。

（4）强化学生的道德推理和道德实践能力培养。借鉴鸿文的道德教育体系，在职业道德教育教学上，要注意把系统德育知识的学习、道德推理能力的培养和道德实践能力的训练紧密结合；在道德教育形式上，要把德育课程、职业道德课、各门专业课以及课外教育活动相结合；在道德教育机构上，要将家庭、学校、行业以及具体的岗位锻炼相结合。在具体的道德教育过程中，要加强场景和行为的针对性，如场景不同，所遵循的道德规范也是多样化的，因此，要有针对性地加强对学生的道德教育训练。同时，通过对鸿文道德教育的研究，我们发现在进行职业道德教育时，鸿文不仅注重学生价值观的教育，还重视职业道德推理能力和职业道德实践能力的培养。而目前许多学校的道德教育并没有更多地关注学生在今后工作中可能遇到的实际问题，为学生在今后实际生活中可能遇到的问题提供可行的解决方案或解决问题的思路。随着进入工作环境，一个人一生必然会遇到更为复杂的德育问题，因此，我们应教给学生在遇到道德困境时，不仅要知道应如何按什么准则去做，还要知道如何根据实际情况去做，因为实际情况并不是简单地判断是非，而常常需要做出抉择、付诸行动。

（5）注重通过学校的综合环境促使学生道德行为规范的训练和养成。鸿文职业学校的教育者认为，道德教育的最终目的是培养受教育者在道德认知的基础上具有积极的道德行为。行为习惯的养成在道德教育中举足轻重，实践训练更是重要的环节。因此，在鸿文，一方面把职业道德教育的内容概括为若干中心德育目标，然后围绕德育目标细化设计若干实践条目（实践行为规范），并循序渐进，不断实践，反复训练，以形成习惯，达到知行一致；另一方面开设职业道德实践活动，每周均安排有各种形式的团体活动，如通过群育活动让学生从中体会和认知修身克己、推己乐群、积善助他、互助合作等群己关系规范，把握群己关系道理。同时，建立日常监督、检查评比等管理措施，营造授课育人、演练育人、活动育人、环境育人的格局。

（6）在道德教育中，重视学校、家庭、社会三个方面教育力量的整合。鸿文职业学校的教育者认为，学校是道德教育的主阵地，学校教育的可控性和辐射功能最强，因此首先要抓好学校这一核心。家庭是每个人伦理生活开始的场所，伦理道德是家庭教育的主要任务。因此学校非常重视家庭教育，通过亲职教育（家长与学校），明确父母对子女的教养责任。鸿文职业学校还十分重视社会机构在德育中的作用，将道德教育也延伸到这些领域，促使学校、家庭、社会的教育相互配合，力量整合，发挥三管齐下、三头并进、"三位一体"的整体化教育效应。

第二节　鸿文德育模式的直接成效是推动学生道德的健康发展和成熟

一、鸿文德育模式推动学生良好习惯的养成

（1）生活习惯：鸿文的学生从德育活动的各个环节，包括平时生活和军训活动中锻炼自己的意志品质；内务整理、就餐礼节都是一些生活细节，但正是在这些细节中养成了学生的自我生活习惯，提高自身素质、加强自我修养。无论是平时的生活还是学习，都要注意自治自律，以"服从、服务、责任、荣誉"为德育目标，不断努力。

（2）学习习惯：鸿文的学生在教师的指导监督下，在平时的学习中逐步养成好的学习习惯，从而提高学生今后继续学习的能力和终身发展的能力。在日常的学习生活中不仅通过作业和练习促进学生改善学习习惯，还组织了许多种竞赛，激发学生的求学意识，引起他们的兴趣，这样就会取得更大的成绩。那一张张专业证书，就是很好的证明。

（3）劳动习惯：鸿文的学生通过在学校日常生活当中的一项基本工作——卫生打扫，逐步养成勤勉肯干、一丝不苟的劳动习惯。学校每天都会有常规打扫与卫生保洁，这不是简单的劳动，而是让学生在劳动中品尝劳动的喜悦，从中收获成长。

（4）心理习惯：帮助学生树立正确的人生观和世界观，正确认识自己的人生价值，加强学生的抗挫折能力，真正把握"合理是锻炼，不合理是磨炼"的道理；同时鼓励学生学会自我调节，并很好地认知善恶，端正态度，始终抱有一种积极的态度，为将来进入社会迎接激烈的挑战做好必要的心理准备。

这些习惯的养成从某种意义上说，比知识的获取更为重要，为学生建立积极向上的人生观和生活观奠定了行为基础，也为学生完整的人格形成和今后的职业生涯发展奠定了基础。

二、鸿文德育模式逐步缩短学生与企业的距离

鸿文德育的模式重在学生的基本职业道德和素质的养成。这一模式的一个思想原点

是学校的德育既要立足于现实,又要高于现实。立足于现实,就是从现实出发,承认社会价值观的多元性,注重日常的行为习惯,从一点一滴做起,努力学习专业知识、加强自身修养,使之成为国之栋梁。所以,鸿文的德育模式是与学生的职业素质和就业能力培养紧密结合在一起的,它直接从面向企业的要求来培养学生,推动了学生的就业。一些鸿文学校的毕业生谈到,鸿文的德育模式对他们的成长起了决定性作用,"从学生时代就让学生参与自我教育的模式,是提前给了一个稚嫩学生思想和行为上的压力,而这种压力可以使人成长得更快。因为人总是在父辈的臂弯里是长不大的,自己去经历生活的压力才能真正地得到经验的体验而为下一次做得更好做铺垫"。作为一所培养中等职业人才的普通职业学校,将有 2/3 的学生走向社会,在人生经验缺乏之时将要独自面对社会,应对工作中的各种复杂局面,这就是鸿文学生最大的道德教育需求。由于鸿文德育模式是从学生的需要出发,最大限度地培养和激发学生学习的主动性、积极性,唤起学生的主体意识,调动学生的自主力量,促进学生的个性发展,培养学生的创造性思维。

学校董事长一贯强调学校的德育要与学生的发展、岗位和社会的要求紧密结合起来。他认为,鸿文德育模式的精髓就是积极倡导教师应把学生看作学习上、工作上的主人,教师在平时教育教学生活中要设法激发和培养学生主动的意识。他是这样解释孔子的这段话的:"知之者不如好之者,好之者不如乐之者。""乐"是一种强烈的动因,有了这种动因,学生才能产生对事物的欲望,才能产生积极的情感,欲望才能进一步转化为饱满的热情,进而在学习中、生活中获得新知识,当取得成功、成绩得到肯定后,"乐"就会进入一个更高层次的良性循环圈。基于这样的理论,学校各级管理层,上至董事会,下至普通教师,积极地给予学生滋养的环境,让稚嫩的学生有了体验的场所,有了自主创造的土壤。当然,一个人获得一种能力,是自身体验的结果,也是一个明智的领导者善于引导产生的效果。

三、鸿文德育模式推动学生社会活动能力和管理能力的提高

鸿文德育模式的学长制度培养了一批优秀人才。学长们离开学校以后,都感觉到这份作为辅导学长的责任和荣誉会伴随着自己走过一生的岁月而不会磨灭。事实证明,曾在学校担任辅导学长的毕业生们在工作、学习的岗位上都受到了好评,自身的发展也是前途无量。如华东理工大学 2000 级社区管理学生唐同学是该校 1998 级电脑资讯管理专业的毕业生,曾荣获上海市宝山区优秀学生干部荣誉称号。该同学回想在鸿文就读的三年光阴时感慨地说:"在鸿文的三年所学到的,是我以后用一生的岁月都难以体验到的。"她尤其感觉到曾作为辅导学长参与学校管理的这些经验,让她在以后的岁月中懂得了任何事情都是要靠自己去主动争取才能得到很好的回报,使她感受到在竞争的社会中生存是一定要有一种进取向上的良好心理素质的,在任何时候自己都具有了一种主人翁的意识,也有了比同

龄人更强的自我表现管理能力。同时，还感觉到在现今的大学校园里，自己在平时的学习生活中能够冷静客观地去思考和处理问题，都是担任辅导学长这一经历带给她的，为此而深深地感谢着自己的母校。上海师范大学行政管理本科毕业学生祝同学曾是鸿文学校1996级的学生，也曾荣获上海市优秀学生干部荣誉称号。他回想在几年前在学校里担任辅导学长的经历，也深深地感受到是这份作为学长的经历与磨炼使他在同龄人中更为突出，在生活中敢于去面对困难，特别是在处理事情上，既能够客观地看待和冷静地处理问题，又使自己能从多个角度去判断和处理事物。上海第二工业大学2001级国际贸易专业的孙同学是鸿文学校1999级辅导学长，她也有自己独到的体会："在鸿文，我感受到了团队协作的概念，尤其是懂得了作为一个干部，要有责任感，一定要团结一群人，使大家都能各尽所能地发挥出自己的才华。而这个团队的存在不是杂乱无序的，而是一定要有章可循的。"

四、鸿文德育模式锻炼造就了一支优秀的教师队伍

由于鸿文职业学校高度重视师生关系、教师形象在道德教育中的作用，也迅速提高了教师队伍的素质，主要体现在以下几个方面：

（1）教师更注重因材施教。因材施教虽然是传统的观念，却是教育上重要的原则。学校虽然实施班级整体教学，但教师也注重个别化地了解学生的能力，对学生的性向、优缺点有个别的认识，对于资优学生，另外给予课外充实的辅导；学习较差的学生，则给予特别的诊断，进行补救式的辅导。

（2）注重和而不同。鸿文的教师比较尊重学生的意见，避免自己的主观意见过分影响学生。他们在平时的教学实践中比较注重尽量鼓励学生发表自己的意见，同时鼓励自动、自发、自我探索、研讨，以培养学生民主化性格。他们认为，教育工作者在教学情境里是个辅导者，帮助学生进行活动。教师是导演，而不是主角。

（3）比较通情达理。鸿文的教育工作者注意从情的方面出发，把握人性的需求，往往能够达到促使学生行为逐步向正确的方向改变的效果。

（4）注重公平客观。鸿文的教师和管理人员认为，教育是没有选择的，没有条件的。教育工作者要让学生觉得教师是公平客观的，有教无类。同时，公平客观还体现在对学生学习和其他行为的评价上，注意从长远的、发展的观点评价学生，挖掘学生的潜力。所以，鸿文的教师重视道德教育的境教、身教，重视教师自身职业精神、道德伦理的培养。师生关系、师德修养是职业道德教育的关键问题，职业道德教育过程的诸多环节，都要依靠师生互动与交往来达到教育目的，因此，鸿文重视师生关系具有重要的理论意义和实践价值。

第三部分 建设篇

第十一章　鸿文德育理想模式的实施目标与原则

第一节　实施目标

德育目标关注素质，培养人才最大的危机是道德危机，国外中等职业学校纷纷把道德品质培养和做人教育列为世界职业教育第一位的挑战。注重培养人的素质、提高人的素质是国际职业教育改革的中心。人的素质从本质来讲就是人的行为素质，而行为素质的形成是比较艰难的。这就要求教育者拿出可行的教育模式。那么，如何把教育和行为养成有机结合起来呢？职业学校学生的年龄一般在 16~19 岁，绝大多数是独生子女，他们大多自我意识膨胀，要求社会给他们以尊重和物质上的满足，而不愿意履行自己对集体与社会应尽的义务和责任。所以要把这一群体学生的行为进行规范就要确立一个价值目标。社会、企业需要具有什么素质的学生？我们要培养的学生应具备怎样的素质？等等。确定了培养目标后，接下来就是用已定的制度和目标来培养学生，落实到日常行为教育过程中。从伦理道德教育开始，确立学校德育的目标和原则，就更有了深厚的文化底蕴和现实价值。

一、目标确定的历史根基

任何一种德育目标的确立，都离不开自身的历史源泉和逻辑起点。没有历史感，很难把握规律，预示未来；缺乏逻辑起点，很难做到历史与逻辑的有机统一。目标的缺失就如同无源之水，无本之木，德育的过程也会变得枯燥呆板，没有生气。鸿文德育目标从中国传统的德育思想出发，扬长避短，批判和继承了儒家关于德育的主要观点，并将之作为自己确立德育目标的历史根源和逻辑起点。鸿文德育目标吸收了儒家有关德育思想的三点精华：一是承认人的道德修养有一个过程，它不靠短时间的外在强制，而是借助主体自身循序渐进的道德认同，即由道德认知到心理情感，最终落实到行为践行上；二是强调道德修养的意识品质，提倡在逆境中发扬不屈不挠的刚健精神，赞扬人的"舍生取义"精神；三是突出行为践履的重要意义，主张"学至于行之而止矣"，强调知与行的统一，主张学的最终目的是实践。以此为根基，鸿文德育确立了自己的实施目标、实施方法、实施过程等一系列操作模式。

二、目标确立的基本依据

从古至今，从中到外，每个国家都很重视学校德育工作，把德育作为建立社会秩序，安定国民、培养国家需要的人才的重要工具。学校在国家总体德育目标基础上，又确立了自己的德育目标。具体来讲，学校德育目标的确立，主要受到传统德育文化、国家德育目标、成熟的德育理论和经验等几大因素的影响。

1. 传统德育文化

德育作为文化结构中的深层部分，一直是各种思想流派争论、交流的焦点，我国是传统的儒家文化的发源地，德育目标受传统的儒学影响更为深刻。儒学强调忠孝仁爱为核心的伦理本位，以血缘关系为基础，以父慈子孝为核心，进而向内外两个方面扩展，对外讲人道主义，对内求理想人格，构成了实践性极强而不待外铄的心理模式。"明人伦""求圣贤"是儒家德育的道德意境。"明人伦"教育的实质意义是强调个体与社会的统一，强调只有把个人置于日常人伦这一网格之中，才能显示出其地位和意义。其德育的目的不是养成发达的个性，而是形成乐其名分的道德自觉。"求圣贤"是儒家德育更高层次的道德意境，德育的目的必以至圣人而后止。学而至圣，并非靠追求外在知识和真理而获得，而是靠情感上"克之克之而又克之"的内在修炼而升华。儒家德育非常重视人的主观道德认知，强调理性自觉，重视对道德规范和准则的切实认知，而心理情感的切实体验，则标志着道德修养的进一步升华，最后能否转化为实际的道德行为，乃是德育的关键所在。因此，知、情、意、行各阶段的及时转化，是我国传统德育一直关注的重要问题。鸿文德育目标充分吸纳了传统文化中对于德育的论述和实践，并将之内化到自己的德育目标之中。

2. 国家德育目标

改革开放以来，党中央、国务院曾先后于1988年、1994年、2000年专门就学校德育工作制定过一系列重要方针和政策。2004年10月25日，中华人民共和国教育部又颁行了《中等职业学校德育大纲》（2014年中华人民共和国教育部修订了《中等职业学校德育大纲》，以下简称《大纲》）。《大纲》规定了中等职业学校的德育目标：使学生热爱祖国，拥护党的领导和党的基本路线，确立坚持中国特色社会主义事业的理想信念，具有为人民服务、奉献社会的使命感和责任感；逐步树立正确的世界观、人生观、价值观，养成科学的思想方法；自觉地遵纪守法，依法维护自身权益，具有良好的道德品质和健康的心理素质；热爱专业，勤奋学习，勇于创造，大胆实践，具有良好的职业习惯和安全意识、质量意识、效率意识、环境意识。《大纲》还特别针对中等职业学校及学生的特点提出了七个方面的具体要求：一是具有民族自尊心、自信心和自豪感，自觉维护祖国的尊严、荣誉、独立统一和各民族的大团结，视国家利益为最高利益，立志为建设祖国、振兴中华而奋斗。二是拥护中国共产党的领导，正确理解和坚持党的基本路线，坚持走中国特色社会主义道路。三是努力学习，初步掌握马克思列宁主义、毛泽东思想、邓小平理论、"三个代表"和习近平新时代中国特色社会主义思想的基本观点和方法，正确认识人类社会发展的基本规律，正确认识国家的前途和命运，增强全面建设小康社会，加快推进社会主义现代化事业的责任感和使命感。四是树立正确的职业理想，确立正确的职业观、择业观、创业观，形成符合社会和个人实际的就业观，提高自我就业能力，做好适应社会、融入社会的准备。五是树立社会主义民主观念和遵纪守法意识。学习和遵守中华人民共和国宪法和相关法律，行使法律赋予的权利，履行法律规定的义务，维护合法权益；遵守校纪校规和职业岗位规范。六是具有社会公德、职业道德意识和文明行为习惯。遵守公民基本道德规范，诚实守信，敬业爱岗，心中有祖国、心中有集体、心中有他人，学会处理人与人、人与社会、人与自然的关系。七是具有健全的人格和良好的心理品质。正确认识自我，增强自信心，乐观向上，学会合作与竞争，提高应对挫折、匹配职业、适应社会的能力。

3. 西方成熟的德育理论和经验

鸿文德育目标的确立充分借鉴了西方人本主义道德教育模式和社会学习德育模式。人本主义德育模式确立了学生在学校德育中的主体地位，坚持德育必须以学生为中心，强调尊重学生发展需求，激发学生内在发展动机。人本主义的典型代表、著名心理学家罗杰斯（C. R. Rogers）明确指出，要实现人本主义德育主张，必须实现三个条件：一是施教者对受导者应有充分的了解和理解；二是施教者对受导者应有充分的爱心和尊重；三是应使受导者充分感受到施教者的意图。据此，他提出了创设实现人本主义德育目标的三大根本条件：一是真诚，即师生关系要保持坦诚真实的态度，将自己的真实思想、情感坦诚地表达出来，相互信任，产生有益的交流和促进，奠定良好的教育基础；二是接受，即教师要对学生的人格予以充分的尊重，承认学生有自己独特思想情感的权利；三是理解和关怀，即教师要站在学生角度思考，体验其思想情感。社会学习德育模式强调道德教育要从人的人格形成出发，重视榜样对品德的作用，提出了环境、行为和人的交互作用论。其系统论述了示范榜样对道德发展的内在作用机制，以及影响道德行为的各种形式和途径，较好地把环境的示范和个体的发展与认知调节机制的互动表达出来，注重理论与实践相结合。这些都对鸿文德育目标的确立产生了积极的影响。

三、鸿文德育理想模式的实施目标

在传统儒家德育文化影响下，鸿文国际职业高级中学结合当前的社会条件及国家的中等职业学校德育目标，并借鉴西方德育一些成功和成熟的经验，确立了鸿文德育的总体目标和具体目标。

1. 总体目标

从儒家伦理道德观念入手，通过"全员、全程、全方位"的德育过程管理和细节规范，引导学生树立自己的奋斗目标，增强学生的进取心和责任意识，培养学生道德行为和能力，为国家输送有用人才。

2. 具体目标

目标之一：为学生提供自觉遵守工作规则和道德原则的知识平台。

这一目标是针对学校的目标，也是最基础的目标。历史经验证明，人类要过美好生活就需要传递正向价值，而其中包含的一些基础性价值又具有相对的恒常性，因而在不同时代和不同民族中都需要尊崇。职业院校的主要职责之一就是向学生传递这种基础性价值，培养学生良好的习惯、态度和道德工作品质。我国传统遗留下来的很多伦理道德规范和内容都具备这种恒常性的基础性价值，对于培养学生良好的道德品质和道德行为能力具有重要的作用。学校是一个教育载体，它首先要发挥的就是知识平台的重要作用。"传道"既是教师的主要责任，更是学校的首要职责。鸿文国际职业高级中学从人本主义德育思想出发，一直强调"教育是塑造人的'产业'"，强调学生在学校德育中的主体地位，对人的培养占据着学校教育教学工作的重心。要培养学生的道德认知和道德行为能力，学校必须搭建道德知识平台，来培养学生"服从、服务、责任、荣誉"意识和规范行为，激励学生的进取心，培养学生的责任心。

目标之二：培养学生的道德认知和道德行为能力。

这一目标是针对学生的目标，也是最重要的目标。随着社会经济的不断发展，作为学习或工作的主体——个人，在面临道德问题时，更为注重人的主观能动性的发挥及道德判断能力和道德推理能力的运用。因此，在加强传统价值观念灌输的同时，还应不断增加学生对职业世界的了解和职业指导，帮助学生真正将职业道德理论和观念从认知到接受，直至形成职业习惯，为学生在将来的职业世界中取得成功、为社会做出贡献做好准备。因此，在充分考虑我国传统德育文化、我国现行中等职业学校德育目标及西方成熟理论基础上，鸿文国际职业高级中学确立了"培养学生的道德认知和道德行为能力"这一具体目标。这个目标具有两个方面的内涵：一是对善恶问题能够独立做出判断；二是对于认为正确的事情，具有毫不踌躇地付诸实践的能力。这一目标充分体现了道德教育所要协调的关系，包括个人内部、个人与个人之间、个人与环境之间的关系，它突出了学生个人在解决这类问题时的主体性与能动性。具体来讲，学校就是要通过提高学生个人的素质和能力，一方面培养学生的道德判断力和预知行为后果的能力；另一方面培养学生将习得的知识、能力与道德决定联系起来的能力，从而促进学生的社会判断力和道德行为能力的持续发展。

目标之三：培养学生的民族精神和实现社会伦理道德。

这一目标是针对社会的目标，也是最长远的目标。民族精神是德育的灵魂，是一种激发向上的动力，它体现了人类群体间最大的凝聚力和向心力，是人类最根本的需要和连接纽带。德育本身是一定民族文化的产物，是民族文化发展的需要，个体的民族精神越强烈，越能激发其为民族的事业而奋斗、献身。从社会角度来看，人的存在也就是社会的存在，离开了社会，个人也就不能存在。个人只有遵从社会规范和社会伦理，才能推动社会的不断前进。正如迪尔凯姆（E. Durkheim）所说的，道德行为归根结底是指向非个人的、共同的、公共的目的。因此，培养学生的民族精神和实现社会伦理道德，应该是每个社会教育所应追求的普遍性的价值体系。西方任何国家，无论他们多么起劲地强调人权，多么不遗余力地挖掘人类普遍的价值观，最终仍明确规定德育必须培养具备本民族精神的公民。我国《大纲》中也明确规定，中等职业学校学生要"具有民族自尊心、自信心和自豪感，自觉维护祖国的尊严、荣誉、独立统一和各民族的大团结，视国家利益为最高利益，立志为建设祖国，振兴中华而奋斗"。鸿文国际职业高级中学从更长远、更宏观的视角，将培养学生的民族精神放在了德育的核心目标上，从而使德育更具备了社会性和国家性。

第二节 实施原则

古往今来，许多教育家和德育学家都对如何有效开展道德教育进行过精辟的论述，如孔子在长期的教育实践中，提出了"学思结合""立志有恒""克己内省""改过迁善""慎言敏行"的德育原则；墨子提出了"兼以易别"的德育原则；蔡元培提出了"自由、平等"的德育原则。西方一些德育学家也提出了一系列行之有效的德育原则，如美国的班杜拉（A. Mischel）提出了重视榜样示范作用原则；罗杰斯（C. R. Rogers）提出了注重学生主体作用发挥的原则；科尔博格（Lawrance Kohlberg）提出了遵从学生认知发展阶段的原则等。在这些理论和思想引导下，结合鸿文国际职业高级中学自身的办学实践，鸿文德育理想模式的实施要遵循以下五条德育原则：

一、注重学生主动性发挥的原则

道德教育不单是认识与习惯道德，它首先是要形成道德的人格。在德育教育中，必须充分考虑受教育者的素质、生活环境、性格等因素，努力使受教育者主动地、自觉地凭借自身的意志力做出努力。因此，教育者必须注意不要损伤受教育者的自主性、自发性，不要剥夺教育者做出自主判断的机会。教育者的态度应当是尊重、相信受教育者的种种能力，鼓励和帮助他们主动地、积极地展开活动。因此，学校在学生的品德培养过程中，必须注重发挥学生的主体作用。德育的开始是给予学生以强制约束和道德观念灌输，学生对规则、条例的遵守，不是出于道德需要，而是迫于外界的压力。由于鸿文训导模式高度重视自我教育、自我修养、重视外律与内省的结合，到后来，通过学生的身体力行，这种强制性的灌输和约束逐渐内化成学生自觉自愿的需求，学生通过自我管理、自我奖惩，达到知行的统一，从而促进学生的自我判断、自我选择和自我教育能力的发展，通过民主的交流和合作，智慧地把学生引向既定目标，通过发挥教师和学生、学生和学生的交互教育作用，启发学生进行自我教育和自我评价，实现德育的最终目标。

二、注重榜样示范作用的原则

榜样示范的作用是重要而广泛存在的。它不仅指人本身，还包括文字符号、图像信息、语言描述、艺术形象及校园环境等，都可以在一定背景下成为影响人行为的示范榜样；它的作用是多样的，社会中的任何事物都可能不自觉地成为影响行为的示范榜样，或人通过对事物的变革而成为影响人的示范榜样，人可能受别人影响，也可能影响别人；示范的作用也是多样的，一些示范即时可以表现出来，而另外一些示范可能在以后某种条件作用下才会表现出来。因此，在学校德育工作中，学校首先要求班主任、任课教师率先垂范，做到举止文明，以人为本，对学生进行关爱。美国学者弗雷德·纽曼在 20 世纪 70 年代中期，在对各种道德教育模式进行深入研究的基础上，明确提出，"在德育教学中，教师的作用非常重要"。教师要关心每个学生，特别是有问题需要得到关爱的学生。通过尊重学生人格的教育方式来改变学生。这就要求教师认真对待所有的人——包括教师不喜欢的人的尊严和学生与教师平等的权利。其次，要注重发挥学生间的榜样作用。学校已经全面推行辅导学长制，学生的综合素质较高，具有较出色的组织管理能力，在实践体验的过程中，自觉地引导着周遭的同学，周遭的同学以他们为榜样，也在行为和思想上有了不断的进步和提高。另外，学校对大众传媒、学校风气环境的示范作用也非常重视，强调校园文化建设，对于学校的美化、校舍设施、课堂布置以及学校倡导的学风、教风等都尽可能体现出示范意义。

三、注重与心理咨询紧密结合的原则

我国《大纲》明确指出,"学生心理健康教育是学校德育工作的重要组成部分"。中等职业学校学生有着自身鲜明的特点,据调查,目前很多职业学校学生在理想信念、行为意识、纪律卫生、勤俭自律、礼仪交往、心理素质等方面都存在着诸多问题,突出表现在对前途悲观失望,缺乏学习动力,以个人意志为出发点,不考虑行为后果,时间观念淡薄,强调自由、随便,奢侈浪费,不谦恭礼让,烦躁苦恼等。这些问题除社会、家庭的影响因素外,更有着学校和学生心理的诸多因素影响。很多教师感叹学生离自己越来越远,感叹他们的心扉总对自己紧锁,感叹彼此之间有了越来越深的隔阂。为了加强教师与学生的沟通,学校要求每位同学都写生活周记,将自己在学校一周的生活感悟、学习心得等如实地写在周记本上,然后由班导师进行批阅,这样可以使班导师迅速掌握学生的情绪波动,最大限度地和学生进行有效的沟通,阻止一些不良影响的扩大,这种方法对于教师了解新生十分有效。同时,因为学生与学生之间有一定的共同语言,比新生稍大一两岁的学长比老师更便于接触到他们的心灵深处,因此,学校采用了学生辅导制,由学长了解到学生内心世界中真实存在的各种想法而进行心理辅导。

四、注重制度和约束力量的原则

许多职业学校在德育上存在着重理论、轻制度,重说教、轻管教的问题,以致学校的德育没有真正地推展开来,也有的职业学校制定的制度不是很切合学生的实际,而造成难以操作的情况。因此,要使学校德育工作有实效,首先要制定一套切实可行的制度。鸿文国际职业高级中学从办学之日始,先移植台湾职业学校管理模式,经过十年的发展逐渐形成具有自己特色的训导模式,所制定的制度十分切合职业学校学生的实际。学校的训导章则规定达31项,内容包括学生的奖惩条例、学生的生活公约、社团组织办法、班会组织办法、学生干部训练实施办法、爱国教育实施要点、学生的生活辅导计划、环境保护垃圾分类资源回收实施计划、加强民族精神教育实施计划、学生课间管制及请假规定、学生会客须知、学生住校生活公约等。这些制度是学校日常的训导直接的依据。在学校的学生日常行为管理中,对学生所犯的错误绝不姑息,校规怎么规定就按照规定处理。这样就让学生明白"法"的重要性。学生犯错后常常按社会的一些潜规则来行事,如说情。如果教师通融就造成学生认为规章制度可有可无。因此,对学生行为的严格评价是德育管理的重要手段,是学生自我管理的基础。因此,做到严而不苛,宽而不纵,让学生自觉地遵守规章制度,自我约束,自我管理,德育的目的自然达到。这些都是鸿文德育理想模式实施的重要经验。

五、注重渗透传统美德的原则

中华传统美德包括基本精神、精神精髓、律己修身、精忠报国、仁爱孝悌、诚信好礼、天下为公、自强不息等丰富内容，这些是中华民族的精神宝库，具有生生不息、历久弥新的品质，是永不枯竭的道德教育源泉。学校在教育教学中始终贯彻传统美德的教育，从一些小的细节抓起，从平时的班会教育抓起，从对教师的培养和观念灌输抓起，深入学生生活的各个角落。学生从一进鸿文国际职业高中起就被要求住校一年，在这一年中，以培养绅士、淑女为目的，要求学生养成爱劳动、讲卫生、时刻保持服装仪容整洁大方等习惯，更重要的是始终如一地向学生灌输讲诚信的理念，并将欺骗师长作为学校五大条之一来严令禁止。教师在教学过程中，也将传统美德渗透进教学内容，使学生时时刻刻都受到传统美德的熏陶和感染，从而养成良好的行为规范和道德品质。

第十二章 鸿文德育理想模式实施的主要内容

长期以来，世界各国根据各自需求，在学校德育内容方面积累了大量丰富而有效的经验，如英国的学校德育内容就包括有关社会意识、公民意识和个人义务责任；有关个人与他人的关系；有关工作中的就业制度、雇主关系；有关商品中的消费问题；有关婚姻爱情及家庭问题；有关学习名人英雄的情操；参与社会事务及福利事业；有关暴力、吸毒、酗酒、凶杀、死刑、性解放、核战争等问题。德国的学校德育包括宗教、伦理道德和社会生活道德的内容等。我国《大纲》也对中等职业学校德育内容做了规定，确定中等职业学校德育主要包括民族精神教育、理想信念教育、道德品质和文明行为教育、遵纪守法教育、心理健康教育五项内容。在充分吸收世界各国德育经验的基础上，以我国《大纲》为核心，围绕着德育目标，鸿文国际职业高级中学确立了民族精神教育、行为规范教育、能力养成教育和全面素质教育四项主要德育内容。

第一节 民族精神教育

民族精神教育是德育的核心目标和内容，主要包括以爱国主义为核心，培育和弘扬团结统一、爱好和平、勤劳勇敢、自强不息伟大民族精神的教育，中华民族传统美德和革命传统的教育及创新精神的教育。鸿文国际职业高级中学的民族精神教育应主要体现在爱国教育、爱校教育和生命教育之中。

一、爱国教育

国有国法，校有校规。俗话说："没有规矩不成方圆。"鸿文的德育模式以军事化管理制度为基础，以"日新又新，自强不息"为校训，以自强、自立、服从、责任、荣誉为要求，很多来过鸿文国际职业高级中学的人都能体会得到鸿文这种朝气蓬勃、如沐春风般的氛围。这些都是鸿文德育理想模式需要继续发扬的。鸿文国际职业高级中学的爱国教育体现在日常生活的各个方面，如每天升旗仪式的庄严敬礼，军训制度、学校管理制度等。

1. 运用军事化管理制度进行爱国教育

叶圣陶先生曾说：教育的目的是教学生学会做人。学生管理制度也是围绕着如何教学生做人或生活方面而拟定的。学校学生管理制度内容涵盖甚广，主要从"学生一日常规，学生生活公约，学生服装仪容"等方面来约束学生的行为，有学校沿袭多年的"辅导学长制"帮助学生在生活体验过程中养成习惯而落实校规。鸿文国际职业高级中学在新生入学之初便对他们进行了高标准严要求的军事化管理，如宿舍管理军事化，起床、洗漱、就寝统一作息时间，床铺、被褥、洗刷用具统一配置、统一摆放、统一标准要求；就餐管理军事化，排队进入食堂、统一配餐、用餐期间不得相互交谈、餐毕起立必须把座椅归位并清洗餐具后方得离开；升降旗仪式及出操管理军事化，集合或散开要静、快、齐，行进过程要步调一致、整齐划一，思想要集中、情绪要振奋，稍息、立正、看齐、转法、跑步、行注目礼都有严格的规定……正是这些准军事化的管理要求规范了学生的坐立行走，使学生站有站姿、坐有坐相，既锻炼了意志，也强化了学生的服从意识和全局意识。很多年以来，德育教育在很多学校里流于形式，教师对学生的思想品德教育也只是让学生反感的单纯说教。许多教育者只是从道理上教育学生应具有高尚的品德，但没有机会让学生去体验和实践，学生也许懂道理，但缺乏自我管理和自我教育的能力来规范自我行为。所以一所学校将以何种形式和方式引导学生前去体验和实践是至关重要的，而这种体验和实践又需要有较为健全的制度作为保证，因为我们都知道，任何一种形式的教育体验和实践一定是由计划来保障实施的，而这种计划当它上升到规定时就会产生所说的制度。在鸿文国际职业高级中学，学生管理制度已经成为一项师生有章可循的准则来规范师生的日常行为。教师根据制度的要求和个人的责任感来指导自己的工作，在工作过程中，按照规范去做，去落实；在行为的过程中，首先是教师逐渐认同了学校关于学生管理制度中的规范，并能够按照规范去做，去教育和指导学生；在学生长期的道德行为中，会最终使外在的规范内化为自身的情感，成为一种责任意识而使学校制度得到落实。因此，学生管理制度的制定和落实其实是使伦理道德教育得到保障，是使学生在自身体验和实践的过程中得到道德教育的熏陶和升华。

2. 在军训中进行爱国教育

学生军训是全民国防教育的重要组成部分，其重要意义在于：一是能促进学生德、智、体全面发展，树立科学的人生观、世界观，有利于培养社会主义建设事业的"四有"人才；二是有利于加强国防后备力量建设，对做好未来反侵略战争准备具有战略意义；三是有利于激发学生爱国卫国意识，对加速综合国力的建设具有深远的意义；四是有利于增强"国无防不立、无兵不安"观念，提高全民族的国防意识。因此，运用军训对学生进行爱国主义教育，非常及时而且必要。

鸿文的学生，几乎是各初中学校"差生"的大聚会，学习习惯、生活习惯、思想意识都与一般高中学生有着巨大的差距，他们有着极强的自卑感，却缺乏同龄人所具备的自信心。但这样一个群体，在鸿文独特的环境中仅仅生活学习了六个月之后，就在与同一区区域的其他重点中学等一向为人们赞誉的学校的共同军训实践里脱颖而出，令人刮目相看。一位区教育局领导在各校领导参加的会议上说：一个职校学生所表现的行动的规范、纪律性，竟连许多重点中学都没能表现出来。这不能不说是一个奇迹，不能不令人惊叹鸿文教育的实效性。

鸿文国际职业高级中学非常注重对学生思想、心理素质等方面的教育，传承中国传统办学理念，结合本地区的实际情况，借鉴企业的管理方法，采取半军事化封闭式管理，形成"学长制"的管理体系，严格对学生的衣、食、住、行等方面进行量化管理。新生入学期间除了解学校外，还需学习校园规章制度，感悟"服从、服务、荣誉、责任"的内涵，并将每一项要求落实到日常的学习生活中。每一次的升旗仪式，每天收看新闻，每周的"素质论坛"课，使学生时时刻刻都在接受爱国主义教育，满足了学生对课外知识的渴求，更拓宽了学生的视野，提高了学生的综合素质，为他们更好地走上就业之路做好了铺垫。正是鸿文国际职业高级中学与众不同的管理模式，才使它能够独树一帜，成为本地区的知名学校。

在军训的第一天，鸿文是最后一个到达开营仪式会场的，也是唯一一个在学生自己的组织下高呼口号以整齐的步伐进入会场的，这个独特的举止，使东方绿洲工作人员不自觉地驻足观看。在以后两天的军训过程中，"威武、雄壮、自强、自立、服从、服务、荣誉、责任"的行进口号和整齐步伐曾多次让军训基地的工作人员和游人瞩目，也引起了军训各级领导和各军训学校领导、师生的注意，更重要的是在鸿文学生自己的心目中，唤起了久违的自豪感和成就感。

来自重点中学的同龄人尊敬的目光、行人的赞叹、领导的表扬、教官发自内心的评语，使我们的学生在军训第一天结束时就得到他们应有的回报，从而让他们当天晚上开始就自觉地把自己与那些来自重点中学的同行们放在了同一起跑线上：我不比别人差，我能比别人做得更好，最好的是我们——我们来自鸿文国际职业高级中学。于是我们看到了：每天寝室卫生满分最多的是鸿文国际职业高级中学；参观国防教育馆时最安静的是鸿文学生；所有学校中只有鸿文学生没有丢失过军帽，反而拾到了几顶；配给各校的教官中，鸿文的教官最轻松，最令同行们羡慕；军训结束时参加军事表演的压轴戏是来自鸿文学生的高射炮射击表演……当然，三天的军训中我们学生忘我的付出，收获的是尊重、感慨、信心、自豪、荣誉感和上进心。在从东方绿洲回校的路上，学生们无一例外在酣睡，但疲惫的脸上洋溢着满足和成功的喜悦。军训结束这么长时间了，每次谈到军训三天的生活，学生们没有抱怨，只有深刻的体会。那是他们人生路上忘我投入的一次，将是他们一生中最宝贵的回忆之一。

3. 利用仪式进行爱国教育

鸿文国际职业高级中学重视仪式对学生德育的重要影响，如入校仪式、成人仪式、升旗仪式、毕业仪式等。鸿文认为，坚持每日一次的升国旗仪式不仅是一种仪式，更是一种精神的培养，一种爱国主义精神的培养。升国旗、奏国歌是很严肃的事情。各种仪式是爱国主义教育的一种方式，是一种体现人们情感和行为的形式，而不是传统的说教，这种方式在培养学生爱国主义情操方面有独特的教育价值。鸿文国际职业高级中学的仪式见表12-1。

表12-1　鸿文国际职业高级中学的仪式

仪式	意义	内容	时间
入校仪式	增强鸿文学生意识，履行学生义务，展示鸿文的优良传统	新生代表和老生代表讲话，校长致辞	9月
成人仪式	增强学生的成人意识，激发学生为国学习的热情，明确肩负的责任	学习宪法知识，了解公民的权利和义务，做一名遵纪守法的好公民	4月
升旗仪式	树立国家意识，培养学生民族自尊心，增强民族自信心	了解国旗、国徽和国歌，学会唱国歌，遵守升旗礼仪	每天
毕业典礼	培养成人意识，明确肩负责任，养成科学的就业观	优秀毕业生发言，校领导颁发毕业证书	7月

在鸿文国际职业高级中学，每日有全校师生必须参加的升降旗仪式。在这个仪式上，氛围和场面都是庄严肃穆的。学校常规中规定：升旗仪式时不得说话、晃动而必须对国旗行注目礼而保持肃穆立正。在这个活动中，有学校班主任教师对学生的监督管理，也有学校训导处安排辅导学长参与的检查管理。在检查过程中，皆是主要以学生为主，发挥了学生的主体作用。全校二十几个班级从教室到集合场，在仅仅不到五分钟的时间内就可以集合完毕。这个过程中我们要求每位学生必须自觉做到"快""静""齐"，并且服装仪容整洁干净。

4. 在学科教学中渗透爱国教育

爱国主义教育要渗透于日常教学的整个过程，无论是基础课、专业课还是实习实训课，都要有意识地从爱国主义教育的基点出发，将爱国主义情感贯穿于教学始终。例如，在物理教学中对学生进行爱国主义教育，教师平时要注意收集素材，同时，将德育素材巧妙地融于智育、实验教学之中，激起情感共鸣，达到德育之目的。例如，在数学教育中讲解极限概念时，引入数学历史，培养学生的爱国主义精神。在战国时代哲学家庄周所著《庄子·天下篇》中指出"一尺之棰，日取其半，万世不竭"，已经体现出极限的思想；三国数学家刘徽在《九章算术注》里创造了"割圆术"，他的"割之弥细，所失弥少，割之又割，以至于不可割，则与圆周合体，而无所失矣"，正是对极限思想和方法的精彩而深刻的论述。由于条件的限制，那时没有变量，没有笛卡儿的解析几何，也没有研究"运动"的基础，没有抽象出极限的概念，但这一思想的发现比欧洲早一千多年。在教学中针对某些学生的厌学情绪，这些事例可以激发学生的爱国主义精神，而且能激发学生努力学习、奋力进取的精神。开展合作学习，加强学生的集体主义教育。在数学教学中，可以组织学生进行小组合作学习。例如，在数学实验的课堂教学中，教师可以让 4 名学生组成一个小组共同完成一个小课题，使学生通过与同学之间的交流、讨论、分工、合作，最后完成教师布置的任务，在这一过程中培养学生的团队精神，帮助学生树立正确的集体主义观念。学生实验、探究是以小组为单位，既要分工，各司其职，又要合作，紧密配合，群策群力。在实验时可以组织实验竞赛，看哪组做得最快最好，评选最佳实验小组，这样既提高了学生做实验的兴趣和积极性，又培养学生的集体荣誉感和团结协作精神。

5. 在参观访问中进行爱国教育

学校要重视传统文化、现代科技和英雄事迹对学生的影响与教育意义，经常组织学生对诸如博物馆、科技馆、纪念馆、产业基地等进行参观访问，会对学生德育产生重大的激励作用，如上海博物馆、上海科技馆、上海公安博物馆、龙华烈士陵园、国家上海生物医药科技产业基地、鲁迅纪念馆、宋庆龄故居等。表 12-2 列出一部分参观访问的项目与教育内容和意义。

表 12-2 参观访问的项目与教育内容和意义

项目	意义	内容	时间
龙华烈士陵园	激发学生的爱国热情，树立正确的世界观、人生观、价值观	了解上海地区为中国的独立、自由、解放和革命事业而献身的英雄事迹	4月
鲁迅纪念馆	学习鲁迅敢于坚持真理、追求真理斗争精神	了解鲁迅为追求民族和社会的解放而英勇不屈地进行斗争的生平业绩	6月
上海科技馆	培养爱科学、学科学的观念	了解上海科技发展进程，学习科普知识，开展探究性、研究性学习活动	4月
上海博物馆	培养学生对中华民族的文化认同感和归属感	了解中华民族灿烂文化，以及中华民族文化对世界文化发展的贡献	5月
上海城市规划展示馆	培养学生热爱城市，热爱生活，自觉做一名"可爱的上海人"	了解上海城市建设的过去、现状，以及未来发展远景规划	6月
上海公安博物馆	培养学生遵纪守法的观念，增强公民意识和社会责任意识	了解公安系统在维护社会治安秩序和社会稳定方面所取得的辉煌业绩	4月
国家上海生物医药科技产业基地	加深对"科教兴国""科教兴市"的认识，促进学生学好专业	了解当今中国、上海的生物医药发展最新成果，学习现代生物医药科学知识	6月

二、爱校教育

爱国教育与爱校教育是鸿文国际职业高中民族精神教育的中心。其中，运用集体力量、自主创设校园环境和利用各种节日是学校进行爱校教育的主要内容。

1. 运用集体力量进行爱校教育

在学生个性的发展中，集体舆论与集体影响起着非常重要的作用，集体对学生道德行为的严格公正的评价，具有不可估量的教育力量。鸿文国际职业高中在学生刚进学校时就对他们强化"集体"这个概念，让他们充分意识到集体对于个体的重要意义。这在一些小事中都可以体现出来。如有的学生刚进学校，多次不愿做值日，教师对他讲了一大堆道理，责令他次日做一天值日，谁知第二天他又没做值日。放学后，教师把他叫到办公室写检查，并让他把检查写在教室的黑板上向全班同学公开道歉。这一决定使他心虚了，他乞求教师不要这样，教师不理他。第二天，教师很早来到教室，把他写的检查擦掉。早晨他怀着忐忑不安的心情低着头走进教室，随后发现了黑板上的变化，他愕然了。教师走到他身边，拍了拍他的肩头说："你已经公开道歉了，只不过同学们没看见而已，教师看你今后的表现。"他一句话也说不出，只是使劲地点着头。从此，他变了，变得关心班级了，不但轮到自己值日认真做，而且每天都积极争做好事。由此可见，由于学生有了自我意识，就需要别人承认他，就开始注意别人（集体）对自己行为品德的评价了。苏霍姆林斯基说过："让每个孩子在学校里抬起头来走路。"因此，运用集体舆论，尊重学生，保护自尊心是培养自尊心的前提。通过班集体的力量，使学生意识到学校这一大集体的力量，并产生学校的集体荣誉感。几年来，学校按比例对学生、班主任进行奖励和惩罚，鼓励学生、教师争做先进。学校不断充实德育考核内容，引导各班把考评的过程变为创建先进班集体行动，增强了学生的集体荣誉感和集体主义观念，调动了学生的自觉性和积极性，促进了班集体建设和良好班风的形成。同时，学生以在鸿文国际职业高中学习和毕业为荣。有的毕业生在文章中写道："鸿文三年给予我的，岂是只言片语能够说清？这三年的经历会是我今后踏上工作岗位上的基奠，更是我人生路途的一次大转折，指引我走向成功。鸿文精神我会牢记，鸿文精神我会发扬，鸿文精神我会体现。"还有的毕业生写道："现在我毕业了，鸿文成了我的母校！在那里，我得到了成长，成长中的起伏过程，都在那里诠释……虽然我不在鸿文上学了，但是鸿文人的精神，我一定时刻牢记，在鸿文的收获与感悟，将是我将来人生成功的重要因素。"

2. 通过自主创设环境进行爱校教育

鸿文还本着"环境造人，人造环境"的理念，使人与环境共同提高。鸿文每个班级的布置都是学生参与布置与维护的，每个月根据不同的中心德育目标变换不同的外宣传板报，班级布置包括校训、图书角、荣誉栏、地图、计算机等，特别是班级后空栏板报，留有让学生思索和发挥的空间。另外，每天都有卫生打扫时间，整个学校的厕所和楼梯都是学生自己动手刷的，每周三还要进行卫生工具清洗，也是学生自己动手洗拖把。这样的结果就是通过环境布置与维护，使学生的才能得到显示，能力得到锻炼。鸿文的学生有极强的动手能力、实践能力和管理能力。学校的每一个角落都很干净，没有纸屑；玻璃是一尘不染的；甚至厕所的蹲位也是干干净净的。这些都是学生每天坚持不懈地保洁换来的干净与愉悦。他们也逐渐明白了汗水的意义。这些，使鸿文的学生以主人翁的态度珍惜自己生活的环境，爱护自己的校园，培养了他们的爱校精神。

3. 通过各种节日进行爱校教育

通过各种节日进行爱校教育是鸿文理想德育模式实施的重要载体。每年都会有一些中华传统节日，如清明节、中秋节、重阳节，还有一些全国性的节日，如植树节、青年节、国庆节等。为活跃学生学习生活，增强学生体质与技能，学校还设立体育节、技能节、艺术节等，利用这些节日对学生进行教育的意义非常重大（表12-3）。

表12-3 各节日的意义与内容

节日	意义	内容	时间
植树节	认识环保的作用和意义，加深对国家可持续发展战略的理解和认识	学习环保知识，开展护绿、爱绿活动	3月
清明节	激发学生的爱国热情，树立正确的世界观、人生观、价值观	缅怀革命先烈，学习英雄事迹	4月
青年节	培养学生科学、民主、求真务实的精神，弘扬"五四"爱国精神	了解五四运动的背景和过程，学习我国优秀青年的先进事迹	5月
重阳节	培养学生首先从爱父母开始	了解家庭美德的基本内容	9月
中秋节	掌握中华民族注重和谐的文化精神，传承中华民族的传统美德	了解中华民族的民俗风情、传统美德和良好礼仪	9月
国庆节	增强国家意识，确立祖国利益高于一切的价值观	了解中华人民共和国成立的意义，颂扬祖国改革开放所取得的巨大成就	10月
艺术节	陶冶情操，提高学生艺术和文化修养	展示学校艺术教育的整体水平	10月
技能节	加强学生的专业技能和动手能力	加强技能训练，提高专业技能	5月
体育节	普及体育，增强体质，养成终身锻炼习惯	形成全民锻炼、健身的良好氛围	12月

三、生命教育和创新教育

生命教育和创新教育、主体教育是当今国内落实素质教育的主流，其一致的观点是把学生作为教育的主体和学习活动的主体，并认为学生的主体性具有自主性、能动性、创造性特征。教育的目的就是有计划、有目的、有组织地发展学生的主体性，遵循学生的身心发展规律和教育规律，创造性地引导、启发学生，进而挖掘学生的潜能，使学生保持最佳的发展状态。为此，学校经常组织开展生动活泼、形式多样的学生活动，拉近企业与学校的距离，以达到培养学生集体主义精神和创新精神的目标。行为习惯的养成在于不断地反复实践，有些习惯必须在群体性的活动中才有可能养成，如与他人合作共事、与他人和谐相处。众所周知，在当今的社会里，一个人再优秀、再杰出，如果仅凭自己的力量也难以取得事业上的成功，凡是能够顺利完成工作的人，必定要具有集体主义精神。因此，企业员工在个性特点上要具有集体主义精神或合群性，几乎已成为各种企业的普遍要求。个人英雄主义色彩太浓的人在企业里不太容易立足，只有善于沟通、交流、协作、配合、讨论，凡事优先从整体利益考虑，并能集合众人的智慧和力量的人，才能得到大家的支持和认同，最终取得成功。时下的独生子女们最需要培养的也是最缺少的素质就是团结协作的集体观念、团队意识和生命意识。为此，学校组织了多种生命教育活动，见表12-4。

表12-4 生命教育活动的意义与内容

项目	意义	内容	时间
消防安全演练	增强学生的防火、安全意识，提高学生的生存技能	学习消防、安全有关法律法规，掌握日常的几种灭火方法和生存技巧	11月
自助自救教育	锻炼和提高学生应付和处理突发危机和灾害的能力	学会、掌握和提高发生灾害时的自护自救能力	4月
交通安全教育	培养正确的交通安全行为规范	了解我国的道路、交通安全的法律法规	9月
健康卫生教育	养成良好的卫生生活习惯，学会常见、基本的医疗自救方法	学习、了解各种传染性疾病的危害和传播途径以及预防措施	9月

为了使学生更好地融入集体、适应将来的社会需要和企业需要，学校在每学期都由相关部门牵头组织各种形式多样的集体活动，如爱国歌曲比赛、广播体操比赛、文艺汇演、跳绳比赛、篮球比赛、英语小品比赛、数学公式比赛等。这些活动的开展，提高了学生学习的自觉性和兴趣，使学生感受到了集体的智慧和团结的力量，并珍惜集体的荣誉，以集体为荣，从而也培养了集体主义精神和创新精神。

第二节 行为规范教育

美国作家萨克雷说："播种行为，可以收获习惯；播种习惯，可以收获性格；播种性格，可以收获命运。"培根曾讲："习惯是一种顽强而巨大的力量，它可以主宰人生。"俄国著名教育家乌申斯基也有过一个绝妙的比喻——"良好习惯乃是在神经系统中存入的道德资本，这个资本不断地增值，而人在其整整一生中就享受着它的利息。"可见，古今中外的有识之士对于一个人行为养成的必要性和重要性的普遍认知可谓见仁见智。由此我们可以得出这样的结论：良好的行为习惯是人才成长、终生发展的基础，培养学生具有良好的行为习惯理应成为学校尤其是职业学校教育的一个重要任务。鉴于以上认识，鸿文一直以来就非常重视学生行为习惯的养成教育，并根据职业学校的特点把这种行为养成与当前企业的需要相对接，从而取得了较为理想的实践成果。所谓"见微知著"，鸿文正是通过这一系列行之有效的教育方式及体制将信念根植于学生的心中，由此锻造出了品格、锤炼出了意志、结晶出了他们终生受用的行为习惯，为社会培养出了大批优秀的职业技能人才，并赢得了用人单位及社会各界的一致好评。在当前各行各业人满为患、人浮于事的不利环境之下，鸿文却能保证每年的毕业生就业率均达到100%。

一、生活规范教育

行为养成的最大特点是自觉性和习惯性，但这种自觉性和习惯性的形成绝非一朝一夕之功，而是一个在日常生活中点滴积累、循序渐进的过程。有教育专家说："看一个学校教育如何，只要看看学生的行为习惯就基本知道学校的情况。"因此，学校日常行为规范的制定和实施是学生良好行为习惯养成的重要途径。

鸿文从本校实际出发，切实为学生拟定了严而有度、细致入微的日常行为规范。包括：早晚自修的纪律要求；升降旗、集会的秩序规定；眼保健操、广播体操的动作、态度要求；课间秩序的规定；严格规范的请假程序；校内校外尊师敬长的行为礼貌、礼节标准，如任何场合见到教师都要主动问好，进入教师办公室要先喊"报告"，得到允许后方可入内，学生就餐、使用公用电话、乘坐校车一律实行由高年级到低年级的学长优先制度等；学生要自觉保持整洁、卫生、安静的餐厅秩序；即使各班每期板报的中心德育目标布置也集中体现出学生的日常行为规范要求，如"明理""勤俭""勤劳""守法""团结""协作""诚信""敬业""真诚友爱""三思而行"等。

学校规定凡是入校的新生第一年都必须住校，这种规定正是为了培养学生的生活行为规范。在此之前许多学生从未住过校，过惯了饭来张口、衣来伸手的生活。学校就从饮食起居、卫生整洁等生活的各方面中，选了叠被子作为突破口。学校从新生军训开始，强化内务整理，每天寝室区都会进行十分细致的内务检查，被子叠得是否合格，床单铺得是否平整，床下的鞋子摆放是否整齐有序，地面是否有细小的垃圾等，每周评比规范达标寝室，每学期评比规范标兵，每月规范考核与班导师月奖金挂钩，每学期的规范考核与学生的品德等级和先进评比有关。如今，无论什么时候走进学生寝室，你都会看到生活用品、衣服、鞋子都摆放得整整齐齐，被子叠得有棱有角。许多同学深有感触地说，开始我们觉得抓叠被子是"小题"大做，现在看来正是这大作的"小题"使我们做到生活有序，养成了良好的生活习惯，让我们养成了认真对待生活的态度。在本学期学校参加了上海市高中学生的"东方绿舟"军训，学校的内务成为学军基地里教官们争相称道的亮点。

二、劳动规范教育

针对当前独生子女中普遍存在的好逸恶劳的坏习气，我校的卫生清洁工作没有外聘一个清洁工，而是分配给全体学生共同负担。清洁卫生做到定人、定点、定时，实行包干劳动；全体学生都必须参加学校的卫生打扫、卫生保洁，每天都有晨扫、课间保洁等劳动。学校每位学生都有自己负责的包干区，并有教师、学生干部参与值勤和管理，一旦出现问题就能落实到个人，通过这种方式可以培养学生做事的责任心。一次，一位外来司机同志在校内乱丢垃圾，一名学生立即上前扫掉，这位同志连忙表示歉意。如今在校内乱丢垃圾、破坏学校公物的学生越来越少了；随时弯腰捡垃圾、打扫爱护公物的学生越来越多。让学生锻炼了动手的能力，增强了做事的责任心，提高了学生的自我管理能力，形成了服务的风气。学校有了良好的风气，一些良好的行为习惯就逐渐内化为自觉行动。

为使这些规范落到实处，鸿文国际高级中学制定了一整套措施得当的检查机制和奖优罚劣的学生评定标准，把学生对日常行为规范的践行情况统统纳入了这一评价考核体系，并作为学生毕业后校方向用人单位进行选拔推荐的一个重要指标。如每天的卫生清扫例行检查、每月第一周的服装仪容大检查等，这些措施都切实保障了制度的执行力度和执行效果，而且在潜移默化中，使学生的行为由最初的被动逐渐成为一种自然，最后完全形成一种自觉的意识和活动。更难能可贵的是，这一过程也内化了鸿文的教育主题——学生更深刻地理解了什么是"服从"，为什么要"服从"；明确了为别人提供"服务"，不仅是利他利群的，同时也是利己的行为；懂得了如何去承担"责任"、完成任务；激发了拼搏向上、争得"荣誉"的进取意识。

三、学习规范教育

一般来说，职业学校的学生学习成绩相对较差，这并不是他们脑子笨学不会，而是缺乏良好的学习态度、学习习惯和学习方法，学生不愿听课也不会听课、课上懒得记笔记，对课后完成作业缺乏足够的认识，学校就从这细小的常规抓起：第一，要求学生每科必须准备一个课堂笔记本，每节课必须记笔记，教师要不定期检查学生的课堂笔记；第二，抓课后作业，要求学生课后必须独立、按时完成作业，对不完成作业的同学教师要进行及时的监督，并将学生完成作业情况列入平时成绩中进行考核，对抄袭作业的同学要给予行政处分；第三，教务处每月都要检查学生完成作业情况，教务处的作业检查不仅仅是检查教师的批改情况，同时也在检查学生完成作业的情况。这样做一方面是强行规范他们，另一方面是让学生懂得认真听课、记笔记、完成作业是学生起码的职责，也是提高学习成绩的必要过程。每位老师都十分负责，一堂课不是靠老师一方来努力的，而是要学生与老师达到共鸣，只有这样才是精彩的。在这样的管理中，学生不把完成作业当成负担，良好的学习习惯也就慢慢地形成了，这也是教师提高教学质量的关键。

学校也非常注重考试管理。长期以来很多学生养成了平时不努力，考试去作弊的投机取巧的恶习，这个恶习如果不制止，学生就会把考试的希望寄托在考试作弊上，不仅有碍学习氛围的建立，更重要的是体现出学生道德行为的缺失，为此我们以此为契机对学生进行"以诚实守信为荣，以考试作弊为耻"的教育，一方面在师生中开展大讨论；另一方面加大对违纪、作弊学生的处理力度，看似平常的一件事在学生中反响很大，其教育效果也很明显，学生不仅能站在一定高度加深了对考试违纪作弊行为的认识，而且考试违纪作弊行为也得到了有效遏制，同时，也提升了学生的思想道德水准，有利于在学生中营造良好的学习氛围。

学校采取了"从小步走起"的策略：要求每个学生锁定一个"看得见"的目标，即目标要切合自己实际，"跳一跳，摸得到"；人人在班里要"亮目标"，互相监督，自加压力；"说目标"，则是总结目标达成的情况。在组织教学上，各年级根据学生差异进行学科分层教学，使所有学生在不同层面都能得到应有的发展和提高。学校针对学生的实际情况，给予每次期中、期末考试中进步较大的同学不同程度的嘉奖和鼓励。这种"从小步走起"的策略，使得学生们能经常体验到成功的喜悦，从点点滴滴的进步中渐渐树立起自信心。许多班级的同学已经在一年的学习过程中有了显著的进步，学习的情绪也由以前的厌学慢慢转变成能够从学习中体验到乐趣了；在考试中也由以前无所谓的态度变得越来越重视；还有的同学在经过三年的学习后，考取了理想的大学，找到了适宜的工作。学校的升学率也在年年攀升。

四、服装仪容规范教育

学校在服装仪容方面有着详细而全面的规定，在服装方面，主要有：进校必须穿着校服，而且两套校服即制服和运动服不可以混穿。身着制服必须打学校统一黑蓝领带，内穿学校统一的白色衬衫，下穿学校统一发放的灰色西服裤。脚上穿黑色无标迹袜，皮鞋必须是黑色系带且有跟。坡跟的休闲皮鞋是不合格的。女同学脚穿白色无标迹棉袜，黑色系带皮鞋鞋跟不能超过4厘米。身着运动服，内着学校统一发放的T恤衫，领扣不得打开，脚下着白色皮质运动鞋，袜子是白色无标迹棉袜。除了服装以外，学校对仪容也有详细的规定，先从男生说起，头发一律都是西服头，前不过眉，后不及领，两侧鬓角到耳上沿。不可以留胡须，不能戴耳棒、项链、手链和戒指等饰品，连眼镜也宣导戴有框无色学生镜，而那种大边框或无边框的休闲眼镜是不能戴出来参加升降旗仪式的。女生头发不能染不能烫，也不能留各种奇异发型，刘海不过眉，鬓角要夹在耳后，长头发一律扎成马尾辫。饰品方面的要求和男生一样，只是多了不能化妆的规定，无论是文眉、眼影、口红、还是涂指甲油都是不可以的。

有了规定，还要靠管理和教育，才能把得体着装和仪容端正这一行为养成习惯。首先，是软性的宣导与教育。无论是主席台上领导的教育，还是课间课后教师的建议，都有关于告诉学生应该穿什么、如何才能穿得更符合学生身份、为什么这么穿的教育环节。接下来是言传之后的身教。在鸿文，这些着装规定不单只针对同学，教师也必须遵守学校对他们制定的服仪规定，如上班期间任何教师不能穿牛仔裤，男教师不能穿无领的衣服、女教师不能穿低领无袖的衣服等。当然最主要的还是硬性的检查和评比。从每月初一次的服装仪容大检查开始，这也是每学期开学最重要的工作之一，升旗仪式之后，由本班班导师和检查本班的风纪股长一同检查班级的服装仪容情况。外及头发、胡须，内到袜子、领带夹，细到手指甲。学生手册上有关于服装仪容的规定项目都要检查一次，并施行班导师负责制，在训导处的抽检中，与班导师检查有较大偏差，班导师要承担一定的责任。检查不合格的同学第二天要到训导处找相关的教师和学长对不合格项目进行复检，如复检不合格将给予处分。除每月一次的服装仪容大检查外，每天在升降旗时各有一次常规检查，检查不合格一人次扣班级风纪总分一分。另外，在课间也会有学长不定时巡察随时了解学生动态、注意学生仪容。经过这样的教育和管理，绝大多数学生对于这些服装仪容的规定从不接受到接受，从不理解到理解，从被动地怕训导处检查到为集体荣誉相互提醒再到自觉主动地做到，从遵守规定到养成习惯再到知仪礼。

所以，行为规范的养成要以切合实际的正面教育为主。脱离实际，不了解学生的需要，不理解学生的情绪，只空谈阔论讲大道理，是德育的大忌，正面教育就是要把道理讲实，将大道理与小道理结合起来，将祖国人才标准的需要与学生的实际需要结合起来，将学校工作目标分解成班目标、个人目标，同时还能将学生的个体良好行为与大的优秀品质联系起来，小行为看品德，即从"大"着眼，从"小"入手，这样才能贴近学生需要，贴近学生的情感，贴近学生的心理承受能力，使学生入耳入心，才能产生同频共振的效果，充分调动学生的主观能动性。

第三节　能力养成教育

以前学校开展的道德教育，主要强调以下几个方面：一是强调学术性学科，注重学生获取有关历史和社会科学方面的知识；二是强调政府法律和政治体制结构，注重通过思想道德课程和政治课程，使学生了解国家政治体制和社会制度的方方面面；三是强调理性思维，注重让学生记忆和背诵，通过掌握逻辑推理、实证技能来得出正确结论。这种道德教育在我国学校教育中持续了几十年，虽然取得了一定的成效，但存在一个弊端，即忽视了学生个体的主观能动性，忽视了学生道德行为能力的培养。面对迅速变化的国际、国内环境及科学技术和通信手段的迅速发展，这种被动的强化型道德教育显然已不适应社会和学校教育需求。为此，鸿文伦理道德教育从这一问题出发，强调学生的能力养成教育，并将其作为学校德育的中心工作。

一、与行业要求紧密结合，强化职业道德认知能力

西方职业道德教育比较注重将行业要求与职业道德教育结合起来。例如，医学院的学生所面临的是进行人体实验的道德问题、秘密限度问题，以及稀有医疗资源的公平分配问题；公共管理学校的学生则会讨论政府官员在欺骗公众、对媒体泄露机密，以及拒不执行上司命令等方面是否会受到不公正处理的问题；在商学院，也有许多问题可供课堂上讨论，如公司在国外的行贿问题、欺骗性广告问题、出售有潜在危险的商品问题等。加强实习、实训，既是职业院校专业实习训练的需要，也是职业道德养成过程必不可少的关键环节。学生只有在职业实践中去感受、体会和锻炼，才能形成优良的职业道德。经验表明，坚持职业道德教育的"职业性"、坚持职业道德教育的"教学做统一"，摒弃"坐而论道"，让学生在职业实践中提高对职业道德的认同，增强道德选择能力，是职业道德教育的必然选择。

鸿文国际职业高中从学生的行业职业道德出发，注重培养学生认真的做事态度。一位毕业生在回顾鸿文学习经历时写道：记得我在实习时有一项工作内容就是根据客户要求制定工单，然后车间根据我们制定的工单去生产，当时我们的产品是纸箱。大家知道，纸箱最容易出错的就是它上面印刷的内容，我们叫它"唛头"，遇到简单的唛头还好，但是大多数情况下都是一些复杂的版面，密密麻麻的英文字母或是各式各样的标记等，这些内容如果稍不小心有一点点内容出错那么车间生产的订单量就全部作废。可见一丝不苟的工作态度是多么重要，一时做事的粗枝大叶影响的后果是多么的可怕。试想，如果一个人没有严谨认真的做事态度，怎么能把事情做好？而如果自己分内的事情都做不好，又谈何会胜任什么大事？别

人又怎么会相信你把大事交给你去做呢？再来看看鸿文，每日的卫生打扫不是草草了事走走形式，而是要求同学们认真去做，我认为没有哪一个学校检查卫生会像我们学校那样"苛刻"，瓷面要用手去摸检查有没有灰尘。广播操做得不仔细、不到位也会列入考核之中，这些都是教育督促我们无论做什么，都要认真把它做好。在鸿文的学习养成了学生一丝不苟的工作态度，也使学生具备了基础的行业道德素质。

二、与企业合作互动，提高职业道德判断能力

校企合作有多种形式，第一，是引入企业文化，提高职业道德教育的有效性；第二，是由相关企业派遣专家组进驻学校，成立"专家指导委员会"；第三，是学校与相关企业的人事部门建立长期的合作关系等。学校实施教学多样化、学校社会化、教育生活化。学校与中国金茂（集团）股份有限公司、日本东芝崇友电梯有限公司、台湾天津海峡海运有限公司、新格有色金属有限公司、美国 GP 公司中国总部、瑞典英泰峡国际有限公司上海分公司、上海惠氏营养品有限公司、上海中中服饰有限公司、上海奇丽尔制衣有限公司等近 500 家国有及三资企业建立了良好的"建教合作"关系，众多的合作单位已成为鸿文学生专门的实训场所、实习基地及毕业后的就业单位，不少企业的老总来鸿文为学生上课、演讲，使学生受到很大的教育，学到了不少知识。丰厚的教育资源已成为鸿文教育教学的一个非常重要的组成部分，现代化企业的工作方式、管理模式已通过实习实训铭记在学生心中。

通过与相关企业多种途径的合作，可以进行多方面的活动：一是针对不同时期的学生情况，定期展开职业道德教育的理论与实践教育问题的研究；二是校企双方共同讨论制定开展职业道德教育的教学计划、课程设置、教材安排等事项；三是为学生提供实践场所进行职业道德训练；四是聘用优秀的一线技术工人师傅作为学校德育部门的兼职教师，充实职业道德教育师资队伍力量；五是便于邀请一些企业的老总或劳模来校做敬业爱岗方面的报告，或组织学生到企业参观学习；六是参与对学生职业道德的评估工作。实践证明，这种结合企业开展职业道德教育的方式，能够提高其有效性和针对性，是提高学生职业道德行为能力的重要保证。

三、参加社会实践，增强职业道德行为能力

参加社会实践，可以使学生了解社会、了解他人和自我，学会与他人的沟通和交流，并进行自我教育、自我约束和自我发展，对培养学生的职业道德行为能力具有无可替代的重要作用，因此，职业学校的学生参加社会实践非常必要。鸿文国际职业高级中学将学生的社会实践分为校内实践和校外实践两个部分。对于学生而言，班级、学校就是小社会，

他们所参加的班级、学校的各种活动都叫作社会实践。因此，学校、班级是学生参加社会实践的主渠道、大舞台，也称为校内社会实践。在长期的教育实践中，鸿文职业学校探索出了多种校内实践的内容和方法，从班级层面来讲，主要包括一日班长制、值周班长制、班委责任制、团支部成员责任制、寝室长责任制、物品摆放责任制及各种形式的主题活动；就学校层面来讲，主要有公益劳动制度、辅导学长制度、每年一次的运动会、节假日庆祝系列活动、扫墓、春游、社区服务、学生会委员制度等。从校外实践来讲，鸿文职业学校主要形成了志愿者活动、节假日打工、参观景点、人才市场、职业介绍所等常规性活动。其中，志愿者活动包括到社区、敬老院等场合提供技能服务，为残疾和贫困人员提供智力和体力帮助等。这些社会实践活动，在很大程度上影响着学生的思想和行为，一些做法已经突破了形式化的限制，内化到学生的实践行为中。

第四节　全面素质教育

我国近代著名民主革命家、教育家、科学家蔡元培先生认为，学校的教育目标是以学生德、智、体、美的和谐发展的完全人格为中心，而这种完全人格又是以德育教育为根本。蔡元培先生提出，教育以"公民道德为中坚"，同时强调体育、智育和美育，重视培养和造就全面发展的人才。我国的教育目标中，也明确提出德育是首要任务，智育是主要任务，体、美、劳是重要任务。德育带给学生的是精神风貌，是行为规范，产生的是智、体、美、劳育的强劲原动力。鸿文的教育理念是要教会学生知识，首先要教学生怎样做人，使学生懂得自尊、尊重他人，树立正确的人生观、世界观，懂得如何正确地处事与待人。

一、审美教育

蔡元培先生认为："公民道德及美育都毗于德育"，美育可以陶冶"利人乐群"的人生观。鸿文国际职业高级中学高度重视学生的审美教育，首先从学生的语言教育抓起。许多新生入学时都做不到语言美，不少人把粗俗作为"爽"，作为"酷"，以此为美。由此，常常发生因为"语言"问题而拔拳相向的事情。学校针对这种现象，从"语言"入手，让学生学会说话。学校训导处规定了礼貌用语，要求学生在学校中学会问好，要文明用语，见到老师要问"老师好"，与同学要和睦相处，在家中要注意与父母交流的语言，尤其在入校新生中多次加以强调和规范。渐渐地，污秽粗俗的语言减少了，文明用语增多了。其次，学校在学科教学中，强调要有情感态度和价值目标，即美育目标，教材把握要有审美视角，让学生能体会科学的真，道德的善，艺术的美。另外，学校还组织开展丰富多彩的活动，让学生体验美，如组织广播操比赛，让学生自己做评委，使学生在活动中体验美，从而创造美。审美教育使学生的言行举止文明了，精神面貌发生了变化，团结合作，助人为乐蔚然成风。

二、心理教育

根据学生的心理特点，学校从心理教育入手，从细小的行为规范抓起，逐步改变学生的不良习惯，纠正学生不成熟的思想观念，让他们树立自信心，通过三年鸿文的学习生活懂得学习的意义、价值，懂得什么是责任，懂得怎样做人。新生入校的第一课是进行理想前途教育，首先为他们进行三年规划，教务处将每一学年的教学计划安排，应达到的教学要求告知他们，把学长们在鸿文的学习成就宣传给他们，使他们一进校就感知到进入职校后仍有机会改变自己的命运，只要抓住机会，只要努力学习，三年后你仍然能成为充满自信的人，成为能立足社会有用的人。几年来，新生在入学的第一个月里表现都非常好，他们的确想重新开始，但是他们多年来积淀的问题是不容易一下子改掉的，随着时间的推移，随着学习过程中遇到的困难，再加上多年来养成的惰性会使他们产生动摇，学习上、行为规范上都会出现反复，这时教师要对学生给予关心和关爱，多给他们一点鼓励，多给他们一点帮助，让他们感觉到温暖，教师还要精心组织教学，一边耐心、细致地教知识、教技能，一边关注他们的思想波动、情绪变化、言行举止，做学生的良师益友，帮助学生克服困难。当这些学生在职业学校里得到从没有过的尊重和温暖的时候，他们的自信心就会不断增强。

德育能够产生精神力量，驱动智、体、美、劳朝着正确的方向加速进步。入校时，鸿文学生的知识层次，综合素质低于外校，经过三年鸿文环境的感化和熏陶，学生的行为得到规范，坏习惯逐步收敛，好习惯渐渐建立，时时处处表现出外校学生所缺少的行为和习惯。记得那时在外校食堂就餐，学生的喧闹声到了难以忍受的地步；在鸿文，学生就餐时鸦雀无声。有的学校教室里一片狼藉，到处是纸屑、粉笔头、桌椅零乱；这里地面整洁，所有椅子推入桌内，给人宽敞、舒心的感觉，似乎鸿文的教室特别大！一进鸿文校门，似乎什么都是全新的，处处给人舒畅的感觉，创建出了有利于教学的氛围和环境。鸿文形成了优于外校的教学秩序和课堂纪律。学生以良好的精神状态投入德、智、体、美、劳各项学习和活动，各项素质得到了全面提升。

三、法制教育

学校是对青少年法制教育的主阵地，充分利用学校这一主阵地，加强对青少年法制教育责任重大，意义深远。目前，很多学校的法制教育缺失，对学生的素质产生了不利影响，存在的主要问题是：法制教育意识缺乏社会责任：一些学校片面抓知识学习，忽视了对学生法律意识的培养和综合素质的提高；法制教育教材内容缺乏适时性：中学生法制教材内容偏少，教材内容与学生年龄等方面脱节；法制教育师资缺乏一定的质量保证：在中学教师队伍中，法律专业毕业的教师几乎是凤毛麟角，法律专业毕业后，又具有一定的法律实践的，更几乎为零。同时，法制教育考核缺乏科学机制。升学考试、毕业考试，乃至高考，有关法律内容涉及甚少，学校对法制课成效只求应付教育行政部门的检查，而不进行实实在在的考查。因此，对学生进行法制教育，必须解决以上问题，才能够产生实效。第一，要不断增强法制教育责任意识。增强法制教育责任意识关键在领导，学校领导在全年工作安排中，应统筹安排法制教育的时间、内容、教学目标及教员，统一全校师生对法制教育重要性和必要性的认识，切实将法制教育提高到对社会负责，对人民负责，对民族负责，对学生家庭负责和对学生本人负责的高度，努力将法制教育同拓展学生知识面，开阔学生视野，培养学生逻辑思维能力紧密联系起来，力求从法制教育活动中，树立学生自强、自尊、自爱、自立、自信意识和遵纪守法意识。第二，不断充实法制教育教学内容。在"依法治国"的指引下，对中学生法制教育的内容应不断扩充，除教程基本内容外，要针对不同年龄的中学生及时讲解相应的法律、法规，增强中学生知法、懂法和守法意识。第三，不断加大法制教育师资力量。加大中学法制教育师资力量，并非就是简单地引进法律专业毕业人才，而是要尽可能地根据自身办学规模，有条件地配备法制教育专职教师。目前，学校从公、检、法、司部门选聘兼职人员，担任各中学法制副校长或讲师，也不失为一种较好的解决方法和权宜之计。第四，不断完善法制教育考核机制。完善法制教育考核机制，要以建立考核机制入手，做到层层分解任务，人人落实责任。

要达成素质教育目标，学校就要做到：第一，德育规划中有法制教育目标与措施；第二，建有法制教育领导小组，负责各项教育措施落实；第三，学校法制教育有教材、有计划、有教案；第四，法制教育档案资料齐全；第五，开设法制教育课每学期不少于4次并组织普法测试；第六，运用思想品牌课、政治课、时政课、法制专题讲座等进行法制教育；第七，开展形式多样的教育活动，每学期不少于2次；第八，充分利用宣传阵地，形成良好的法制宣传环境；第九，困难学生的教育，帮教有制度、措施和记录；第十，教师普法教育内容落实；第十一，重视法制教育调查研究；第十二，师生掌握必要的法律常识，优良率至少达85%以上。同时，学校还要组织开展法制教育活动，到相关的机构走访参观，也不失为一种有效的方法，见表12-5。

表 12-5 法制教育活动的意义和内容

地点	意义	内容	时间
上海市未成年人管教所	增强学生的法治意识，提高学生的法治观念，培养学生遵纪守法的自觉性	剖析未成年人违法犯罪案例，学习未成年人的有关法律法规	3月
上海市戒毒所	增强学生的防毒、拒毒意识，树立"远离毒品，珍爱生命"的理念	了解毒品的来源、种类、危害和禁毒的意义以及我国禁毒工作的现状	5月
青少年法制教育基地	加深学生对依法治国的认识和理解，让学生成为守法护法的好公民	学习、了解未成年人违法、犯罪的案例，增强法制观念	10月

第十三章　鸿文德育理想模式的实施主体与功能

从教育角度来讲，任何的教育活动都包含德育工作，任何教和任何学都包含着特定的动机、目的和选择，这些都具有德育功能，它贯穿着教育的全过程。因此，教师和学生既是德育的实施对象，也是德育的实施主体。鸿文国际职业高中从教与学两个角度出发，确定了德育实施的管理者、教师和学生三个主体。

第一节　管理者

学校德育的管理者主体主要包括校长、党支部书记、教务处主任、政教处主任、班主任等。就鸿文国际职业高中来讲，还包括训导处主任这一管理者。德育工作是一项系统工程，贯穿于学校教育、教学和校内外一些活动之中，需要有详尽的规划和计划。列宁说过，"任何计划都是尺度、准则、灯塔、路标"。管理者的主要责任就是要根据学生的全部活动，以学校培养目标和德育大纲为基础，进行全面规划、统筹安排，制订具体明确、切实可行的德育工作计划，寓德育于各种活动之中，正确处理德育与智育、体育、美育及劳动技术教育的关系，协调学校各部门、各组织及校内外活动的关系，形成统一的有机整体，达到提高德育效果，实现培养目标的目的。因此，学校管理者在学校德育中占据着重要的主体位置。

一、校领导拥有前瞻性理念

校领导是学校的管理核心，也是学校文化的核心。校领导对于德育的重视，是学校德育得以形成品牌的重要基础。鸿文国际职业高级中学的校领导从办校开始，就注意到将远大的道德教育目标与学生日常生活实践紧密联系起来，对学生实施道德教育。第一，校领导参与制定了学校事无巨细的制度，规定了学生在平时学习生活中的可为与不可为；第二，最高领导直接介入学生的管理工作，指导教师的日常工作行为，甚至直接参与教育和辅导学生；第三，校领导时刻关注着学校学生各方面情况，在一定程度上为实施伦理道德教育开辟了道路，创造了条件。

二、中层管理者拥有"以人为本"的管理精神

中层管理者是学校管理的中坚力量，也是学校一般工作的直接管理者。中层管理者除具有管理职责、岗位职责外，还起到教师与学校领导者上传下达的作用，如果中层管理者不能发挥其应有的作用，会对学校的管理和决策的贯彻带来很大的阻碍。他们的素质好与差、能力能否得到充分发挥，直接影响到学校德育目标的实现。因此，鸿文国际职业高级中学的中层管理者在德育管理中，从学生的实际出发，不是教条地遵照条例。而是本着"以人为本"的育人理念，使学校德育真正为学生所接受。

这从一件小事上可以得到体现。一位毕业生在文章中这样写道：在鸿文，学生服装仪容的检查是免不了的，在一次突击检查中我被一个平时与我关系很好的风纪股长记了名字，而我的指甲大概只有一毫米长，在一般情况下肯定是合格的，我当时心里有点不舒服。回到教室后班导师好像看出了我的心事，于是他找我个别谈话：学校的校规校纪，与国家的法律法规的性质是一样的，是绝对没有人情可讲的，一定要严格遵守，你想想国家的执法和审判机关如果对社会上违法事件的处理都讲人情、讲情面，长此以往，我们的国家还是国家吗？同样的道理，如果我们都讲人情，学校的校规校纪就形同虚设了……听了教师的话，我觉得很惭愧，于是主动向教师借了指甲刀，剪掉了这不合格的一毫米指甲。上完两节课突然广播通知要求早上因服仪不合格的同学到训导处报到，训导处的教师一看是我，就问"你哪里不合格呀？"我惭愧地伸出了手，"你现在不已经剪掉了吗？我们检查的目的不是记一下你的名字，或者给个处分就好了，而是要让你知错就改，这才是教师真正的目的。既然你已经改正了，你可以走了。"从这件事中我深深地领悟到了，犯错误不可怕，可怕的是犯了错误，没有勇气去承认过失、积极改正。

三、班主任具有强烈的责任心

著名作家冰心女士说过："教师的现在就是学生的将来。"教师们常讲："从学生的身上可以看出班主任的影子。"说明了班主任自身的人格形象和人格力量是一种即时的和潜在的长效教育因素，是学生精神楷模和精神动力，对学生健康发展起着巨大的推动作用，高尚的人格形象产生了巨大的凝聚力和感染力，引起了学生情感上的强烈共鸣，影响着学生人格的形成和发展，激发着学生勇于实践、勇于探索、勇于创新的求知欲。学校整个教师机构组织中，把任课教师和班主任教师称之为基层工作者。本校在教师培养方面，对于特别是即将带班的班主任老师，在培训时领导都会非常郑重强调执教时应具有作为教师的责任心。班主任在工作中，充分地展现了自己，被学生"剖析"得一清二楚，只有勇于承认错误改正缺点，弥补不足，及时纠正失误，改进工作方式和方法，才能产生"教学相

长"、互进互勉的育人效果。德育的根本任务是"育德育人",从国家素质教育的要求来看,德育应该培养学生做人、做事所具备的良好思想品德素质,培养学生具有既符合社会要求,又适应时代发展的综合素质。作为德育最基层的工作者——班主任教师,更是应该把培养学生的良好品德作为自己的重要职责。班主任工作所涉及的范围同大多数学校的班主任工作理论核心是一样的,它所涉及的工作范畴不仅有形式上的内容,还需要触及学生心灵的教育艺术能力。在形式上,学校老师们工作的内容是一样的,但也通过教师各自的个性内涵赋予其权利和责任去带班。在这一点上,各个班主任教师带班的风格必定不同,但最终的目的却是一致的。学校领导常用一句话指导班主任教师的工作:学生在哪里,教师就在哪里。其中所包含的意义是深远而深刻的,所以,班主任教师的责任意识就成为学生道德教育实施落实的必要条件之一。

第二节 教师

美国学者弗雷德·纽曼认为,通常教师要具有四种不同的角色:一是信息提供者。这是最基本的一个角色,要求教师能提供有关社区内的人员、地方、财产及学习方法和策略方面的信息资源。二是顾问。教师作为顾问,要满足所有学生的需求,处理好学生在情感或心理、哲学上的问题。三是某领域的专家。教师应作为某一领域,如环境、种族问题等的专家,较直接地介入某一活动。四是活动家。教师也应积极地参加到活动过程中,对公共政策施加影响。我国《中小学德育工作规程》规定:"中小学教师是学校德育工作的基本力量。学校党组织的负责人、主管德育工作的行政人员、思想品德课和思想政治课的教师、班主任、共青团团委书记和少先队大队辅导员是中小学校德育工作的骨干力量。"鸿文国际职业高级中学的教师在德育实践中,充分运用教师的力量,融会贯通地发展了教师的功能,使德育成为每个教师的职责,使教师成为德育的重要载体,承担了德育的主要职能。

一、教师是德育内容的传播者

教师不仅是人类文明的传播者,还是人类心灵的雕塑者。教师是学生的第二父母,也是学生最直观、最重要的师表。同时,教师也是课堂教学的组织者。对于学生来讲,分清真善美与假恶丑是形成德育能力的前提,而辨别假恶丑的基础是提高道德认识,形成正确的是非观念。现实中,有些学生在道德方面的堕落,往往主要是出于无知。因此,通过教师传播和自我学习提高他们的道德认识是非常重要的。教师结合社会主义核心价值观中对于个人层面应该做到的"爱国、敬业、诚信、友善",通过与学生共同学习,教他们辨别

"好"与"坏",明白什么是卑鄙可耻,什么是光荣;学生们爱听故事、新闻,教师就常常通过说新闻、讲故事的形式,用批评厌恶的语气,把社会上一些反面典型事例讲给学生听,拨动他们心灵的弦线,让学生为这类人感到可耻,把学生的羞耻情绪体验,变成一股激励他们向上的积极力量。形象是一个人最基本的精神面貌,也是一个人各种心理特征的综合反映。教育心理学认为,教师的形象对学生的认知、情感、意志等世界观的形成具有很强的精神感染作用,是影响学生从小形成"四有"观念的重要因素。教师应当是学生的楷模。教师的一言一行,对学生能产生巨大的影响。这种影响,除向学生传授知识和技能外,主要表现在教师的人格和道德水准对学生所起的潜移默化的作用。教师严谨、务实、整洁的风貌,对祖国、对民族的热爱,对工作、对事业的追求,教师身上所体现的人格力量,对学生的影响会远远超过教师所传授知识的"分量"。即使是教师的说话语调、姿势,板书的字体、风格,甚至某些下意识的习惯动作和口头禅,也会成为影响学生的重要因素,"感染"给学生。学生从教师那里所学的,不只是知识,更重要的是"怎样做人"。

在鸿文国际职业高级中学,教师爱岗敬业、虚心好学、以身作则、严于律己、宽容大度、谈吐文雅,时刻不忘用自己心中的火,去点燃学生心中的火,用自己的"言传身教",为学生提供做人的榜样。特别是鸿文职业学校的周兆雄董事长抓住一切可以教育的机会引导学生。记得某天早上,一名新生在走廊进行保洁,周董匆匆下楼梯正与该生碰面,新生见有人下楼梯忙让到一旁,周董见状惊奇"为什么学生不问老师好了",忙停下向该生鞠躬90度,说:"同学早!"新生见人行礼,忙抬头向这个奇怪的人回礼。直到在升旗仪式上发现这个奇怪的人原来是学校的董事长,随后发现走廊不时响起的"老师好",新生这才体会出今天早上周董的用意,并行动起来改变自己的旧习,融入这新的和谐环境中。在这个事情中,周董并没有运用简单明了的方法指出该生的错误,要求该生改正,而是用自己的心、自己的情、自己的行感染对方,让受教育者自己悟出真意。学校就是这样从最高领导者到在职员工都时刻牢记"言传身教",不放过每个细节用自己的人格魅力引导他们成人、成才。

二、教师是德育活动的设计者

德育活动强调学生的主体性参与,没有学生的亲身体验和情感投入,德育活动是达不到预期效果的。教师是德育活动设计的"导演",学生是被吸引的"演员",教师要力求避免在课堂德育渗透活动中既"导"又"演",而让学生成为冷眼的旁观者。因此,教师在组织德育教育活动之前必须理解德育教育目标,认识德育教育对象,钻研德育教育内容,选择适当的方法和方式进行。教师在德育的全过程中,都体现了"活动设计者"的重大作用。

（1）教师以课堂为阵地，在学科教育中渗透德育教育。课堂教学是学校教育的基础元素，也是德育教育的主要渠道。而课堂教育中的德育教育是学校教育中最基础，也是最根本的育人工程。在课堂教育中，能够为学生提供丰富的教育资源，从语文、政治到历史、地理，众多的学科内容中渗透着不同国家、地区、民族和时间段的多种多样的精神食粮，对学生的成长有着积极的作用。课堂教育的组织者——教师，是德育教育的具体实施者。在教学过程中，以教材作内容为德育教育的切入点，将学科教育与德育教育有机地结合起来，在学科教学过程中渗透德育教育的相关内容，通过有意识的引导，让学生在教师的引导下，在学习学科知识的同时，从政治、思想、道德、法纪、心理等方面，对学生进行思想道德教育，提高学生的综合素质。如物理教师在讲人造卫星时，可介绍我国的人造卫星的发射与回收，洲际导弹的研制成功，"神十二""神十三"的成功发射与安全返回都处于国际领先地位；在讲电阻定律一节中的超导现象时，可介绍我国的超导研究与实践已处于国际前沿；在讲原子物理时，可介绍浙江秦山核电站和广东大亚湾核电站都处在世界领先地位。实践证明，感情的陶冶往往要比其他德育方式牢固可靠，情感通融，学生的思想境界就能升华。

（2）教师以实践活动为基础，在实践中推进德育教育。作为学校教育活动的基本形式之一——社会实践活动，是推进德育教育工作的重要手段。"理论来源于实践，实践是检验真理的唯一标准"。上好实践课，首先要求指导教师以德育内容为中心，围绕中心设计活动；其次，要求设计的活动具有可操作性、感染性；最后，活动的组织要有序。总的来说，就是要通过活动让学生受到感染、得到启发。一次好的主题班会课，可以让学生热情高涨；一次生动的小品演出，可以让学生哽咽在喉；一次有序的社会实践，可以让学生得到深刻的启发。可见，以实践活动为基础，较好地设计德育内容和形式，对于推进学校德育教育工作具有非常重要的作用。一位鸿文国际职业高级中学的毕业生曾这样写道：临毕业前夕的正式实习，我幸运地被留在了校文印室实习。刚开始时工作量较小，于是空闲的我开始对着计算机练习打字，不知不觉就从每分钟五六十字练到了一百多字。我想要不是当时的环境，我也许到现在也达不到这个程度。一段时间后，我又负责我校"鸿文学报"的文字与排版工作，很快我就能非常熟练地运用 FrontPage 软件了。曾经有一次，训导处的一名教师要我制作一张比较复杂的表格，当时有点慌，这样的表格我都没做过，教师说，你先打一份初稿好了，就这样一次又一次地更改，大概足足更改了有十多次，教师不厌其烦地，一遍又一遍地要我这样改那样改，直到最后满意为止。这期间我切身感受到了教师精益求精的工作态度与耐心，也体会到只要有付出就一定能有所收获。在以后的工作中，无论有多么复杂的文稿我都能保质保量地完成。一分耕耘，一分收获，鸿文精神时刻在激励着我，鸿文教师优秀的师德也在时时地勉励着每个认真学习的鸿文学子。

（3）教师搞好德育主题教育活动，有目的、有针对性地进行思想道德教育。德育主题教育是实现德育教育针对性和实效性的最有效的途径之一。在学校德育教育活动中，按照序列化的要求，将学校德育教育工作分解为若干主题教育活动，并结合上级有关要求和精神，通过树立一个德育教育的主题，并围绕这个主题开展有针对性的德育教育活动，促进学生思想道德的完善和发展。例如，学校可以利用好"校风建设活动月"主题活动，搞好学校"三风"建设，利用"民族精神教育活动月"主题活动，灌输爱国主义、民族传统精神等。在上海鸿文国际职业高级中学，有位教师曾开展过"我也曾尝过青橄榄"这样一堂别开生面的德育课，对于学生"早恋是否妥当"的问题进行探讨，使学生充分发表自己的见解，在此过程中，教师更好地了解了学生，而学生也能够把自己最真实的心理展现出来。最后，由教师进行引导，学生理性选择，结果取得了良好的教育效果。可见，以主题教育活动为窗口，较好地设计德育内容和形式，对于推进学校德育教育工作具有非常重要的作用。

三、教师是学生自我教育能力的培养者

俄国教育家乌申斯基认为，教师的人格是教育工作的基础和教育力量的源泉，教师的个人榜样是德育方法体系中最好的手段和方式。现代科学知识量多且发展快，教师要在短短的几年学校教育里把德育的全部知识传授给学生不可能，而且也没有这个必要，同时，学生获得知识信息的渠道多样化，教师在传授知识方面的职能也变得复杂化，不再是只传授现有的教科书上的知识，而是要指导学生懂得如何获取自己所需要的知识，掌握获取知识的工具及学会如何根据认识的需要去处理各种信息的方法。总之，教师不能将知识传授作为自己的主要任务和目的，把主要精力放在检查学生对知识的掌握程度上，而应成为学生学习的激发者、辅导者，学生各种能力和积极个性的培养者，把教学的重心放在如何促进学生"学"上，从而真正实现"教"是为了"不教"。在教学过程中，教师要精心设计教学环节，在设疑、激趣中让学生做发现者、参与者、探索者，真正尊重每个学生，在自主选择过程里让学生做发现者、参与者、探索者。在教学过程中，"教"要为"学"服务。

在鸿文国际职业高级中学，教师调动各种力量，运用多种形式，着力培养学生的自我教育能力。如有教师采用班会形式，通过同学间的交流，促进学生自我教育能力的培养；有的教师通过专业课教学途径，传递正向价值，使学生明确自我教育的真正含义等。一位教师在自己的文章中这样写道："时代的发展，独生子女的教育缺陷，无不折射着人与人的关系越加淡漠。特别是对于'00后''10后'青少年来说，索取的贪婪与回报的吝啬已形成了鲜明的对比。如果作为教师的我们可以多做一些正确的疏导的话，那么情感的泪也可

以为父母、为教师、为许多值得珍惜与爱的人或事而流下。我想，理解与感恩可以是对青少年的心灵要求，但决不会成为一种不可能及的奢望。因为如果我们努力让每个时代青年真正地用心灵去感触周围生活中的情与爱的时候，一份久违的真诚也同时被完美缔造了。"

第三节 学生

苏霍姆林斯基说过："我深信，只有能够激发学生去进行自我教育的教育，才是真正的教育。"斯宾塞也曾讲："记住你管教的目的应该是养成一个能够自制的人，而不是一个要别人来管理的人。"这是教育追求的目标，也符合唯物辩证法的要求。学校从中职学生的身心特点出发，进行自我教育，使他们在他人教育的引导下，体验生活过程，养成自我教育的习惯，形成自我教育、自我管理的能力，才能让学生的个性心理，人格特征正常、健康地发展；学生的智慧、潜能和才干才会在有计划、有步骤的挖掘下得以发挥，各方面的素质才能得到逐步提高，品德的内化才能得以实现。因此，学生作为德育的主体之一，更应该在鸿文国际职业高级中学的具体德育实践中发挥出巨大的教育功效。

一、学生的主动参与是德育成功的前提

学生随着年龄、知识的增长，经验的积累，认知水平的提高，对事和物逐渐形成自己独立的思考与见解，具有较强的表现欲，处处想显示自己的独立意识、参与意识，以体现自身的价值。根据学生的特点，把教师的说教变为学生的演讲、评说及活动，既可以激发主体意识，还可以利用学生的感召力产生更大的教育效果，并培养学生的能力。

激发学生主动参与的方式有很多：第一，可以配合每日的升旗仪式，把国旗下演讲的权利交给学生，在学生中征集内容积极向上、思想性强的优秀稿件，由学生上台演讲，不仅可以增强学生的自信心，锻炼学生的能力，而且具有更大的感召力，容易在同龄人中产生共鸣。第二，可以开展评说活动。把班级、学校发生的较大事件、事情，把当地国内外发生的重大事件向学生公布，让学生查找相关的资料、书籍，请教教师、长者，组织进行讨论与评说。这样，既能激发学生的主体意识，使学生主动地参与班级、学校的管理，同时，还能使学生了解国内外的时事政治，提高学生观察问题、分析问题、解决问题的能力，增强判断力，使学生得到能力上的锻炼和知识的提高。第三，可以把主题班会的讲台让给学生，由学生自己组织主持，引导学生主动参与，让学生对自己、班级进行剖析，充分发表自己的看法，进行讨论、交流。这样，既有利于良好班风的形成，又可以锻炼学生的组织活动能力。第四，可以把年级会、校会的一部分讲台让给学生，使品行优秀的同学的思想在学生间产生感召力，影响他人，从而提高教育效果。第五，可以创办校园文化

刊物，利用广播站、宣传栏、板报等，在教师的指导下，由学生自己主持，进行征稿、编辑，用出自学生之笔，具有较强教育意义的作品，熏陶、感染学生，更具感召力，同时，也使学生享受到成功的喜悦，激发学生的兴趣和主动参与意识。把学生能做的事放手让学生去做，创设有利条件，激发学生的兴趣，让学生主动参与德育活动，使他们有自我表现的机会，通过学生的自我剖析、相互教育，加以正确的引导，有利于培养学生的自主能力，提高学生分析问题、解决问题的能力，增强教育效果。

同时，还可以开展各类活动，增强学生主动参与精神。寓德育于丰富多彩的活动之中，通过活动所具有的突出特点：活动的自主性、过程的实践性、内容的广泛性等，为学生提供更多的参与机会，发挥学生的积极性和主动性，开阔学生的视野，增强学生的求知欲，培养学生的各种兴趣，增长学生的才干，让学生在活动中得到熏陶，提高觉悟，转变思想，训练良好的行为习惯，强化自我意识，树立自尊、自信、自立、自强的良好品质。首先，可以利用节日、纪念日举行演讲比赛、文艺汇演，通过科技节、艺术节、体育节、校运动会及兴趣小组、课外活动等，为学生提供施展才华的空间，激发学生的主体意识。文艺活动可以培养学生正确的审美观点，健康的思想感情和活泼愉快的性格，提高生活情操，陶冶学生情趣。科技活动可以培养学生热爱科学、学习科学、探索真理、勤奋钻研、克服困难、不畏艰难的优良品德和勤于创造的精神。体育活动可以培养学生的顽强性格和勇于拼搏的精神，增强组织纪律性，培养集体主义、爱国主义精神。组织学生参与社会实践与社会调查活动，让学生走出校门、走向社会，体验劳动人民的感情，了解社会、了解国情，树立改造客观世界的社会责任感和历史责任感，从而提高他们的思想觉悟和道德素质。另外，还可以精心地设计、组织德育活动，让学生在活动实践中进行探索和体会，在活动中得到感化，锻炼和培养自主精神与协作精神，培养良好的兴趣、情感、意志力和强烈的责任心，增强自我调控能力和判断力，提高自我管理和自主教育能力，这正是德育最后的落脚点。

目前，学校规定班级每周举行一次班会，每月举行一次主题班会，每月布置一次主题板报，学校领导根据需要还适当举行全校性的主题周会。另外，还不定期地经常开展各类活动，为学生提供了展现自己各种才能的机会，同时，也为学生的交流架起了桥梁，使他们能很好地相容、互助，活动激发了他们拼搏向上、积极进取的信心和力量。学生在自主的活动中，人格受到了尊重，参与意识、主人翁精神大大加强。活动本身有着很强的目的性，可以极大地发挥受教育者的潜能，实现教育者所设定的教育目标。例如，每学期学校可以组织"文娱会演""主题班会""广播操比赛"等主题活动，通过这些多样化、多渠道形式，充分发挥学生自主参与、自我教育的积极性，使学生在活动中受到教育，增强自我管理、自我教育的能力。

二、学生的自我管理是德育成功的基石

学生的自我管理包括两个方面：一是相互之间的管理；二是自己对自己的管理。培养学生自我管理能力，就要在各项管理中实行民主管理，让学生发扬"主人翁"的精神，提高"参政""议政"能力。俗话说："近朱者赤，近墨者黑。"因其彼此接触时间长，接触面广，只有善于引导他们管理好自己的同时，利用正确的导向相互督促，相互管理，才能使他们互相及时纠正不良习惯，培养分析问题、判断是非能力及组织管理能力。

在班级的管理中，要淡化教师的作用与地位，发挥学生的主体作用，让学生主体参与，自我管理，学生人人是班级的主人，人人参与班级的管理，让每个学生明确自己在班级管理中享有的权利和应尽的义务与履行的职责，培养学生的主人翁意识，调动学生管理班级的积极性，形成自主管理、自我约束的管理机制，促使学生形成团结友爱、积极向上的精神，使学生热心关心自己的集体，维护集体荣誉，增强自律能力；引导学生参与学校、年级管理。可以通过设立信箱等形式，让学生对学校的管理提出意见、建议，在年级、学校的管理，甚至决策上，给予学生一定的空间，让学生做学校的主人，提高管理能力。另外，在共青团、学生会等组织与团体中放手让学生自己管理，组织开展活动，通过其特有的感召力，教育、培养和锻炼学生的能力；在校内外的其他活动中，也要引导学生相互督促、相互管理、相互教育，敢于同不良的习气斗争，增强判别力、培养管理能力。

要继续推行辅导学长制，这是学生间管理的典型案例。实践证明，是有效且有价值的。辅导学长具有较出色的组织管理能力，这部分同学在实践体验的过程中理解了学校的规定并自觉地引导着周围的同学。一方面，在实际工作中他们的工作能力和水平得到了锻炼与提高；另一方面，也有效地减轻了教师的工作负担，使教师有更多的时间从事教学。这有效地培养了学生自我激励、自我评价的能力。候选辅导学长和学生会干部由各班推选产生。由学校训导处领导负责培训和带教，在选拔的过程中既要体现民主集中制的原则，也要衡量学生的综合素质能力，故而选拔出的辅导学长素质也普遍较高。辅导学长制设立风纪组、卫生组、行政组。学校根据所选拔的学生特有的个性特征做分类安排工作，并大胆放手让他们分工负责各项管理工作，并对两项常规（风纪、卫生）情况记录、张榜公布，使之成为学校衡量班级管理的有效凭证。学校训导处需对辅导学长进行培训，指导他们卓有成效地开展工作，考察他们工作的得失，并且对他们取得的成绩及时进行表扬，注重在精神上的激励。

学生的自我管理主要靠行为规范的养成。美国休斯敦一家博物馆里有这样一句话："我听过了，就忘记了；我见过了，就记住了；我做过了，就理解了。"在道德教育问题上，我国古代道德教育提倡教化，也注重环境的陶冶、感染，通过潜移默化的形式促进自我道

德的完善。

　　实践证明，要提高学生的自我管理能力，主要做到三点：一要加强宣传引导，强化规范意识。在师生间、同学间开展讨论，让学生充分发表自己的看法、意见，让学生明确行为规范的具体要求，使道德规范内化成比较稳定的、持久的道德信念。二是要加强检查、督导。良好的行为习惯，不可能一蹴而就，需要持之以恒的努力，既要注意引导，树立典型，以先进人物的事迹和道德水准为榜样，还需要建立检查督导机制，建立学生督导队，经常性地进行检查、督导，及时纠正不良的行为习惯。督导队员在管理他人的同时，也能学会管理自己。建立激励机制，进行检查评比，及时表彰先进，让学生有集体荣誉感、责任感和个人的成就感。三是引导学生经常性地进行自我分析、自我评价、自我调节、自我磨炼，培养自己的意志力，加强自我教育意识，提高自我控制能力。

第十四章 鸿文德育理想模式实施的途径和方法

第一节 德育实施途径与方法的基本框架

德育的实施是一项系统工程，其采用的途径和方法也应该多种多样，要从学生的身心和各种影响因素出发，构建一个系统的德育工作框架，使学生能够受到有形和无形的双重正面影响与引导，从而有效地促进德育目标的实现。在德育目标和德育内容的指引下，从可操作性和适应性的角度出发，我们将影响学生德育的途径大致分成了三类，即直接途径、间接途径和隐性途径。其中，直接途径即专门的道德课程，其在学生德育过程中发挥着主干作用；间接途径包括各种学科教学、各类活动、学生指导和辅导及学校的劳动教育等；隐性途径包括教师风格影响、学校文化影响、家庭教育、企业文化、情感教育等。这三种途径有机结合，共同构成了鸿文理想德育模式的工作框架，如图 14-1 所示。

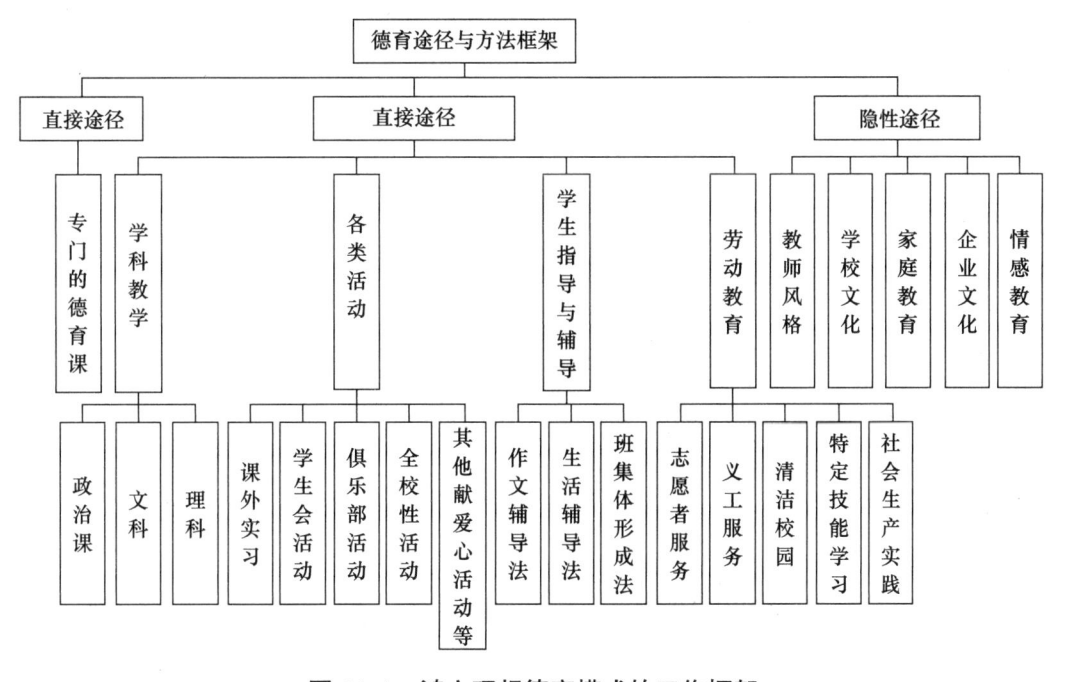

图 14-1 鸿文理想德育模式的工作框架

第二节 直接途径

在世界各国，作为学生德育的直接途径，开设专门的道德教育课程进行学生德育已经是非常普遍的做法。但这并不是唯一的途径，而是与间接途径——各种学科教学和活动，以及隐性课程——校园文化、家庭教育、企业文化影响等相结合，共同构成学校德育的有机组成部分。其中，直接的德育课在学校德育中起着深化、引导的作用。

一、德育课的指导思想

直接的德育课程，要摈弃以往坐而论道的教学方式，从"以人为本"的教育理念出发，激发学生的学习兴趣，坚持师生平等参与、共同发展、共同成长的观念，整合教育资源，坚持求真务实的精神，使学科课程、校内外教育活动、家庭教育、学校教育和社会教育、社会文化与校园文化建设等统筹起来，最终全面提高学生道德能力，实现德育目标。为此，无论师生都要努力做到以下三个方面：

1. 克己

为更好地完善自己，培养自制能力和自律精神，不懈地努力充实自己的内心世界，这是人格形成的基础，也是德育教育的基本目标。

2. 信爱

在各自所处的社会环境中，教师之间要相互尊重，学生之间要相互友爱，师生之间要相互信任，以诚相待，取长补短，共同进步。

3. 创造

面向未来，学生要不断创造新自我，经过不断努力，培养创造精神。教师要不断创新教育教学方法，通过创造性的教育课程，培养学生创造能力。

二、德育课的主要内容

德育课的教学要从国家德育大纲的基本要求出发，首先制订学校德育的总体规划，然后根据规划制订年度教学计划。这样做有三个好处：一是使德育与学校全部活动、与整个教育目标联系起来；二是使学校德育重点与学生、学校、地区的情况联系起来；三是使德育课与学科教学和特别活动联系起来，从而使德育变成学校教育的一个重要组成部分。这样，才能够达到培养根植于学生内心的德育的目的。

学校直接的德育课由班主任和德育课教师专职负责。在德育内容中，除进行爱国、爱校的民族精神教育外，还要进行理想信念教育、道德品质和文明行为教育、遵纪守法教育及心理健康教育。对于具体教学内容和教案的设计，要包含以下内容：一是主题设定的理由，是当前的热点问题，还是国际、国内重大事件，或者是学生中普遍存在的问题等；二是教学目的，是培养学生何种能力、何种精神，或者是为了给学生排疑解惑等；三是课程展开，说明课程展开的进程和步骤；四是注意事项；五是资料来源。在德育课的教学中，要注意以下几点：一是德育内容要科学化、序列化，一方面要注意学生道德发展处于哪一阶段，另一方面要循序渐进，讲究内容层次连贯，由浅入深；二是注重个人见解，提倡学生独立思考，鼓励学生提出自己的意见，不强求见解统一，强调互谅互让；三是注重思想交流，教学本身不是授课，而是一种师生共同分析人生真谛、交流彼此思想的场所。学生评估不打分，而是分析有关学生的认识特点和行为倾向。

在鸿文的教师论文中，有一篇《一个美丽的信任"陷阱"——记一节别开生面的班会》的论文，讲述了一次班会的主题、事件起因、开展过程、学生评价、教师发言、最终效果等完整的过程，可以说是直接德育课的较好范例。

三、德育课的方式方法

德育课的方式方法也要实现多样化，力求使德育课教学丰富多彩，可以采用讲解、讨论、阅读、看录像或演剧、唱歌、辩论、交谈等多种形式，不拘一格，但要紧扣主题，活泼有趣。同时，在德育课中，最重要的一点是要有新的思路、新的见解和新的创造。

教学中的新思路，主要是指在对教材内容的处理和阐释上，如何走出一条最能吸引人的新路子，最好是独辟蹊径，最基本的是要选择一个新的角度、新的视野，变换一下通常所采用的平铺直叙式、循规蹈矩式的讲述。如可以采用发散式思维方式，从而给学生提供一个思考问题、理解问题、接受教育的新思维方法。如讲"学习与爱情"这个问题，现在我们所面对的21世纪的高中学生，直截了当地向他们灌输爱情的美德与责任、爱情与学业的关系等是不能解决问题的。面对今天校园里恋爱成风，不少人视学校是"恋爱的摇篮"这样一些普遍存在的现实问题，既不能像20世纪50年代、20世纪80年代那样阻止在校园中公开恋爱，而又不能任其泛滥，影响学业。由此，我们在向学生讲授"人生的爱情和事业"问题时，考虑了这样一个新的授课思路：注意从学生感兴趣的问题入手或利用学生中存在的问题，以及身边发生的事情分析利弊，教育引导学生学习做人和处世。鸿文教师的文章《"我也曾尝过青橄榄"——一堂别开生面的德育课》就有着很好的示范作用，其主旨在于让同学通过一个比喻来认识恋爱不是他们现在要做的事，每个人在人生的不同阶段都有一个主要的目标要达成。这样的人生才是有意义的、充实的。

教学中的新见解来自现实对理论的新挑战、实践对真理的新检验、科研的新成果，所有这些方面自然是新见解的源头活水。而新信息，却往往是形成新见解的最为重要、最为直接的源头活水。吸取的新信息越多，形成的新见解就越深刻，也越能开辟新思路。所以，采取一切可以采取的手段，收集一切能够收集到的新信息，不仅是开辟新思路，提出新见解的重要途径，还是直接提高德育课教学效果的重要内容。

四、德育课中学生的兴趣激发

我国古代伟大的教育家、思想家孔子提出了"知之者不如好之者，好之者不如乐之者"的明训；美国心理学家皮亚杰也认为，所有智力方面的工作都依赖于乐趣，学习的最好动力就是对所学内容的兴趣。所以，在教学中如何激发学生的兴趣，显得尤为重要。一位教师根据自己多年的教学经验，总结出了激发学生学习兴趣的四点建议，很值得学习。

1. 创设情景——引趣

职高学生的学习成绩并不好，但大多有活跃好动的特点。教师可以发掘他们这一长处，在讲课之前来一段小品表演，以小品为切入点，将理论知识转换成易被感知的情境。在"诚实守信"这堂课的教学中，教师以学生生活中经常遇到的事例为原型，设计了一则《柜台前的纠纷》的小品，通过一位顾客想退还洗涤后褪色的羊毛衫，甲乙两营业员接待时两种不同服务态度的对比，引申出课文中的各个知识点。如质量不仅包括产品质量，还包括服务质量；质量和信誉是相辅相成的统一关系；诚实守信的重要性和基本要求等。台上学生表演得认真，台下学生看得有趣，气氛活跃，学生在观看表演和演后的讨论中，潜移默化地增强了质量意识和服务意识。但这里有一点要注意，小品的选择要贴近学生生活，以引起学生共鸣，而且要紧扣教材内容或知识点，为创设课堂教学情境服务，千万不要搞游离于教材之外的、纯粹以逗乐为目的的表演或其他形式的活动。

2. 学议结合——激趣

为进一步激发学生的参与热情及学习兴趣，在学生小品表演之后，组织分组讨论，以便进一步深化知识内容。在讨论了小品所揭示的深层意义之后，教师又出示了一些材料，让学生运用课本知识，结合材料内容进行讨论。如在踏向第二个百年奋斗目标进军的新征程上，我们应该弘扬新时代的女排精神，使之化为全国各族人民团结奋斗的强大精神力量。请同学们讨论，作为当代中职生，应该如何传承和发扬女排精神，从自身做起，以拼搏成就人生，用奋斗成就梦想。

3. 贴近现实——增趣

德育课教学不能离开实际。书本上的实例材料具有权威性和翔实性，固然值得一用，但是总有某些局限，时空上缺乏针对性和亲切感，例子在内容上缺乏透彻感等。因此，教师在授课时，补充一些新鲜的、有吸引力的实例往往能起到增加兴趣的作用。如在"诚实守信"这堂课中，笔者举了象山县的一些例子。象山县是建筑强县，又是浙江省针织品的重要产地之一。学生对龙元、宏润建设集团公司，巨鹰、甬南针织公司等都非常熟悉。于是，在上课之前，笔者搜集打印了这些公司的成功事例及他们各自恪守的诚信诺言，在课堂上边读边讲，既拓展了课本以外的知识，又增强了直观性和真实性，使学生从理论与实践上进一步认识质量和信誉相辅相成的统一关系，以及讲究质量、注重信誉的重要性。

4. 课后设疑——留趣

在课堂的高潮过后设疑，有利于巩固学生学习兴趣，培养学生不断探索的意识。课后设疑必须选择能引起学生悬念、激发学生思维共振的问题，让学生欲罢不能、兴趣长存。如在"诚实守信"这堂课中，笔者布置了这样一个课后作业：请收集有关企业在"讲究质量，注重信誉"上采取措施及取得的成效资料，在此基础上撰写一篇文章，题为"1%与100%"。这个题目既不浮于表面，又切合实际，容易引起学生的积极思考，达到了"留趣"的目的。

第三节　间接途径

学校的学科教学、各类活动、学生指导和劳动教育，是培养学生道德素质的间接途径，也是德育的主要方式。强调各科教学的德育意义，主要是通过引导学生在探求事物的过程中，培养毅力、科学态度、思维方法及寻求真理的精神来达到教育目的。开展一些特别的活动，如班级活动、学生议会、社团活动、体育活动、田野考察和社会服务活动等，主要是与德育课相辅相成，达到亲身实践德育的最佳效果。学生指导对于学生心理健康和品德发展具有重要的作用。

一、各科教学中的德育

德育工作与学科教学，绝不是"水油两张皮"，甚至"水火不相容"，它们之间的关系必须是相辅相成、不可分割的有机结合。所以，将德育内容渗透到学科教学中，使学生在学科学习中不知不觉地接受德育，是每位教师的职责所在。学生是学习的主体，在学科教学中不能只讲授教科书上的各个知识点，应该把学校教育和社会生活紧密联系，充分发掘教材之内、之外的德育资源的重要价值，使物理课堂能够在潜移默化中，教会学生求真，教会学生做人，教会学生为自己的未来负责。现举中学文理科教学作为例证。

一般认为，理科需要有个性的学生，也有助于培养学生的个性，其中主要教学策略有：第一，学习基础内容时注重研究探索，而不是把现成结论告诉学生；第二，在理科学习程序方面设计一种边做实验、边观察示范、边思考问题的模式，并使全过程有多种选择；第三，应给个人独立工作的机会，如设计实验、装置器具方面发挥学生的创造性，并注意给予一定的挫折；第四，建立发展个性的评价方法，如评价学生质疑能力、学生之间相互评价实验能力及评价学生分析问题和大胆解剖自己工作（包括失败）的能力等。鸿文学校的教师对于学科教学中的德育渗透已经有了一定的探索，如物理学科，一位教师有这样的经验：物理教学可以渗透爱国主义教育和集体主义教育；可以进行辩证唯物主义教育和破除迷信，树立科学世界观的教育；可以对学生进行道德品质教育。

德育渗透应做到"灵活多样"。在介绍某些内容时，可利用图表、挂图、教学电影或借助多媒体辅助教学，有时也可采用"请进来，走出去"的办法，校内外结合进行。在理科教学过程中，要注意师生的双向交流，重视引导学生进行自我教育。出理科板报，搞物理晚会，举办小型演讲会，都是学生进行自我教育的好形式。

各类学科教学各有其特点，在教学中难以融会贯通，通盘地去把握，同时，大家往往把研究的焦点放在知识的掌握、能力的提高上，提高素质也是提高应对考试、解决生活一些实际问题的能力，大多忽视或没有自觉地注意德育教育，达不到教育的最终目的。德育渗透不能有效地结合当前的社会热点，使学科德育的活力大大受限。现今，部分教师只重视学科教育，对学科以外的社会焦点问题及相关课程不够熟悉。教师在进行德育教育时往往只是就事论事，忽略了学科的内在联系。往往是单打一，使学生获得的信息有限，知之深，才能爱之切，最终在感情上引不起共鸣，思想上就不能到位。有鉴于此，文科教师有效合作，除在各自学科进行研究外，重点研究文科的综合专题学习如何加强德育渗透，通过本课题的研究，抓住教育考试改革的契机，探索新形势下教育内容的德育渗透规律，摸索出一条既能适应高考要求，又能加强学生素质，更能提高学生思想道德意识的教育、教学之路，已经成为加强德育的重要途径。

在历史课教学中，也可运用辩证的人地观对学生进行唯物主义历史观教育，如人类社会历史的进步和发展受地理环境（人文地理、自然地理）制约以及人类社会历史的发展变化改造着地理环境，同时，又深刻地反作用于人类社会等。由于历史教学中的地理知识是广泛的多方面的，作为历史教师应重视"历史地理"知识讲授，培养学生"历史地理"空间概念，树立辩证唯物主义的人地观和历史观，在课堂教学实践中多积累、多运用，注意分清主次，不要喧宾夺主，而能点到为止，恰如其分，并富有趣味性、形象性和启发性。在讲述"丝绸之路"知识时，除知识上融合外，通过对历史的讲解培养起学生对我国悠久文明的自豪；通过对地理的分析进行国情教育，树立民族自信心、自豪感；通过对当前政治形势的分析，加强学生对对外开放这一基本国策的认识，以及辩证法中的联系观点、发展观点的掌握。又如政治课中讲述"台湾问题"时，三科教师做好集体备课，明确分工，通过地理上"宝岛"知识介绍，历史上中央对台湾的管辖，政治上我国对台政策的宣传及台湾的局势的认识,三科知识相互渗透,必要时动用多媒体等手段,共上一节课,共同完成一个教育目的,在学生中最终形成台湾是中国一部分的爱国主义情感,坚定统一信心,从而达到较好的德育教育目的。

在语文课教学中,也要注意渗透德育教育,很多教师在教学过程中总结出了很多有效方法。

(1)要善于利用作者简介,进行理想教育和爱国主义教育。目前,学校教育的主要形式是授课型的,以教师讲授为主,所以,教师要充分利用课堂阵地进行德育渗透。具体可以这样做:一是采用提问启发式。对于学生比较熟悉的作者,教师可采用提问启发式,让学生共同回忆作者生平中的突出事迹,并从中得到启迪。如《记念刘和珍君》一文,其作者是大家熟悉的鲁迅,学生在初中阶段就学过他的有关文章。于是,上课一开始,教师可以问学生:鲁迅年轻时本是学医的,可为什么后来要弃医从文,最终成为我国一大文豪?通过共同回忆,教师补充,大家明白,他弃医从文的目的是唤醒国民,拯救祖国。最后教师进行总结:作为学生——祖国未来的建设者,我们也应该像鲁迅那样,把个人的理想与祖国的需要结合起来。在社会主义市场经济发展的今天,我们应把为社会进步、国富民强而献身作为自己的理想。二是采用对比式。一个作家在其一生中往往写过不少作品,在讲授作者简介时,教师可以利用同一作家的不同作品进行对比,从中使学生受到爱国主义教育。例如,讲授龚自珍《病梅馆记》一文时,可以先在黑板上板书他的另一首有名的诗——《己亥杂诗》:"九州生气恃风雷,万马其暗究可哀。我劝天公重抖擞,不拘一格降人才。"简析本诗后,点明本诗是作者直抒胸臆,大声疾呼要爱才!用才!而马上要学的新课文《病梅馆记》则用的是曲笔,但其所要表达的意思则一样:珍惜人才!在此,教师可以作进一步的发挥:作为一名普通知识分子,在当时的历史条件下,他能有勇气这样振臂高呼,几次反复地表明心迹,他那种渴望人才的精神正是他关心国家兴亡的爱国主义思想的具体表现。

(2)将第二课堂与第一课堂并列,渗透道德教育。寓德育于语文教学之中,其特点就在于灵活性和随意性。第一,要开展影视欣赏活动。影视片是一种表现社会生活的艺术,它渗透着作者对生活的认识和评价,具有丰富的德育内涵。它通过表现美的心灵、美的行为、美的意境来感染人,使人们在欣赏评论影视片的过程中,潜移默化地接受道德品质教育。作为大众化的影视艺术,它以其直观性和反映生活的真实性吸引着广大青少年朋友。正因为这样,语文教师应多开展一些影视欣赏活动。如轰动一时的电视剧《渴望》在中央台重播时正值寒假,一般同学都能抽空看。教师便可以组织学生对这部电视剧进行讨论,看剧中主人公刘慧芳美在哪里?王沪生的形象说明了什么?让学生自己评、自己辩,通过这项活动,让大家进一步认识什么是真善美,什么是假丑恶。电影也一样,如学生观看了故事片

《焦裕禄》，语文教师便可以及时抓住这个机会，在课外活动中组织学生进行讨论，让学生各抒己见，最后认识到，当官要当清官，做人要做真人！这些有益的活动不仅对学生进行了思想品德教育，同时，还提高了他们语言表达等多方面的能力。第二，举办小型故事会，将读和说的能力培养与道德品质的形成相结合。语文教师利用课余时间举办小型故事会可以引导学生多读、多说。如教师在讲授完"传记"这一单元后，可以尝试举办一次"两分钟故事会"。这一单元的重点课文是《廉颇蔺相如列传》。这篇课文的教学目的之一是学习廉颇、蔺相如顾全大局、以国事为重的优良品质。针对这个目的，可以设置一个课外活动。让每个同学准备1～2个小故事，并对他们提出具体要求：一是主题必须体现民族自豪感或自我奉献精神；二是篇幅不能太长，在两分钟左右讲完；三是情节要符合传记的特点；四是采取抽签的方式，让每个人都有可能演讲。结果，每个同学都做了认真的准备，故事会开得很成功。其中不乏精彩的故事，如昭君出塞、谭嗣同舍身变法等。这次有趣的活动，既培养了学生的口头表达能力，巩固了传记文学的基本特点，又丰富了学生的知识，增长了他们见识，同时，也使学生在不知不觉中受到了爱国主义教育和道德情操教育。

（3）在作文教学中加强国情和形势教育。在职业学校语文教材中，一般安排了应用文单元，其中包括调查报告，这也是有针对性的。职业学校生毕业后面临着直接就业。"下海之前先探风"，要把他们由单纯的学生向社会化公民演变，必须及时让他们去认识社会，以便将来更好地适应社会、改造社会。因此，每次假期临近，语文教师应配合学校安排，结合"写"的培养目的，布置学生撰写调查报告。让学生自己去调查、去体验，使他们对改革开放的新形势，对社会主义现代化建设的新气象有深刻的了解和认识。第一，抓好写作前的作文指导。教师的作文指导首先要激起学生的写作兴趣和欲望。兴趣是动机产生的主观原因之一，教师可以把握这一点，因势利导，将兴趣自然地引到预定的目的上来。其次要将时代热点作为选题让学生去调查、研究。社会形势和人们意识形态的变化会形成一定的潮流，成为人们在一个时期的某种追求和时尚。青少年学生更爱赶时髦、赶潮流，很愿意去认识潮流产生的社会背景，教师通过正确引导，可以激发学生的写作欲望。另外，教师还要指出，作文必须符合调查报告的要求，宜实不宜虚，宜活不宜死，要先"调查"后"报告"，反对大话、空话、套话。对这些教师如果都能进行恰当的指导，可以给学生写作前创造一个良好的心理环境。第二，抓好写作后的作文批改，在批改中"纸上谈心"。一方面，教师要有耐心、热心和诚心，帮助学生进一步认清形势，以达成共识；另一方面，要多给学生以表扬和鼓励。对于学生的调查报告，哪怕其中只有一点闪光点，教师也不要忘记给予表扬和鼓励。这样可以让学生在下一次的调查报告的撰写中更加充满热情和信心。当然，中职学生年龄毕竟不大，阅历较浅，认识事物、分析形势的能力不强，许多人往往只看到事物的表面现象。这时，语文教师就必须加以正确引导，在鼓励的同时及时地指出其中的不足。

二、各类活动中的德育

各类活动的好坏，是衡量学校德育工作的标准之一，是开展德育不可缺少的重要环节。在活动中，力争达成四个目标：第一，使学生的身心得到和谐发展，并充实其个性；第二，要养成独立和勤于实践的精神，以实现生活的完善；第三，加深学生的自我意识，促进学生集体意识的形成和社会意识的发展；第四，提高学生实现自我价值的能力。特别教育活动既应有学校预算开支，也要有学生会组织创收补贴。校园活动可以社团为单位展开，如文学社、法律社、手工社、书画社等，见表14-1。

表14-1 校园活动的意义和内容

社别	意义	内容
时政社	树立正确的世界观、人生观、价值观和科学发展观	了解当代国际、国内的时政要闻
文学社	了解优秀文学著作，培养文化认同感	阅读名著，初步掌握、撰写文学评论
影视社	学习英雄人物的事迹，培养国家意识和民族意识	观看优秀的影视作品，做好影视评论
书画社	了解中华民族的传统瑰宝，传承优秀民族文化	学习书画的基本技法
手工社	了解中华民族的传统工艺，传承优秀民族文化	学会基本的手工制作，提高生活技艺
文艺社	培养审美情趣，陶冶艺术情操，构建健康的艺术人格	掌握一门艺术技能
义工社	培养学生的奉献精神，树立服务意识和社会责任意识	掌握义工的工作方法和工作技能
法律社	培养法治意识，养成遵纪守法的习惯，增强法律素养	学会用法律知识分析解决常见问题
心理社	培养健康的心理人格，增强心理承受力和耐挫力	了解青少年常见的心理问题
体育社	养成锻炼习惯，增强身体素质，培养顽强的意志品质	学会掌握一项体育运动锻炼的技能
环保社	树立环保意识，养成生活节约习惯	了解我国环境现状和相关的法律法规

借鉴欧美国家及日本、韩国等国家开展德育活动的经验，各类教育活动一般包括以下四方面的内容：

（1）课外学习室活动。课外学习室活动是在责任教师指导下进行的一种以德育和治学方法指导为主的教育活动。重点包括：充实集体生活，处理个人与集体关系，培养交际能力；解决学业上的问题；解决毕业出路问题，如职业、升学咨询，个性发展等；健康和安全的生活指导；人生观教育。

（2）学生会活动。学生会活动主要是在培养学生自我教育能力的基础上，促进教育工作的改善。如发扬良好校风，维护校纪，美化校园，培养情操。学生会下设有图书管理部、学校美化部、体育部、健康安全部、文艺活动部等约十余个部门，一切具体活动均由各部门负责。

（3）俱乐部活动。俱乐部活动在活动中占重要地位，有些活动可以被定为必修学分。俱乐部活动名目繁多，大致有三类：一是文化性俱乐部，包括文艺、诗歌、小说、绘画、美术、摄影、茶道、花道、集邮、音乐等学习小组；二是体育性俱乐部，包括体操、田径、柔道、击剑、登山、游泳、篮球、足球、乒乓球等；三是生产性俱乐部，如园艺、家禽、木工、家政、烹调等。

（4）全校性活动。如仪式性活动，包括国庆日、校庆日等；学艺活动，包括文化祭、音乐会、讲演会、电影等；还有校运动会、郊游、避难训练、校园美化劳动等全校性的活动。

另外，还可以通过爱心奉献活动、环境建设活动、理想信念体验活动等，进行德育教育。例如，可以成立学校爱心捐助小组，每年确定一天或每学期设定一天为爱心日，接受师生捐款，资助学校困难家庭学生，让学生在实践中接受爱心教育，培养良好的助人品德；另外，还可以通过在校门口设置爱心雨伞、爱心雨衣、新生和毕业生向图书馆捐赠爱心书等形式，使学生树立"和谐社会""和谐城市""和谐校园"观念，让学生学会关心社会、关心学校、关心他人，让校园中洋溢浓厚的人文关怀色彩，充实师生的精神世界。

三、学生指导和辅导

学生指导可分为学习指导和生活指导。前者注重因材施教；后者注重品行培养，促进人际关系发展。这里我们主要谈生活指导。学校的生活指导可以非常广泛，不设定统一要求和固定规格，主要强调三个原则：一是目的性原则，即不能无的放矢；二是实践性原则，即不应流于空谈；三是科学性原则，即应要求按规律办事。生活指导的方式更是可以多种多样，可以借鉴美国，也可以借鉴苏联、日本，更可以创造学校的独特方式。生活指导一般可分为以下三类：

（1）作文教育法，是指学生每天记日记和写有关作文，用于描述自己心迹和思想心得。具体步骤：先学生自由创作，后教师阅读、了解、写评语，最后在班上公开，促进相互了解，改进生活方式。在这方面，鸿文国际职业高级中学已经有了较好的经验，它用一本小小周记薄在学生、教师和家长之间架起了桥梁。每周学生都要填写周记，理解阐释每周的"中心德目"，归纳一周"国内外大事"，总结一周"学习心得"和"生活感悟"，统计一周"师长教诲"。教师根据学生填写内容批上"导师评语"，家长看后每周签字并填写"家长反馈"。利用周记薄教师和家长能及时把握学生的"脉搏"，有针对性地做好引导工作，在情感交流中提高学生为人处事能力，促进学生优良品质的形成。在班会课中，还可以把周记中普遍反映出的问题提出来全班一起讨论解决，让学生在集体生活中学习彼此尊重、团结友爱、互相礼让及洒脱应对问题的分寸。思想交流不一定非要面对面谈心，这样的间接点拨也是个有效的方法。

（2）生活辅导法，以美国的辅导理论和技术为指导模式，目的是促进学生主体性、自我认知能力发展和培养学生的健全人格，从而形成学生自我指导的能力。在这方面，鸿文也有了一定的经验。就读鸿文的学生，一进学校的时候要进行为期半个月的军训。军训期间，除一些普通的军训课程外，还教授鸿文的日常行为规范。如学校规定每位同学离开自己的座位要立刻把椅子推进去，收拾桌面，方可离开。如果有哪位同学没有做到，教师或学长就会让这位同学进行练习，让这位同学吸取教训，渐渐养成习惯。如果这位同学再犯，教师或学长还会不厌其烦地让他进行练习。最初很多同学反映他们刚开始也很不习惯，可是过了一两个月后，他们都已经习惯了这个做法，甚至他们在家里或外出的任何场合，他们仍然会不自觉地做到这一点。

（3）班级集体形成法，是借鉴苏联马卡连柯集体教育理论和科尔伯格的公正团体法发展成的，它强调在教师引导下，全班学生从不自觉到自觉遵守纪律，形成共同舆论从而产生学生自我要求、自我指导的能力的过程。鸿文在这方面也有很多做法可以继续发扬。如运用班集体讨论的方式，解决个别学生在纪律方面出现的问题，通过集体力量，对学生进行教育，同时，也使集体在活动中更加团结，形成学生自我规范、自我发展能力。另外，就是通过集体评价法，将每个人纳入集体中进行评价，个人的行为将极大地影响集体评价，从而使个人产生集体荣誉感，对个人产生约束力量。

四、劳动教育

劳动是人们生存的基本要求，热爱劳动是一种高尚的思想品德。劳动教育也称"劳动体验学习"，是培养学生品德和素质的重要途径。劳动教育强调通过有关劳动的体验性学习，使学生在体会到工作的愉快和完成任务喜悦的同时，养成对劳动的正确态度和职业观念。学校劳动体验学习的内容主要应有以下几项：

（1）学习某一特定技能或有助于学科知识理解的技能。可以通过让学生学习一些技能，如驾驶技能、烹饪技能、裁剪技能、插花技能等，将技能学习融于学科学习和德育之中。我们日常的劳动技能学习，有时受时间、场地等条件的限制，只好在教室里种地、养花，讲台上烧菜、煮饭，最多不过是做些手工劳动。教学活动主要是以完成一件作品为目的。教师在教学设计时只能局限于一节课中努力让学生做出作品，课堂上的劳动技能学习，成为一般的操作"层面"。这样的劳动技能学习，脱离了生活，学生在生活实践中的主动参与、乐于探究，勤于动手动脑，善于创造变革，以及获取新的知识、本领等均不能有效地落实，使生活技能学习成为一种死气沉沉的模仿过程，体现不了劳动的价值，也找不到劳动的乐趣，更不能培养学生的劳动观念、磨炼意志品质，树立艰苦创业的精神。今后绝大多数的学生将成为第一线的普通劳动者，目前他们的心理准备是不足的，这些现象与学生缺乏积极的生活态度是直接有关的。学生的生活劳动技能学习，需要通过学校、社会、家庭教育结合来实现。

（2）清洁校园或美化环境。古人云："一屋不扫何以扫天下？"学校每天都会有常规打扫与卫生保洁，这不是简单的劳动，而是让学生在劳动中品尝劳动的喜悦，从中收获成长。在鸿文的日常生活中有一项工作每天都在进行，那就是卫生打扫。全体学生都必须参加学校的卫生打扫、卫生保洁，每天都有晨扫、课间保洁等劳动。学校每位学生都有自己负责的包干区，并有教师、学生干部参与值勤和管理，一旦出现问题就能落实到个人，通过这种方式可以培养学生做事的责任心。

（3）参加某种生产劳动。在生产实践中，学生可以充分地发挥自己的理论知识，展示自己的个人才华。当他们在劳动中制造出自己的产品时，那种成功的喜悦会更加激起他们求知的欲望和对自己职业的情感，加上教师的有意识引导，使他们逐渐形成爱岗敬业的思想。在生产实践中对产品质量的严格要求，使学生对自己的操作做到精益求精，良好的职业道德也就油然而生。通过参加社会生产实践劳动，提高了学生的政治思想觉悟，培养了良好的道德品质和个性心理品质。

（4）志愿服务性劳动，或者到福利部门工作。走出课堂，走出书本，让学生走上社会，让他们参与一些社会公益劳动，使他们更多地了解社会，关心社会。如让学生上街打扫卫生，宣传环保知识。经过他们的劳动，使街道、公园变得更加干净、漂亮。在社会公益劳动中，学生不仅教育了社会上的人，同时他们也教育了自己，使他们对社会，对自己的家乡更加热爱，也自然而然地接受社会公德的熏陶。

（5）学生根据兴趣进行的劳动。劳动的方法主要根据劳动种类和学生年级而定，从手工和农业劳动到简单的机械性劳动不一而足。把劳动作为培养学生个性和健康人格的手段，是有重要意义的，人的起源和发展依靠人类的生产劳动，而使学生得到健康成长，劳动教育是非常需要的。

第四节　隐性途径

教师的人格、学校文化、企业文化、家庭教育、劳动教育、情感教育等是一种无形的德育影响，对学生的德育发展具有重要的作用，对学生潜移默化，并不亚于正式课程，西方社会称这些影响为看不见的"隐蔽课程""隐性课程"。

一、教师风格

师生关系，教师对教材、对教学所持的态度，或者学校颂扬提倡的东西都会对学生产生这样或那样的影响，对品德的形成有不可忽视的作用。在鸿文学校，教师们爱岗敬业、虚心好学、以身作则、严于律己、宽容大度、谈吐文雅，时刻不忘用自己心中的火，去点燃学生心中的火，用自己的"言传身教"，为学生提供做人的榜样。

良好的人际交往对陶冶学生情操有重要的协调作用。学生经常交往的对象是老师、同学和家长。因此，学校生活和谐化，尊师爱生，团结友爱，生动活泼，奋发向上，都会有益于学生身心的健康成长。教师以平等的身份去和学生交朋友，充分地理解他们，关心爱护他们，取得学生的信赖，做他们的贴心人，这样就能摸准学生的脉搏，及时地发现问题，有针对性地做好教育工作。同学之间相互理解尊重，彼此坦露心声，团结、信任、合作，学习中优帮差，劳动中强帮弱，在这样的氛围中，学生将会产生积极自觉的情感体验。在这种情感体验中，如果教师向他们有计划地灌输有关的观念，并使这种观念与直接情感体验联系起来，就能促进学生优良品质的形成，并能促进"个体社会化"的进程。人际交往能力的培养，牵涉到一个人的文化修养、家庭教养及思想水平、思想方法等诸多方面。只要既注意学生的外在表现，又通过外在的表现去抓学生内在的素质培养，学生就一定能够具备良好的人际交往能力。

二、学校文化

学校文化是学校群体成员共同创造生成的体现时代特征的价值观念、思维方式、行为规范及其活动结果，是凝聚和激励学校群体成员进行教育教学改革、推进学校发展的重要精神力量。其一，学校的自然环境要具有德育审美功能。从学校的整体布局到校园的绿化，应具有审美价值，体现人与自然的和谐统一。我们按照美的规律，创设体现知识性、教育性、校本性、愉悦性和潜在性的自然环境，从而创造美学价值，以期产生"让每一寸土地都开花"的效果。其二，学校的场景布置要具有德育陶冶功能。要力求"让每一块墙壁都能说话"，校园里最醒目的建筑大楼墙面上、主题花坛旁、橱窗内及校园的每个角落，都要通过文化因素的暗示，渗透于学生的心灵。其三，学校的资源利用要体现德育实践功能。如果环境的改造为学生的个性发展提供了良好的基础，那么充分利用好资源，则是促进知行统一、知行合一的良好途径，学生在这样的活动中体验、领会、感悟，提高爱校的道德认识，继而升华爱家乡、爱祖国的感情。其四，要建立从规范到自由的德育文化制度，以正确的舆论引导人。学校德育制度文化是学校德育工作中各项制度的有机复合体，即系列制度之和，是学校全体成员共同认可并自觉遵循的行为准则，对学生德育具有重要的影响。其五，建立从有形到内省的德育文化精神，以高尚的行为塑造人。学校精神文化是学校文化的核心和灵魂，它主要包括校园师生群体的思想观念、行为模式、价值取向、精神风貌和人际关系等。它是学校发展过程中形成的独具特色的意识形态和文化观念，是全校师生的精神支柱和共同奉行的价值准则，是学校事业发展的主导动力源。

学校积极鼓励学生参与校园环境的设计与装饰，让学生用自己的双手来装扮校园。这样，把物态环境人文化，让校园空间蓄满了文化底蕴，独具匠心的物质文化建设使整个校园成了一部生动活泼的教科书，给人以美的享受、美的启迪。目前，鸿文学校已经形成可从细节和小事做起的校园文化。因为一件小事，乘以全校学生的人数，就是一件大事。同样，一件大事，如果除以全校学生人数，那么又变成小事。学校注重细节，从每一件小事抓起，这样的德育方式才是最切实有效的。

三、家庭教育

家庭是社会的最基本单位，是社会的细胞，是人们生活的基地。人的一生离不开家庭，家庭教育是对孩子教育最基础的一环。它不仅是摇篮教育，还是终身教育，对育人成才有着重要的作用。在一个家庭中父母是家庭的主要成员，也是孩子的第一任教师，家长的思想品德、劳动态度、兴趣爱好、文化程度及个性特征，时刻影响着孩子。有什么样的"家风"，就培养出什么样的孩子。家庭德育是学校德育的延伸和继续，是把学校德育落实到实际生活中去的一种重要形式。父母通过言传身教，促使青少年养成良好的生活习惯。

爱孩子是母鸡也会的事情，可是关于教育他们，就是国家的一桩大事，需要有才能和各种各样的知识。在开展家长工作时，要具备家长和教师是"共同的教育者"的观念，力求做到学生有过错时不责备家长或变相训斥家长，不在学生面前揭家长之短。只有尊重家长，才能促使家长接受学校的教育和宣传，才能调动家长参与学校管理的积极性，才能使家长在学校教育中发挥更大作用。只有在尊重家长的前提下，家长才能更好地履行自己的义务，促进家庭教育的优化，使家庭教育真正成为学校教育的延续和补充，共同培育下一代。家长可能不是文盲，但他可能是一个教育盲。家长学校必须用简单明了的语言、通俗易懂的讲授方法、道理浅显的事例，向家长传授教育学、心理学知识，使家长的素质不断提高。同时，学校也不间断地总结许多家教的好经验、好方法，如洁身教育、明理教育和方法教育，解决实际问题，发挥教育作用。

因此，家庭德育绝不是流于形式，而是有计划、有步骤地进行，学校通常都应发给家长记录家庭德育的笔记本，家校之间保持着密切的联系和沟通。家长在任何时候，任何场所都应有自重、有涵养、不俗气。不因一时得意忘乎所以，也不因暂处困境而自暴自弃，使孩子能感到自己的父母是一个真正有涵养、坚强的人。近水识鱼性，近山知鸟音，环境造就人。在复杂的社会生活中，恰当的忍让精神是必不可少的，它是一个人道德修养、理智程度的标准。"百忍成金""一争两丑，一让两有"无不说明了"忍让"是生活幸福安定的秘方。在教育孩子时，家长应该暖其心、授其法、导其行，帮助孩子分析存在的问题，并探讨解决问题的方法，"十罚不如一法"。这些教育方法和措施，使家庭教育与学校教育和谐一致，相得益彰。

四、企业文化

企业文化是指企业积极运用来进行企业管理的，在特定的生产经营活动中形成的，得到企业员工普遍认同的，并且得到贯彻执行的最基本的经营理念和价值观念。具体包含企业生产经营中的价值观念、思想作风、思维方式、奋斗精神等。职业教育与企业的联系最直接，企业的现状、需要，要在平时的教育过程里得到反映。因此，在对学生进行德育时，必须强调企业文化的影响，将企业文化渗透进学生的日常生活。教育培养出来的人才要满足企业、社会发展的需要，满足企业文化管理对高职学校培养目标的要求，必须随着企业、社会的发展变化而变化，推动自身的变革。具体做法如下：

（1）建设与企业文化融合的校园文化。校园文化是一种隐性的课程。对这种课程，有的教育者觉得它难以把握，就忽视了对它的研究和运用。但我们看到，正是这种难以把握的意识层面的东西——文化，使企业获得非凡的成就。教师作为文化的传播者，更加不能忽视其作用。学校在方向上，要使校园文化接受企业文化的辐射，实现校园文化与企业文化的融合，使毕业生顺利适应企业文化管理的环境。

（2）改革学校对学生的管理方式。目前，学校的学生管理模式偏重对学生进行制度性的"硬管理"、理性的管理，而忽视对学生的"软管理""非理性管理"。这种管理方式往往会导致管理者在管理上成功了，但是在教育上失败了，因为这种管理模式是以牺牲学生的人格、尊严为代价的。企业文化管理是"以人为本"的管理，学校应借鉴企业文化管理的经验，对学生管理方式进行改革。

（3）建立鼓励学生创新的制度。对学生的创新活动，学校应从精神上给予鼓励，并创造必要的条件，让学生有设备、有经费进行实验；在实验的过程中，教师应对其进行指导；对有价值的创新发明，应鼓励学生向企业、市场推广。

（4）加强思想道德教育。思想道德教育应该摆在学校教育活动的首要位置。思想道德教育仅靠说教和重复要求是无法达到目的的，必须通过多种方法，把思想道德教育渗透到教育、教学活动中去，让学生在潜移默化中提升思想道德境界。在这个过程中，教育者的大力提倡和坚定的身体力行对学生所产生的影响是非常大的。

（5）推行团队合作的学习活动。传统的教学活动鼓励学生之间互相竞争、比赛，忽视了传授学生合作学习、工作的技巧。结果导致学生在与人交往、与人合作方面缺乏必要的知识和技巧，到企业很难与其他人高度合作。合作学习能把传授与人合作的知识和技巧与培养学生的社会能力统一起来。高职院校应大力推行运用合作学习的方式进行教学。

（6）实行产学结合。产学结合能让学生接触到企业生产、建设、管理、服务第一线的真实情况，还能接触到企业的文化氛围，使学生获得对企业文化的感性认识。前店后厂、校企高度一体化的办学模式更能使学生领略到企业文化的内涵、功能与特点，为毕业生顺利实现由学生到企业员工的角色转换打下基础。在企业职员中形成团队精神，为集体奉献的企业精神，营造良好的社会德育氛围，通过提高职员的道德素质来影响学校的学生，进而提高学生的道德品质。

五、情感教育

丰富的情感教育也是学校德育的主要隐性途径之一，主要有三种形式：一是利用各种能触发学生爱心、同情感和友爱精神的教材，通过课程的精心设计和师生之间真挚的交流，引发学生的情感体验，激起向上好学的心向。二是开展配合道德教育的实践活动，如开展美化环境、爱校活动、公益服务、地区恳谈会及大量设置道德标语牌等。例如，学校可以开展的三项活动，如处处鲜花运动、绿化故乡运动、爱的运动；树立五个目标，如培养明朗健康的学生，培养严肃坚毅的学生，培养互助共进的学生，培养热爱自然、勤奋努力的学生，培养热爱故乡的学生。三是日常组织开展各种有益活动，增强爱心。在情感教育中，首先，要帮助学生树立正确的人生观和世界观，正确认识自己的人生价值，增强学生的抗挫折能力，真正做到"合理是锻炼，不合理是磨炼"；其次，要学会自我调节，并很好地认知善恶，端正态度，始终抱有一种积极的态度，为将来进入社会迎接激烈的挑战做好必要的心理准备。

第十五章　鸿文德育理想模式实施的组织和保障体系

第一节　组织管理体系

一、构建组织管理体系的指导思想和原则

根据鸿文德育的发展态势及国内外职业院校在学校德育工作中的成功经验，本着"突出重点，优化体制，流程再造"的思路，遵循"以我为主，博采众长，融合提炼、自成一家"的指导思想，鸿文国际职业高级中学组织管理体系的建立，应遵循以下原则：

（1）充分发挥原有德育管理体系的优势，进行优化重组。

（2）形成立体的网络化结构，有利于适应德育需求的动态变化。

（3）在实际运行中能够实现低成本和高效化。

（4）管理和培训分工明确，形成扁平化的组织构架。

（5）充分发挥各处室、各组、各科教师及学生在德育中的作用，形成全员、全面与全方位的组织框架。

二、学校理想德育模式的组织体系

在鸿文原有德育组织体系基础上，为增强德育的全面性和高效性，特构建了扁平化的组织体系框架。在此框架中，校长为德育工作的领导者，下设教务处、训育处、实习辅导处、辅导室、图书馆、总务处，为具体的德育工作单位。其中，训育处是德育工作的直接责任者。教务处下设教学组、注册组、设备组，其中教学组为德育的主要责任者；训育处下设训育组、生辅组、体育组、卫生组，并设立班导师队伍，均为德育的主要责任者；实习辅导处下设实习组和就业组，均参与德育工作，为德育的重要责任者；总务处下设文书组、庶务组和出纳组，均对学校德育发挥影响，为德育主要责任部门。

在学校行政管理基本框架下，学校的德育组织分别向上、下、左、右延伸，构建了立体网络化的德育新体系。其中，"向上"是与教育主管部门沟通，学校德育在宏观的德育指

导思想和德育方针引导下进行规划与设计;"向下"是与学生沟通,同时把学生作为德育的主体和客体,学生既是德育的组织者,也是德育的受教者;"向左"是与学生家长沟通,将家长纳入学校德育组织的重要参与者之一;"向右"是与社区沟通,将社区教育的网络资源纳入学校德育的重要渠道之一。学校组织管理体系框架图如图15-1所示。

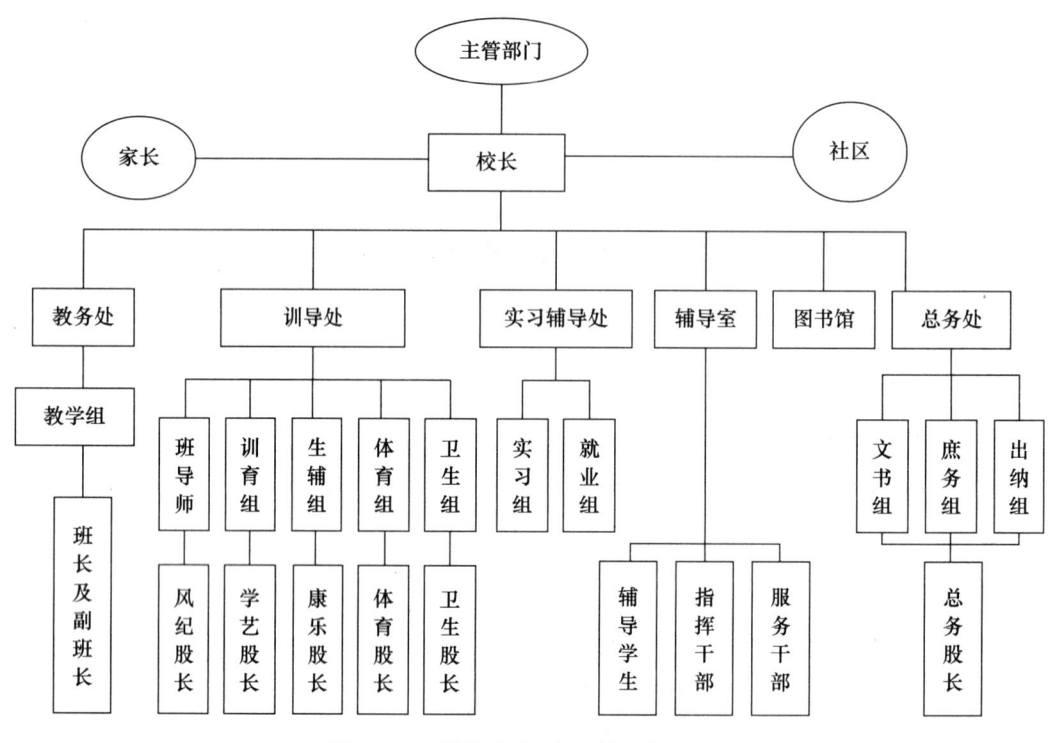

图 15-1 学校组织管理体系框架图

三、校长及各处室责任者主要职责

(一)校长

校长是学校行政负责人。其主要德育职责:认真贯彻执行教育方针,以及上级党委和行政部门关于德育工作的决议;掌握德育工作的方向,负责整个学校德育工作;组织制定与实施学校德育工作总体目标、年度德育工作计划;领导各部门共同做好学校德育工作,协调与教师、家长、社区教育网络资源及上级主管部门关系,保证德育工作的系统性、一致性、整体性,形成学校德育工作的体系;负责联系并协调校外各单位,建立健全校外德育基地,做好学生校外德育工作;负责学生的思想政治教育工作,认真贯彻《大纲》,加强对学生的世界观、人生观和共产主义道德品质的教育,并负责学生思想动态的研究工作；负责对本校学生奖惩的最后裁决工作；督促、检查学校教务处贯彻学校德育工作计划实施德育总体目标的情况；负责对学生纪律、卫生的监督、检查评比工作；负责全校的先进班级、"三好学生"和"优秀学生干部"的评选工作；负责对违纪学生处理工作；领导学生会的工作、协助学校的团、队等群众组织开展工作；负责学校的宣传教育工作和治安保卫工作。

（二）教务处

教务处是学校办学和教务管理的职能部门。其德育职责：在校长领导下，参加学校德育发展规划和德育活动的制定工作；负责拟订和组织实施教学工作计划，各专业教学实施计划、学生实习计划，负责课程方案设计，制定校历、教学进度表、课程表；负责开拓新的德育模式、办学项目和德育渠道；实施教学常规管理，组织德育教学经验交流；策划师资调配及培训，管理教师的业务档案，提供教师职称评定的具体材料，组织对教师的教学业务考核工作；负责执行学生学业成绩考核、升留级和毕业资格审查、发证工作；管理图书、教材及教学仪器，并提出建设计划；负责教师工作量和超课时的审核；收集整理教学工作档案和教学资料统计；指导组织学校的德育特别活动；负责考试安排、组织工作；负责制定教务、考务、学籍等规章制度，并组织实施；负责对各科组工作进行监督、检查、指导、评估等。

（三）训导处

训导处是学校德育的主要责任部门，设训导主任一人，秉承校长之命，掌理全校训导事项，主任教官兼副训导主任、协助主任处理训导事宜，下设训育组、生辅组、体育组、卫生组四组，各组设组长一人，干事及书记若干人，均秉承主任之命，分理所属事务。训导主任的职掌如下：承校长之命主持学生训育事宜；规划策进有关训导之一切事宜；执行训导会议之决议案件；签核本处有关公文；办理校长交办及各主任委办事宜；代表校长出席有关训导方面的校外会议；签办本校团委会各类通知，拟订或修订训导处各类活动纪录，审核各班班会记录；查阅学生周记；审查学生操行成绩；出席各项有关会议；办理本处职责工作调配及考核事项；办理导师考核事项；会同招生委员会协办招生事项；审查学生有关训导之请求事项；核定或签拟学生奖惩事项；学生社团活动及学校党团活动之辅导；处理其他各项有关事项。主任教官兼副训导主任之职掌如下：承校长之指示，协调有关单位，负责督导办理全校军训人事，军训教育与军训后勤业务；襄助训育主任、夜间部主任督导考核校外值周、巡查，校内值勤及学生纠察工作之执行；督导考核学生生活辅导工作之实施；策划、督导学生安全措施，防止并处理偶发事件；处理校外生活指导委员会交办事项；定时召开军护会报，宣达上级指示，检讨军护工作得失；上级临时交办事项。

（四）实习辅导处

实习辅导处是学校德育组织的主要辅助机构之一，设实习组、就业组和科主任。其中，实习组主要负责处理学校实习教学辅导事宜、办理技能鉴定及技艺竞赛；就业组主要负责辅导毕业生就业，安排提供校外实习，联络安排参观校外工厂，毕业生就业、升学追踪辅导；科主任主要负责协同实习组、就业组推动本处有关之业务，申请本处有关实习教学设备和实习材料，专科教室之布置与账册管理，教学设备及实习材料之申购管理等。

（五）辅导室

辅导室主要负责学生辅导事宜及学生基本材料的管理。

（六）图书馆

主要负责图书馆设备、书籍管理及图书借阅，同时在阅读过程中对学生行为规范进行教育。

（七）总务处

总务处下设文书组、庶务组和出纳组。其中，文书组主要负责本校文书档案的管理和本校印信的管理；庶务组主要负责管缮工程及财物购买事宜，以及校产维修管理事宜；出纳组主要负责学生学杂费收退管理事宜、教职员工薪金领发事宜等。同时，负责对学生总务股长进行培训。

四、各组组长主要职责

（一）训育组长

训育组长主要有训育策划、训育实施和其他相关事宜三项职能。

1. 训育策划

（1）拟订训育实施计划。

（2）拟订训育章则及学生生活公约。

（3）拟订新生始业辅导办法。

（4）拟订导师制实施办法。

（5）拟订中心德育目标及教育规条。

（6）拟订精神教育实施办法。

（7）拟订学生自治指导办法。

（8）拟订训育德育目标竞赛办法。

（9）拟订生活教育计划及观摩的处理。

（10）拟订民主法治教育实施计划。

（11）加强社会教育推行全民精神建设。

（12）拟订社会服务计划。

（13）规划教室布置要点。

（14）拟订时事教育实施办法。

2. 训育实施

（1）查核导师制实施状况。

（2）会同总务处实施学校环境布置。

（3）拟定群育分期实施办法及考查登记。

（4）加强推行时事教育。

（5）指导学生思想与行为。

（6）调查及统计学生各种活动状况。

（7）指导学生课外阅读。

（8）指导学生参加社会服务。

（9）指导学生团体组织。

（10）分配导师轮值工作。

（11）制作并上报训育方面各项表册。

（12）举办各项比赛或测验等事宜。

（13）举办生活检讨。

（14）调阅学生生活周记。

（15）推行国民生活须知。

（16）举办社团活动及协助办理冬令、暑期自强活动。

（17）加强推行普通话运动。

（18）辅导学生选举班级干部及班会组织。

（19）办理选举模范生及优秀青年选拔。

（20）办理周会及学生动员月会。

（21）协同导师实施学生家庭访问。

（22）会同生活辅导组与学生家长会联络。

（23）实施民族精神教育暨推行民主法治教育。

（24）周会专题演讲人员的聘请及排定。

（25）新生入学辅导。

（26）协助学生综合资料记录卡的建立。

（27）协助辅导室查阅各班个别谈话及家庭访问纪录。

（28）召开学生干部会议。

（29）处理学生生活周记反映意见。

（30）策办学生自强活动。

（31）核阅学生班会记录簿。

（32）辅导编印校刊及同学录。

（33）审查学生出版刊物及墙报。

（34）策划校内外各项庆典活动。

（35）应届毕业生及历届校友联谊事项。

（36）协办家长会事务。

3. 其他相关事宜

（1）办理各机关团体委办相关事项。

（2）办理学生申请助学贷款事宜。

（3）办理学生旅游平安保险。

（4）申请班会费。

（5）办理有关团务工作事项。

（6）辅导学生乐队管理等。

（二）生活辅导组长

生活辅导组长的任务主要有以下几项：

（1）承主任之命，综理本组业务。

（2）拟订或修订生活辅导有关规则。

（3）拟订或修订军训课程实施办法。

（4）拟订或修订导师与军训教官职责。

（5）训练及考查学生生活礼仪习惯。

（6）核准或签拟学生请假事项并提具报告。

（7）拟办学生奖惩事项并提具报告。

（8）主办学生请假缺席统计公告及通知家长。

（9）造报连续请假学生名册分送有关单位核计成绩。

（10）辅导寄宿学生生活及通学生之交通事项。

（11）检查学生服装仪容及午睡、乘车秩序维护等事项。

（12）训练班级干部及纠察队，并指导其活动。

（13）编配教官及班级（纠察）干部值勤工作。

（14）拟订学生防灾演习计划，并协办防灾演习。

（15）协办特殊学生的个别辅导。

（16）辅导各项集会比赛庆典活动的秩序。

（17）处理学生偶发事件。

（18）办理学生车票的购买事项。

（19）协办新生入学考试。

（20）协办新生始业辅导。

（21）约谈学生家长关于学生管理事项。

（22）统计编造及保管学生各项表册。

（23）学生校外生活督导事项。

（24）辅导学生实施生活公约。

（25）配合训育组办理各种训导事项。

（26）其他有关学生生活管理之事项。

（三）体育组长

体育组长的任务如下：

（1）承主任之命，综理本组业务。

（2）拟订或修订体育教育有关章则。

（3）关于学生课外体育活动之编组及指导。

（4）编撰学生体操教材，并指导实施。

（5）筹划并指导本校运动会及体育表演事项。

（6）办理学生体育成绩考查及统计事项。

（7）运动器材的配置申请及保管事项。

（8）校外体育活动人员选拔、训练、计划拟订与执行。

（9）主办校内体育比赛事项。

（10）会同卫生组办理学生体格检查。

（11）其他有关体育事项。

（四）卫生组长

卫生组长的任务如下：

（1）承主任之命，综理本组业务。

（2）拟订或修订有关卫生章则计划。

（3）会同管理组拟办环境卫生清洁比赛工作。

（4）办理学生健康检查及疾病预防接种与治疗事项。

（五）班导师

班导师的任务如下：

（1）承校长、主任之命，实施教导事宜。

（2）主持本班班务，出席办公室办公。

（3）出席各种有关会议及集会。

（4）执行各种会议有关本班事项之决议案。

（5）领导本班学生参加各种集会整队及劳动服务，并检查出席人数及维持秩序。

（6）检查教室及清洁区的清洁及设施。

（7）指导本班学生的思想学业及身心健康等事宜。

（8）指导本班学生各项课外活动及社会服务。

（9）召集本班学生谈话并随时举行个别谈话。

（10）调查本班学生家庭状况并约定或访学生家长谈话，并做记录。

（11）批阅学生生活周记及纠正学生已发的不正当言论。

（12）评定学生德育及群育成绩。

（13）处理本班偶发事项。

（14）担任导师轮值工作并处理轮值事务。

（15）指导本班学生自治活动。

（16）处理其他有关训导事项。

第二节　保障体系

一、德育工作保障系统

要使德育工作的目标落到实处，就必须在学校体制、机制和制度上给予有力保障。同时，还要在人力资源配置和经费上面给予相应支撑。在这里，我们具体论述体制保障、机制保障和制度保障，这些是学校德育实施的基础条件，在论述过程中会涉及人力资源和经费保障问题。图 15-2 所示为学校德育工作保障系统结构图，对主要保障措施进行了归纳和概括，供参考。

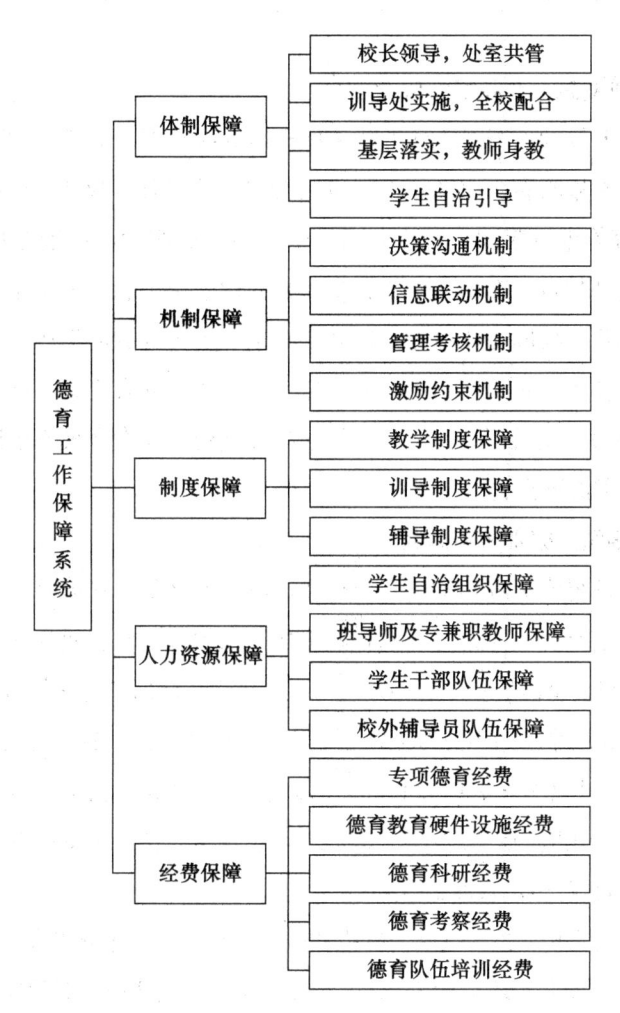

```
                        ┌─ 校长领导，处室共管
              ┌─ 体制保障 ─┼─ 训导处实施，全校配合
              │          ├─ 基层落实，教师身教
              │          └─ 学生自治引导
              │
              │          ┌─ 决策沟通机制
              ├─ 机制保障 ─┼─ 信息联动机制
              │          ├─ 管理考核机制
              │          └─ 激励约束机制
              │
德育工作       │          ┌─ 教学制度保障
保障系统 ──────┼─ 制度保障 ─┼─ 训导制度保障
              │          └─ 辅导制度保障
              │
              │            ┌─ 学生自治组织保障
              ├─ 人力资源保障┼─ 班导师及专兼职教师保障
              │            ├─ 学生干部队伍保障
              │            └─ 校外辅导员队伍保障
              │
              │          ┌─ 专项德育经费
              └─ 经费保障 ─┼─ 德育教育硬件设施经费
                         ├─ 德育科研经费
                         ├─ 德育考察经费
                         └─ 德育队伍培训经费
```

图 15-2　学校德育工作保障系统结构图

二、体制保障

学生德育工作的原则是"全员育人、全过程育人、全方位育人"，建立和完善一套合理、科学、有效的领导体制是其根本保证。在推进学生德育工作的实践中，学校要确立党、政、团、学配合，校、处室、班级整合，教育、管理、服务融合，专职、兼职、聘任结合的职责分明、渠道畅通、坚强有力的领导体制。

1. 校长统一领导，处室齐抓共管

学校要成立学生德育工作领导小组，由校长任组长，分管学生工作的副校长任副组长，学校相关处室负责人为成员。领导小组全面负责学校学生德育工作的领导，并通过规划和决策为推进德育工作顺利实施提供有力的人力、物力、财力支持，如增加岗位编制、追加经费投入、协调场地设施、设立专项课题基金、建立联席会议制度等，为德育工作提供坚实的领导保障。

2. 训导处系统实施，全校密切配合

训导处是学校开展学生德育工作的具体指导者和执行者，对学生的政治思想教育、道德品质教育、心理健康教育、奖惩资助、班级管理、学生公寓管理、班导师队伍建设、军事训练与国防教育等进行管理，要进一步增加素质拓展职能，特别是强化德育职能。另外，要与校团委密切配合，在培养学生骨干、指导团学组织和社团工作、志愿服务与社会实践、校园文明创建、校园文化建设，以及勤工助学服务等方面发挥作用。学校要大力强化全校学生德育工作"一盘棋"意识，通过在人员任职上互有交叉，增强各部门携手推进学生德育工作的合力。在德育工作中，训导处走在前台，而在全校学生德育工作中，各部门都要发挥好主力和协调作用。

3. 基层具体落实，教师言传身教

学生德育工作的落实关键在基层，学校要注重完善基层工作体系，形成"一把手责任制"，各处室全力配合的工作格局。德育队伍建设是德育工作有效开展的助推器和重要保障，学校要重点建设五支队伍，即班导师队伍、辅导学长队伍、心理健康教育和心理咨询队伍、网络监管队伍和思想政治理论课教师队伍。这五支队伍包括教书育人、管理育人、服务育人和文化育人的各个环节。教师专兼结合、专业互补、相对稳定、素质较高，其中的骨干均属于能力综合型、知识密集型人才，他们通过言传身教，在学生德育中发挥着主导作用。

4. 学生自治组织引导，延伸工作阵地

学生自治组织是联系学校和学生的桥梁和纽带，是德育工作的"火车头"。学生自治组织成员及其骨干源于同学，服务于同学，他们发挥示范带头作用，必须要做到自我教育、自我服务、自我管理，实现文明自律，特别是要利用自治组织优势切实增强学生德育工作的贴近性和亲和力。

三、机制保障

要保障德育工作的长效运行，就必须加强组织制度和工作机制的建设，只有建立完善了灵活、高效的工作机制，领导体制才能更具弹性和活力，德育工作各项措施才能真正得以贯彻实施，德育工作成果才能够长效保持。这套工作机制包括决策沟通机制、信息共享机制、考核评价机制、激励约束机制及危机应对机制。

1. 从统一步调入手，完善决策沟通机制

在加强和改进学生德育的新形势下，为加强步调的统一和政令的畅通，涉及全校层面的学生德育工作重大问题，须由学校德育工作领导小组会议做出决策；涉及学生自治组织建设、文明处室创建工作的相关决策，则由学校训导处各处室联合做出。其他部门凡涉及学生教育、管理、服务的决策，分管学生德育工作的副校长须参与讨论决定。

2. 从把握全局入手，完善信息联动机制

学校内许多职能部门和基层班级都不同程度地拥有学生的信息记录。这些记录分散在各个单位，不利于信息的整合利用及对学生的认识、评价，也给工作的条块分割带来了麻烦和重复建设。在推进德育工作过程中，学校要将训导处作为整合信息资源的平台，通过建立联合队伍，开发网络平台，建立信息联动机制。同时，学校要注意组建一支信息员队伍，成立学生自主参加的通信社，制定信息员培训制度，建立完善的信息报送和反馈网络，为推进德育工作提供及时、准确、全面、有效的调研信息。

3. 从深化实效入手，完善管理考核机制

建立科学的管理考核体系是学生德育工作的主要任务。要做好管理考核工作，一是做好学生德育组织体系内部的管理与考核。训导处和各处室要改革传统的工作模式，实行"项目化运作"，一人牵头，多人辅助，权责分明，业绩评议，从而能取得较好的成效。二是要做好教师德育队伍的考核，不属于训导处直接负责但又涉及学生的教育、管理、服务内容的，训导处要参与考核和评议机制，并将结果及时反馈给所负责部门。三是做好学生德育效果的综合测评。根据学生素质拓展和先进性示范个人动态记录，搭建学生德育工作评优平台，充分发挥其在学生德育工作中的指挥棒作用。

4. 从激发活力入手，完善激励约束机制

学校要制定一定的优惠政策，吸引优秀人才参与到学生德育工作的激励、约束机制中来。针对德育工作战线上的工作者，根据奖勤罚懒、优胜劣汰的原则，对于表现突出的优秀工作者在职称评定等方面给予政策倾斜，在升学、进修中给予优先考虑，要建立开放式的干部培养流动机制。对于在德育工作中涌现出来的学生骨干，学生工作部门提供寒暑期社会实践和挂职锻炼的机会，特别突出的，纳入学生管理后备干部人才库。充分发挥优秀学生党员、优秀团员、三好学生和优秀集体的先锋示范作用，使之成为激励广大学生不断进取的重要动力。

5. 从良性运行入手，完善德育预警机制

从德育的细节出发，学校要完善预警系统，提高各处室及学生自治组织分析舆情、应对危机的效率。要能够对紧急情况和突发事件进行分类、分级，构建"以人为本，分级负责，快速反应、责任到人"的应急处理机制。在面临突发事件时，各部门明确分工，密切配合，以保证应对紧急情况和处理突发事件的工作科学、规范、有序地进行。

四、制度保障

鸿文学校以辅导学长制为核心构建"训在先,导在后;训之严,导之细"的训导结合的工作结构和运行模式,制定风纪卫生督察机制。为保证理想德育模式实施,在此基础上,鸿文学校需要建立"教学、训导、辅导三合一整合"的新制度,将教师、学生、管理者、家长、社区等全部纳入德育工作中。在这些制度中,要体现四点:一是系统规划教师辅导学生的职责与功能,激励全体教师参与辅导工作;二是增进教师教学与辅导效能,融入辅导理念,提升教学品质;三是弹性调整学校行政组织,规划教训辅导最佳互动模式与内涵;四是结合学校、家庭与社区辅导资源,建构学校辅导网络。

1. 落实教师辅导学生职责

落实教师辅导学生职责主要包括六个方面:一是厘定教师应负辅导职责,明确制定并规范教师在教学过程中对学生进行道德教育的责任。二是落实认辅制度,拟订教师全面参与认辅学生实施办法,填写简易的认辅学生辅导记录,并办理认辅工作研讨会。三是提供辅导相关信息制度,要给教师提供辅导工作手册,明确规范教师的辅导角色与职责;要通过介绍相关辅导网站,多方搜集教师辅导学生之有效策略与模式、充实校内辅导资源及设备、购置有关辅导丛书期刊、不定期印制相关的辅导书面资料等方式供老师辅导参考。四是制定教师辅导知能研习制度,提升辅导效能。要通过聘请辅导学者专家莅校专题演讲,协助教师有效解决辅导困境;鼓励教师踊跃参加校外有关的辅导知能研习、办理校内教师辅导知能自评等方式提高教师辅导能力和水平。五是落实班亲会及亲师联系制度,如可以每学期召开一次班亲会,不定期利用周三下午进行导师家访或电话联系,并予以记录,加强掌握学生未到校的原因,随时以电话联系家长,确实了解学生行踪等。六是加强个别学生的奖励与辅导制度,可以召开校内个案研讨会,讨论及分享协助个案辅导的处理对策;可以隔周办理"与校长有约"活动,多向度鼓励生活或行为表现进步的学生;可以持续推行校内奖励制度,奖励卡—荣誉状—荣誉奖章可以累积兑换。七是持续宣导正确生活、学习辅导的观念制度。要于文化走廊布置辅导专栏,定期更换不同主题的辅导信息;可以配合相关主题宣导周,播放影片欣赏,并予以口头讨论分享;可以不定期分发书面资料,传递辅导理念及讯息给家长,增进家长管教及辅导子女的知能;可以配合弹性教学时间,由校长讲授"静思语学道理",陶冶学生人格内涵;可以配合时事新闻或相关领域科目的学习随机融入辅导理念;可以利用综合活动时间,实施班级团体辅导,处理普遍性问题行为;还可以定期出版班刊,传递相关信息,加强亲师交流等。

2. 强化教师教学辅导知能

强化教师教学辅导知能主要包括八个方面:一是强化各领域教学研究会活动,鼓励教师编拟各学习领域补充教材或学习单元，能融入辅导理念；二是落实"学校教师进修"计划，应教师需求，通过全校教师讨论，系统规划教师教学辅导专业进修课程；充实各项图书、计算机及教学设备，提供教师进修及自我学习空间；定期搜集教学、训导及辅导等相关新知，利用晨会及各项会议时间宣导或公布张贴，提供教师参阅；结合各项社会资源，掌握研习机会，系统规划教师参与，开阔学习视野。三是鼓励教师自我导向学习、研究。可以召开学年会议，进行同专业对话与经验分享；鼓励教师建立个人教学档案。四是持续推展发扬多样化教学精神。尊重学生个别差异，提供多元适性学习内涵，并实施多元评量方式；充实教学设备，运用计算机 CAI 教学，营造优质教学环境；实施分组、主题式教学，并办理户外教学。五是协助学习落后学生进行补救教学。实施导生制，利用午休或晨间自习时间由高年级同学指导低年级学生进行补救教学。六是推动学校阅读风气，培养良好学习习惯，提升学生学习内涵。建立图书室信息化管理系统，简化借书手续，提高书籍借阅率；充实图书室及班级图书，提高学生阅读兴趣；于楼梯间布置阅读角落，让学生处处有书可读，时时开卷获益；指导学生进行专题研究、剪报、阅读心得写作，增进学生自我学习能力；于晨间教师弹性时间进行读经教学，指导学生诵读唐诗、《弟子规》、《三字经》等；鼓励学生向各报章杂志投稿，或踊跃参加校内征文，并予以实质奖励。七是落实教师教学视导，建立教师教学同专业分享模式，以提升教学品质。八是鼓励学生多元智能，发挥学习潜能。可以建立学生学习档案，不定期展示个人学习成果；举办各类学艺活动或竞赛（如作文竞赛、卡片制作、歌唱比赛及音乐发表会等）提供学生获取个人成功经验；于每学年上学期举办动态教学成果发表会，下学期举行静态学习成果观摩会，提供师生相互观摩学习的机会等。

3. 加强学生自我管理效能

加强学生自我管理效能主要是进一步推行辅导学长制。辅导学长制是学校自建校以来，秉承着"德育为先"的治校方针，围绕着"服从、服务、责任、荣誉"的教育主题，引进西方国家先进的教育思想和教育理念，经过长期的实践，制定出来的学生自治制度。学校对即将成为辅导学长的被培训学生们开展了三个方面的培养和训练：一是思想意识上责任感、自信心的培养；二是自我调控和约束能力的培养；三是自主工作管理能力的熏陶。学校在这三个方面增强了学生服从、服务、责任、荣誉等意识，树立学生们真、善、美的价值观念，再过渡到正确的人生观、科学的世界观，实现了从自尊自信到自律自理，再到自主自觉的内化。辅导学长制对学校管理、校园风气及学生自身都产生了积极的影响。辅导学长所涉及的工作范围也涵盖了校规所规定的制定范围，担负了值勤、检查、督促、服务的权力和责任。如生活行为、服装仪容、礼貌礼仪、请假考勤、奖惩制度、卫生检查与监督、课间活动、心理辅导等校园平台上都有学长们工作的足迹。由于辅导学长制与学校有着密切的关系，可以说，学校在学生管理上已基本打破了一切的障碍，使师生的感情化为一体，使大家的力量都有相成的效果。在理想德育模式的实施中，要进一步加强对学长的培训和指导，提升学长与学弟学妹沟通交流的能力，使辅导学长制发挥出更大更强的功效。

4. 结合社区辅导网络资源

结合社区辅导网络资源主要有三点：一是运用社区人力资源，协助学校推动教育。要调查建立社区暨家长义务为校服务的志愿者人力资源；成立爱心志愿者服务团，并设图书管理组、交通导护组、生活课业辅导组；成立班级亲师会，结合家长力量，扩大教育参与层面；举办相关的亲职讲座，或开放志愿者参与教师进修的机会共同成长。二是结合社区人力资源建立辅导网络。调查及整合南部地区相关社会辅导网络资源机构服务网，借以全面协助学校辅导工作；结合邻近伙伴学校编印并发送教师及家长"社区辅导资源网络"折页；建立学生转介流程，于适当时机，进行必要的转介工作。三是结合社区资源，建立危机运作模式，包括拟订危机处理办法、成立危机处理小组、印发危机处理手册、举办危机处理训练及危机处理流程演练、宣导危机通报及处理系统等。

以教学为先、学生至上为制度实施的最高准则，必须以渐进循序的原则让全体教师和学生共同推进制度的建立与实施，同时，要通过以行政支持教学的服务原则来提升制度和方案的实施成效，以开放的原则广纳社区资源，扩大德育的实施层面。鸿文学校"严格育人"的校风，通过整齐划一的出操队伍，干净明朗的教室走廊，风雨无阻的升降旗仪式，暖人心肺的"老师好"等常规展现出来。在新的德育模式下，这些具体制度要继续保持并发扬。

第十六章 鸿文德育理想模式的评价体系

第一节 德育评价的意义、作用与原则

一、德育评价的意义

德育工作在学校工作全局中占有重要地位。对德育实施过程进行监控，对德育结果和目标实现情况进行客观评价，是推动学校德育工作的一项极为重要的保障。有没有完整的评价制度，是衡量德育水平的重要标志，是提高学校教育德育质量的重要举措，是加强对学校宏观管理与指导的有效途径，是深化学校教育教学改革的具体步骤，系统有效地开展评价活动，对于学校德育发展具有重要的意义。

（1）德育评价是教育主管部门实施宏观指导与调控管理的重要手段。通过评价，可以对学校德育进行监控，避免学校德育发展中的盲目性，提高学校德育质量。评价需要一个科学的标准，教育主管部门按照这个标准来衡量和督导，进行宏观指导与管理。德育的评价也可分为四类：一是基础性评价，即主管部门根据学校实际情况确定评价指标体系和相应的政策，用以指导学校的发展；二是鉴定性评价，即主管部门定期对学校的德育水平、德育条件进行评价，使其始终保持在一定的水平；三是选拔性评价，即主管部门通过评价，对部分较好的德育重点学校进行扶植；四是诊断性评价，即主管部门通过评价来衡量学校主动适应社会主义市场经济发展需要的德育机制和能力，并做出相应评判。在这方面尤其要处理好德育与学校的专业设置及市场需求的关系，既要看到经济对教育和德育的制约作用，又要体现德育的超前效应，要使培养人才的素质、规格、数量、质量、专业结构等能基本上适应当地经济、社会现在和将来发展的需要，使学校德育评价真正起到宏观引导与管理的效果。

（2）德育评价是提高学校教育教学质量的有力措施。德育评价的目的除鉴定外，更重要的是对学校的德育教育教学过程进行诊断和评判，从而实现教育过程的不断优化，其根本目的是提高学校教育教学质量。通过德育评价，一方面就是要使学校具有主动适应市场

经济与社会发展的积极性和能力，不断完善自己和发展自己的德育体系；另一方面要展开校际的竞争，通过竞争共同达到提高教育教学质量、提高办学水平的目的。

（3）德育评价是完善自身德育体系，提高德育水平的重要保障。中等职业学校担负着培养适应我国现代化建设需要的高素质劳动者的重要任务，始终把德育放在首位，这不仅是贯彻党和国家教育方针的基本体现，也是现代化建设对新一代劳动者的基本要求。完整的德育体系不仅包括德育的目标、内容、实施，更不可或缺的就是德育的评价，有了评价，才会有更好的反馈，才会不断地改进德育工作，不断地提高德育水平。加强德育评价工作，既有利于中等职业学校德育工作的规范化、制度化，又有利于推动中等职业学校德育工作的整体构建，推动职业教育新水平、开创新局面。

二、德育评价的作用

一个完整的德育体系一般由德育目标、德育内容、德育途径、德育评价、德育的领导与管理等部分组成。其中，德育评价占有十分重要的位置。德育评价的作用体现在以下几个方面：

（1）指挥和导向作用。指挥和导向是德育评价的最大作用。它是由学校的特殊性和评价本身的性质所决定的。这种指挥、导向作用具体反映在评价的指标体系上，评价指标有哪些、如何确定权重、怎样解释评价结果等，都反映了人们的价值观，也是被评学校和其他有关学校所关注的。像股票一样，涨跌都会牵动很多人的心。指标体系一旦确定，必然对所有关注此事的学校起着指挥、导向的作用，各学校会努力按照指标体系的要求去实现，暂时不能实现的学校也会按指标体系的要求去找出差距和不足。教育主管部门也可针对当前教育存在的问题，加强有关指标体系的权重，引导学校做好这方面的工作。

（2）诊断和调节作用。诊断和调节是德育评价的主要作用。德育评价的诊断、调节作用体现在对评价过程中所获得的信息进行全面、系统的分析，对得出的评价结果给予实事求是的科学解释，包括肯定成绩、指出主要问题和提出改进的建议。

（3）监督和激励作用。监督和激励是一个问题的两个方面：一方面，评价对一些不利于学校教育教学发展的现状和有损于德育形象的现象是一种有效的监督，从而保持学校的声誉和正确的办学方向，不断提高学校教育教学质量；另一方面，德育评价从根本上说，就是要激发学校领导、广大教职员工加强德育、办好学校的热情。通过评价，进行横向比较，产生竞争，获得更大的压力、活力和动力，把德育水平提得更高，把学校办得更好。

（4）交流和联系作用。德育评价不是孤立、静止的，而是一个互动的过程，是学校间相互交流的过程。通过评价，可以学到他人的长处、看到自身的不足，有利于取长补短，共同前进。评价也促进了学校与社会之间的联系，扩大了学校的影响力。通过社会评价，广泛开通了反馈信息渠道，听取用人部门和社会对所需人才规格的要求，不仅调动了社会力量关心和支持学校的工作，也使学校全面地了解了社会需求，增强了培养人才的适应性，使评价成为学校与社会联系的桥梁和纽带，密切了学校与社会的联系，同时，也进一步提高了学校德育的知名度。

三、德育评价的原则

德育的评价要本着严谨认真的态度，从德育自身表现的多样性、内涵和外延的丰富性、德育过程的长周期性和多维性出发，进行有效而便于操作的评价。因此，对德育评价应遵循以下原则：

1. 方向性原则

方向性原则就是要使评价工作对德育的方向起到保证和监督作用，是由我国的传统文化和政治制度所决定的。方向性原则，首先反映在制定评价指标体系与确定指标的权重上，这是评价工作中体现方向性原则的核心；其次反映在整个评价工作的各个环节的具体过程中，如建立的目标体系必须符合社会经济发展对专门人才的需求；评价教育内容的要求，必须符合科技和生产力的发展；评价德育质量必须是德、智、体、美、劳全面发展，符合社会主义建设对人才质量的要求等。

2. 科学性原则

科学性是学校评价的关键。它必须从实际出发，符合教育规律和教育评价的客观规律，防止主观臆断，尽量做到真实和准确。在强调评价的科学性时要特别注意不能把评价的量化和评价的科学性等同起来。因为德育是培养人的一种复杂的社会活动，其成果是精神产品和具体行为，有些内容就目前的条件来说还不可能量化。因此，在德育评价中，不宜过分追求量化，而应该把定量评价和定性评价结合起来，将评估结果的量化和评语结合起来。从某种意义上讲，德育评价的定量最终还是服务于定性。

3. 可行性原则

可行性原则在一定程度上决定着德育评价工作能否全面开展。可行性原则主要反映在评价指标的可测性；评价工作的简易性和可接受性。只有具备了可行性，教育评价的实际工作才能顺利开展。评价指标要有可测性，这种可测性包括定量和定性两个方面，指标的内涵明确，界面清晰，指标才具有可测性，才能按指标进行评价。评价工作的简易性，就是要使评价工作力求简化，做到简易可行，避免复杂烦琐。从制定评价方案、确定评价对象、建立指标体系、选择获取评价信息的方法和统计分析及对评价结论的解释等，都要从实际出发，遵循可行性原则来组织实施评价工作。可行性首先在理论上可行，监控系统和评价指标体系的设计要适合监控与评价的目的与功能，要能为理论所检验和证明。其次在操作上要具有可行性。要有明确的部门和个人职责分工，要有较明确、便于操作的工作指标和评价标准。最后在效果上具有可行性。监控和评价过程要为学校各部门及个人接受和认可，并能积极参与到监控和评价中来。

4. 有效性原则

有效性原则是由其评价的目的所决定的，即整个评价过程都要紧紧围绕评价目的，起到调动广大教职员工的积极性，提高教育教学质量，提高办学水平，使学校起到主动适应经济和社会发展需要的作用。贯彻有效性原则，既要重视自我评价的作用，又要使被评对象真正理解评价的结论，明确改进的方向，使评价与指导工作很好地结合起来，推动学校各项工作的开展。实际的监控和评价工作要包括以下各要素：管理监控和评价工作、确定监控部门和评价人员、确定要解决的问题、设计监控与评价方案、收集与分析信息、报告监控与评价。因此，构建一个完整的教学质量监控与评价体系，必须从这几个要素着手，遵循实效性原则，注重全面监控和重点评价、一般评价和特色评价、过程监控和结果评价的互补结合。

第二节　德育评价的对象与体系

一、德育评价的对象

德育评价由学校德育工作评价和学生品德评定两个方面组成。我国《中等职业学校德育大纲》（以下简称《大纲》）规定，学校德育工作评价由各级教育行政部门应结合本地区教育的实际情况，制定科学的德育工作评价指标体系，定期对学校德育工作进行督导评估。对学生品德的评定，《大纲》规定工作原则，要求由学校根据《大纲》规定的德育目标，结合社会对从业者的品德要求，制定测评办法，组织测评工作。因此，学校德育评价的重点和对象在于学生的德育测评。学生德育评价作为一种德育价值判断，由于德育内涵和外延的丰富性和过程的长期性、多维性，使得判断变量因素庞繁，过程复杂，难度较大；又由于在评价过程中，有评价主体主观因素参与，判断结果往往因评价主体的价值观不同而有差异，它会直接影响着德育实践的发展。可见，只有实行科学的学生德育评价，德育评价才能真正发挥出应有的功能和作用。

在评价学生道德发展水平时，要注重考查学生在特定的社会现象与生活情境中所表现出来的特质，力求以生活化、过程化的方式来探索德育评价体系与运行机制。德育评价的目的是促进学生的思想道德发展，因此，在学生德育评价中，要遵循发展性的评价原则。

学生德育评价是学校德育工作的主要内容，学校德育工作状况又决定着学生德育的水平和表现。因此，在学校内部，对教师德育的水平和能力、对各个职能部门德育的状态和方法进行评价，也就成为学校德育评价的主要内容之一。德育评价的主要内容和对象如图16-1所示。在后文中，将着重对学生个体德育评价进行论述。

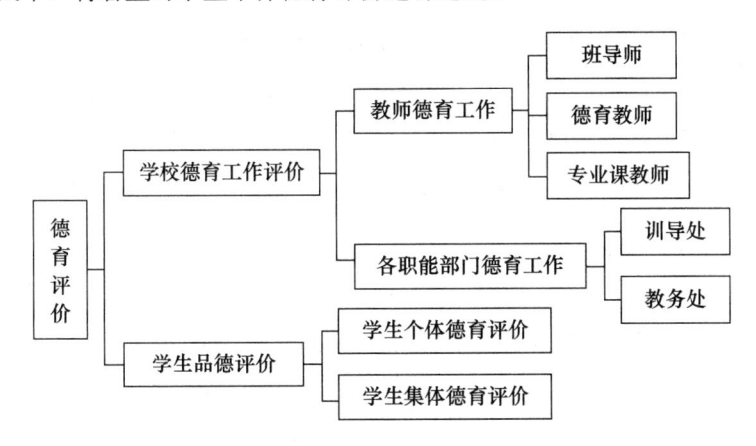

图 16-1 德育评价的主要内容和对象

二、德育评价的体系

构建一个体现主体性与发展性的评价体系，是当今德育评价的主流。而要构建主体性和发展性的评价体系，首先要更新德育评价观。评价往往成为一种导向。以往在德育评价中存在这样一种倾向：听话、顺从、守纪律的是好孩子，标新立异、善于质疑、富有个性的常被视为异端，有独立个性的学生常遭否定和打击。这样就压抑了学生的个性，容易使学生变成唯唯诺诺、循规蹈矩、缺乏创造性的庸才。现在我们在德育评价中应对因循守旧、不思进取、依赖盲从的思想行为予以排斥和反对，对学有专长、个性丰满、勇于质疑、敢为人先的品质予以肯定。正确的评价观形成良好的舆论导向。德育工作者应树立正确的德育评价观，突破僵化模式，倡导个性化教育，促成学生健康个性的发展。

（1）在德育评价的目标上，要关注每位学生在其已有水平上的提高，关注其道德、生活观、人生观、情感、态度、意识、能力等在内的综合素养的发展，关注个人德育生活化、多元化、过程性的动态发展。

（2）在德育评价的内容上，初步探索体现学生个体主动发展的指标体系，力求全方位评价学生道德发展状况。要从学生的知、情、意、行四个方面进行综合评价，如可以设立学生必须参与的实践活动，作为评价的一个项目。

（3）在德育评价的方式上，探索以定性与定量相结合，自评与他评相结合，过程性、多元化的评价模式。例如，可以在学生必须参与的实践活动中，对学生的态度、情感、能力给予全面的评价，还可以针对学生在校出勤率及学习生活当中每件小事着手，奖惩分明进行德育量化，并让学生从一件件小事中去体验。大量的事实证明，学生获得切身体验的事情才能入脑入心，这样对规范学生行为习惯是相当有效的。

（4）在德育评价的主体上，要注重多元化的评价网络体系。为保证学校德育计划的实施，必须加强学校德育计划的监控和评价。职业学校的双主体特征决定了其德育监控主体的多元性。一是政府代表自身利益委派专家和责成校方对教学质量进行监控。二是企业媒介代表学生利益对专家和校方的监控进行检查与评估。三是学校自身的监控。四是职业学校的德育监控与评价应分为三个彼此相关又各自独立的层次：政府—行业企业—学校—学生。其中，以学校自我监控为核心，以政府监控为指导，以社会媒介监控为评价依据。政府通过"调研与评价组"进行监控，企业通过"主流媒体"进行监控，学校通过"各职能部门"进行监控，如图16-2所示。

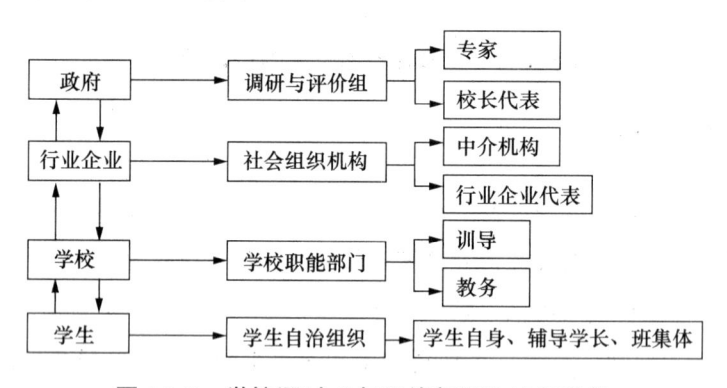

图 16-2 学校通过"各职能部门"进行监控

（5）在德育评价的实施上，要构建一个"时时"有人抓，"处处"有人管的监控网络体系。这种监控应该具有"全员性"和"全程性"，即学校领导层和全体教职工取得共识，共同参与，同时贯串于学校德育计划实施的全过程。为此，从学校角度讲，一是要实施自我监控和评价。各处室在学校德育计划的基础上制订处室德育工作计划，并对制订的工作计划实施自我监控和评价，每学年对实施的成效和不足认真进行自评。二是要加强平时检查、实施反馈调控。学校领导和各处、室负责人要加强平时督查，了解德育计划实施情况，及时提供反馈意见，各处、室根据反馈信息实施调控。三是要实施"校内督导"，每学期根据计划实施情况选择确定一两个项目对德育计划专项实施情况进行校内专题督导，对各项主要任务进行认真评价。四是要邀请校外专家督导评价。在德育计划实施过程中邀请区督导室、德育室、教研室、科研室、学区等有关部门对学校工作和状况进行专题督查和评价。另外，还可以邀请区、市有关领导和专家对学校工作进行评估、指导，从而推进学德育计划的实施。如鸿文将德育按照系统工程来抓，制定了一整套规章制度，严格贯彻执行。鸿文的德育工作不仅专职机构——训导处抓，而且全体教职员工抓；不仅班导师抓，而且学长抓、班团干部抓，全校形成上下齐抓共管德育的气势和氛围。鸿文规定，凡是要求学生做到的教师首先做到。班导师时时与学生在一起，发现问题，及时处理。这实质上是构建了一个德育的氛围，是提高德育实效性的重要举措。

学生的思想状况与发展态势由于其本身所具有的模糊性、不确定性、多元性，历来是教育评价的难点所在。要构建德育评价体系，就要求做到：三级评价体系健全；指标体系科学简明；认真研究评价原则；正确掌握评价方法。要求建立学校、班级、学生三级评价体系。德育评价的难点是量化的指标体系，指标体系一般包括一级指标、二级指标、三级指标（具体标准）、权重、评价方法等项内容。既要具有科学性和系统性，又要具体、简明，有可行性。近年来，随着教育改革的进一步深入，最大限度地开发学生自我教育、自我发展、自我评价的潜能日益成为学校德育研究的主题。在学校德育中开展学生的自我评价，有助于学生正确地认识自我，认识自己与学校要求的差距，做出适当的学习决策；有助于激发学生学习的动机，促进学生在德育方面的发展；有助于学生判断能力的提高，将在德育自我评价中形成的能力迁移到其他学习领域，促进学生的全面发展。因此，探索一种能够由学生自主完成的对学生进行全面、真实评价的方式，从只注重对学生分等鉴定的评价模式走向注重评价对象的自我评价、自我调整与自我提高，已成为当前德育评价体系建构的重心。

第三节　德育评价的方式与方法

一、当前德育评价方式方法的四种倾向

学校开展德育的目的是使学生了解、认识和理解德育基本知识，并通过实践运用，形成良好的职业道德品质、情感和行为习惯。因此，就要求对学生的德育考核和评价必须坚持知识、能力和行为相统一，理论和实践相结合。但在具体评价实践中，还存在着评价方式单一化、片面化等问题。

（1）重知识考查，轻能力和行为评价。如今在德育的考核评价内容中，主要仍拘泥于书本上的知识和内容，忽视了学生的思想品德和价值观。很多学校与教师认为教育的对象是学生，教师只能就学生掌握知识的情况做评价，而德育是学生自我发展的结果，学校的作用不大。同时，由于知识考查的简易性，更容易为学校和教师所接受，因此，对学生的评价更倾向于书面德育知识考查，而对学生青、意、行方面的衡量不够，导致评价失衡。

（2）重个体评价，轻合力评价。学生德育评价缺少相关部门、机构和组织的参与，有

的学校仅把学生德育看成任课教师个体的事情。而实际上，学生德育的形成并非局限于本学科的课堂教学中，诸多隐性教育资源对学生德育形成有着重要的影响，形成一个评价的网络和氛围对学生德育养成与评价都很重要。

（3）重笔试评价，轻评价方式的多样性。很多学校和教师将学生德育简化为几张命题纸，只要学生对名词解释、是非判断题做出正确选择，就给予高分，反之得低分，以致时有"高分低德"和"低分高德"情况出现。另外，很多口试问答、写心得体会、行为鉴定、案例分析等评价形式也很少采用，甚至有的教师认为这种评价方式不正规，从而导致评价方式的局限性。

（4）重教育者评价，轻受教育者自主评价。德育评价不仅具有检验学生德育效果的作用，同时具有十分重要的再学习、再教育功能。尤其是一些相关学科，如果调动学生自主评价、自主教育的积极性，其教育过程就会持续不断，延续下去。而现在很多学校的评价主动权常常掌握在学校一方，学生的主体地位得不到发挥，从而德育评价的效果不是非常理想。

二、探索有效的德育评价方式方法

对学生的德育评价，应该遵循自评与他评相结合、定性与定量相结合的原则，力求做到客观、公正、全面地获得学生德育表现的资料，保证评价的客观性、科学性和有效性。因此，从德育评价方式上来讲，一个有效的德育评价方式，应由家庭评价、社会评价和学校评价等几部分构成。同时，家庭评价、社会评价和学校评价的结合应该是动态的，既有终结性的评价，又有过程性的评价，也就是要在学习的不同阶段进行评价，客观、全面地反映学生在情感领域和知识领域取得的提升。从德育方法来讲，一般有奖惩激励法、表扬鼓励法、评比选优法、操行评定法等。

家庭评价就是通过电访、家访、家长会和问卷调查等方式，了解学生的父母或其他监护人对其生活态度、学习兴趣、学习态度、思想倾向等方面的客观评价，为学校对学生进行具体、客观的评价提供依据。

社会评价包括两个方面：一是指学校通过向学生身边的亲戚、朋友和邻居等进行访谈和问卷调查等方式，了解学生为人处事的能力、思想倾向、社会责任感和与他人的合作能力等方面的情况；二是指向用人单位了解学生实习、毕业工作的表现，或者是向高一级学校了解学生的在校表现，以补充和完善学校评价内容。

学校评价是整个学生评价体系的核心，应该包括学生自我评价、同学互评、教师评价和知识评价四个方面。自我评价可通过谈话、成长日记和书面自我鉴定等方式，让学生自己公正、公开、客观地评价自己，这个环节中他们可以检讨自己的过失和缺点，认识自己的长处，从而达到进一步明确目标、增强信心、提高判断是非能力的目的。这个环节会随着学生知识的积累、思想的成熟、经验的丰富和能力的提高而不断地完善。这是整个学生评价体系中不可或缺的环节。同学互评就是学生相互之间进行真实、公正、公开、合理的评价，同学之间朝夕相处，对同学的思想感情倾向、兴趣爱好、行为习惯和辨别是非的能力等最为了解。基于中学生正处在身、心、知全面发展的这一特殊年龄段，自尊心和自信心在逐渐增强，他们会特别在意自己在同龄人心中的地位和印象，并且会尽最大的努力去克服缺点发挥长处，这个环节会促使他们自觉或不自觉地向正确的、健康的方向发展。

教师对学生的评价是整个评价体系中最为重要的一环，科学的、能促进学生发展的评价可以起到画龙点睛的作用。这一评价可在课堂和课余两个时段进行，而以课堂评价最为重要。课堂上的评价应该是对学生参与讨论、回答问题、课堂活动情况的评价，这种评价能比较直接地反映出学生的学习情况和学习效果。课余评价，主要是评价学生完成作业的情况，而作业的形式应该灵活多样，能充分调动学生学习的积极性，如形成性练习、论文、漫画、时事评述、手抄报、课件或研究性学习报告等形式。教师的评价既要客观又要具有鼓励性，因此要多角度从不同侧面去评价，同时，还应体现出评价主体的差异性。这种评价要以鼓励和肯定为主，要尽量调动其学习的积极性和主动性，要利于学生的发展。

知识评价就是通过考试的方式了解学生对知识的理解程度和理论联系实际的能力，通过考试要使学生明白学习是为达到"学以致用"的目的。这种评价是对其他评价的有效的检验，可以说这是一种综合性的评价方式。这就要求题型要多样化、灵活化、生活化，要通过考试使学生认识到所学知识有用、能用，只有这样才能有效地促发学生探索新知的积极性和主动性。考试可由闭卷（对基础知识的水平性评价）和开卷（学生可在一定范围内确定自己的考试内容与形式：如研究性活动、制作课件、撰写小论文等）两部分组成。

对这些评价的有机整合便实现了完整的学生评价方式和体系构建。要设计好具体的问卷和调查量表，对家庭评价、社会评价进行相应的量化，然后与学校评价进行有机统合，确定好各方面所占的权重，以便形成最终的评价结果。同时，在各种评价过程中，可以进行信息反馈，及时调整德育内容与方案，实现德育效果的最优化。总之，德育评价的目的主要是为了全面、动态地反映学生的思想品德状况，从而达到促使学生自觉地提高自身思想品德修养的最终目的，而不是看学生掌握了多少知识。建立一套完善的学生德育评价体系不是一朝一夕的事情，也不是个别教育工作者的探索所能达到的，更是需要全社会的共同努力、通力合作才能完成。

第四节 德育评价的管理和运行机制

一、德育评价管理组织系统

德育评价是一项系统工程，需要建立健全学校德育工作考评体系，科学、有效地开展德育评价管理工作。这就需要建立科学有效的评价组织管理系统，实行过程管理监督和指导优化。一个完整的评价组织系统应该包括：一是行政系统。由中层以上干部组成执勤、检查指导组，全天候上岗、分工负责，并有较具体的执勤记录及应急事件的处理、解决与指导，每天均有校长带班。二是训导、团委系统。选派辅导学长等组建执勤班，随时检查，定岗提示，把日常规范作为常规检查内容。在时间上包括进校、课间、午休及放学；在空间上包括楼内外、操场及校门口；在活动上包括课间操、眼保健操与分配的卫生区、责任区，以及组织外出活动的纪律管理等。三是监控、反馈系统。由训导和各处室定期、不定期召开教师座谈会、学生座谈会、家长意见反馈会等进行监控，以利于指导。

要建立各处室、各级管理部门及年级的管理评估机制，使评价在管理中实现，管理在评价中完善、提高，使管理人员既是评价者又是被评价者，使管理评价"你中有我，我中有你"，从而实现全员、全面、全程教书育人、管理育人、服务育人的任务要求，对德育工作全过程进行有效调控。要建立专兼职德育工作者岗位职责评价指标，充分发挥和调动他们的主导作用和积极性。把竞争机制引入德育工作者评价中，有效地提高学校的德育管理评价水平，使大家都全身心地投入探索新时期德育工作规律，落实德育任务，提高德育工作实效性上来。要不断修订完善德育管理者、班级和学生个体评价方案。

二、德育评价的运行机制保障

1. 更新观念、统一思想，是搞好评价管理的前提和基础

在建立德育评价管理体系的实践中，首先要更新教育观念、统一思想。市场经济给学校的德育工作带来新的挑战，要使教育取得最佳效果，教师思想认识必须跟上形势发展。学校要充分利用寒暑假组织班主任及专兼职德育队伍的成员参加全封闭的德育研究学习班，使教师树立正确的教育观、质量观、人生观，建立全面贯彻党的教育方针、面向全体学生、促进学生德、智、体、美、劳全面发展的新观念；在教育的指导思想上变"以选择适合的学生为培养目标"的教育为"研究适合学生成长发展"的教育，打破旧传统，倡导新思维；在德育工作的管理上实现"全员管理、全面管理、全程管理"，即形成"人人都是德育工作者，德、智、体、美、劳全面发展，学校、家庭、社会形成教育合力的大教育新理念。训导处及专职德育工作者必须发挥好主力军作用，增强学生德育的计划指导性、学生重点工作的科学预测性、组织活动的针对性与系统性、提出管理要求的规范性和检测评估的具体可测性及重点常规的连续性，从而为全校德育工作既做表率又做坚强后盾。全体教职工都在各自岗位上寓德于教，搞好德育渗透，寓德于活动，注重实践性教育，寓德于服务，发挥学生自主性教育的主体作用。

2. 建立科学、可测的目标管理体系，落实人人育人的岗位责任制

德育的评估是指对德育行为、德育效果进行评价。包括教育行政部门对学校德育工作的评价、学校行政部门对班级德育工作的评价和对任课教师教书育人的评价，班主任及教师对学生个体品德的评价等。在教职工德育工作质量管理评估内容上，本着力求体现"目标可导向，行为可选择，过程可调控，效果可测试"的原则，要分别建立《教师工作质量评价目标考核》《班导师工作质量评价目标考核》《职工工作质量考核》及各岗位的岗位职责。所有这些目标考核及职责均有德育目标要求，从而使以德育人的任务层层落实、人人落实、处处落实。德育评估体系要遵循定性与定量相结合的原则。德育的定性化评价是对评价对象所进行的定性描述分析和鉴定。量化评价是对评价对象以数量关系进行的评价与鉴定。对于评价对象，既重视其长期的内在素质的表现，也重视其外在行为的量化积累，做到在量化的基础上做出定性化的结论，并尽量让定性化指标带有定量的测定，最终给予定量化与定性化相结合的科学评估结论。对学生的测评不仅仅是学校的事情，学生、家长、社会也是其中一部分。学生自评，同学互评，家长、社会相应部门给予评议，将会增强德育评估的透明度、客观公正性，防止片面性。

3. 建立目标管理的指导、监督机制，发挥评估管理的激励、导向、反馈、矫正的作用

要制定具体的德育管理评估框架，构建完善的德育评估管理体系：第一，学校的德育工作实行分级管理、分层负责，每月通过对考核目标进行检查、指导，对出现的问题及时反馈矫正，对履行职责进行评价。经常性地随机检查和日常抽查，有效地促进了德育目标的落实，月考核累计进入学期总评。第二，管理人员采取不同方式听取学生、家长及社会有关方面对德育工作的意见，以此为依据对学校工作人员进行考评。例如，每学期召开学生座谈会、家长座谈会听取意见及评价。同时要利用接待来访、专题调查、工作汇报等机会及时收集信息，调整教育管理工作，校正指挥方向、目标要求，实施动态管理，增强针对性和实效性，以求管理取得最佳效果。第三，采用定性与定量、自评与互评的结合，评价结果与个人奖金挂钩、与聘任挂钩、与职称晋升及评优挂钩，体现了每个人工作的价值，所以也较好地强化了育人意识，激励教师不断提高自身水平。第四，由于管理与评估的结合，使处室主任、承担检查工作的组长、职员等管理层的管理、检查、督促、指导工作的过程也就成了评估考核的过程。从开学初计划到学期末总结，管理贯穿始终，评价伴随始末，从而形成"校长—主管校长—主任—分管职员—教师"这一管理评价体系，在管理评价中你中有我、我中有你的利益驱动，层层反馈，重点讲评，促进了德育层层落实、环环紧扣的良性循环。

4. 抓好学生管理评估、探索班集体建设及学生德育个人评估管理模式

为了全面贯彻党的教育方针，提高德育实效性，使素质教育内化，必须研究德育工作规律，优化教育全过程，使学生全面发展，以求德育工作创出新水平，获得新佳绩。可以运用网络技术，建立学校德育网站和学生网上德育档案。制定相应的德育量化标准，输入学生的奖惩情况、思想道德表现等内容，相关单位可进行网上查询。建立网上德育档案，既能形成激励机制，也是德育评估机制的创新。要建立创建自律与他律相结合的约束机制。传统的德育机制侧重于他律，现代德育机制要创造条件，提供氛围，把学生放在平等的位置，培养学生的自律能力，并建立相应的激励机制，使之自觉养成良好的行为习惯，逐步达到"慎独"境界。同时，学生毕竟还不成熟，极易受不健康思想的诱惑，因此，他律的导向作用尤为重要。在学生的成长中，自律与他律有机结合，缺一不可。要建立精神与物质相结合的激励机制，要倡导精神激励与物质激励相结合的机制，努力提高学生个体行为的积极性、主动性、创造性。

第四部分　结语

教育工作者的礼仪与修养

一、礼仪与修养

1．内涵

"礼"——尊重，个人修养。"礼者敬人也"。

"仪"——表达，是个人修养、教养的体现。仪就是恰到好处地向别人表示尊重的形式。具体表现为礼貌、礼节、仪表、仪式等。

无论是待自己，还是待人，尊重自己，或尊重他人，都要有礼，礼就是尊重，又要有仪，仪就是表达。没有礼就没有仪。

"人无礼则不生，事无礼则不成，国家无礼则不宁。"在人与人交往中，既要尊重别人，更要尊重自己、敬重他人，这是教育工作者修养的体现。但是只停留在有尊重的意愿是没有用的，所思所想你要会表达，表达需要形式，会说话，有眼神，要把尊重表现到位，不仅要有礼，还要有仪。

2．本质——尊重为本

马斯洛的需求层次理论：生理需求、安全需求、社交需求、尊重需求和自我实现的需求。尊重是礼仪之本，是人的高级需求，也是待人接物之道的根基，更是个人修养的精华，交往之道不管是坐、请坐、请上坐，还是茶、上茶、上好茶，关键要通过一定的形式，向别人传递出尊重对方的信息。

（1）首先要尊重自己。自己要在乎自己，有站相，有坐相，举止大方。如有的男教师不注意，不管交往的是熟人、是生人、是同性或异性，夏天开会入座时比较洒脱，随意撩裤管，卷袖管，很不合适。如此，在交往中，或在比较重要的场合，可能不会得到别人的尊重。所以，首先要尊重自己，遵守社会交往的行为规范。

（2）要尊重自己的职业。岗位分工有不同，所谓"闻道有先后，术业有专攻"，在学校任何岗位工作的同志，如果是真正被学生、家长和同事尊重的人，一定是有实力的人，是学有所长的人，是在各自业务领域有本事的人，是能做出成绩的人。从事行政管理的同志业务精服务优，从事教学工作的同志教学效果好，参加各类竞赛的能得大奖，辅导学生考证的合格率高等。所以，只有尊重自己的职业，全身心投入工作，踏踏实实做出成绩，爱岗敬业的教育工作者，才会赢得尊重。

（3）要尊重自己的单位。对国家和民族，作为中华人民共和国的公民，我们有责任、有义务维护国家和民族的尊严和形象。同样，教育者不仅要自尊，而且要对交往对象表示足够的尊重。美国著名的行为科学家乔治梅奥谈过："尊重别人就是尊重自己，发现别人的优点，实际上就等于肯定自我，那说明你宽容，说明你谦虚，说明你好学。"因此，尊重他人就是尊重自己，就像教师尊重学生是一种常识；尊重上级是一种天职；尊重下级是一种美德；尊重同事是一种本分；尊重竞争对手是一种风度；尊重所有的人是一种教养。

要全方位地尊重，不能失礼于人，尊重为本。职业人的职业道德要求：尊重上级是一种天职。这不叫溜须拍马，这叫职场规则。现在强调提供优质的教育管理服务，那么学生家长给我们打电话，家长先挂。

你要尊重别人，你就得表现出来，否则就不是尊重，没有形式就没有内容。

3．作用

（1）礼仪能内强素质。学校工作要与学生沟通、与家长联系、与同事交流、要跟人打交道、要做好本职工作，都要恰到好处地展示自己的素质，这是非常重要的，一个人的修养体现于细节，细节展示素质，言谈话语举止行为，实质是素养问题。学习礼仪可以不断提升个人修养。

（2）礼仪能外塑形象。在交往中，员工个人形象代表学校组织形象，员工个人形象代表学校教育服务形象，体现学校文化和品牌。教职工的仪表仪态就是形象的主要表现方式，是塑造个人形象和学校形象的主要载体。如一位员工不修边幅，胡子拉碴，衣服不整，在教学区抽烟等，这实际上是一个形象问题，也是学校的形象问题，更是学校文化的体现。

（3）礼仪能增进交往。信息社会我们都有欲望，要多交朋友，广结善缘，一个人不管愿意不愿意，必然要跟别人打交道。亚里士多德说："一个人不和别人打交道，不是一个神就是一个兽。"革命导师马克思说，人是社会关系的总和。

教师吃的是开口饭，你必须和别人交往，既然要与别人交往，你就得会说，会表达，什么话能说，什么话不能说，是有游戏规则的。

礼仪、修养可概括为一句话——问题最小化。实际上少出问题，不出问题，少丢人，从这个意义上说，就是交往沟通效益最大化。

所以，礼仪通过行为细节来体现。教养体现于细节，细节展示素质，细节决定成败。

二、教育工作者应该怎样做

（一）教师礼仪的特殊意义

教师礼仪具有示范意义、审美意义、教育意义。

教师礼仪：教师在教育、教学过程中敬人之心、之行的得体表达。

教师应该严格要求自己，做到五个一：一副仪表风范、一张笑脸相迎、一句好话回应，一双眼神鼓励，一颗爱心相待。

（二）教师的仪表

教师仪表要符合以下两个要求：

第一，职业美：即衣着、发式要整洁大方，符合教师形象。

第二，风度美：即气质、举止稳重端庄，姿态动作落落大方，有着教师的内在修养。

英国教育家洛克在《教育漫话》中指出：教师是"铸造学生的模子"，教师"自己如果举止无理、行为邪恶，学生的同类恶行就无法改正。坏榜样的规则最容易被采纳，所以应该事事留心，不可使学生接近不良榜样"。洛克的这两句话说明了一个道理：教师要为人师表，身体力行，做好学生言行的标杆。

（1）衣着要整洁大方。莎士比亚曾经说："一个人的穿着打扮就是他教养、品位、地位的最真实的写照。"无论教师穿着的衣料款式、新旧如何，或者是不是品牌，只要能做到端正、妥帖、干净，扣子扣得好、上下熨得齐，能给人以清新、高雅之感，可使学生感到可敬可亲可爱，就能成为学生的榜样。如果教师的衬衣领口黑乎乎一圈，衣冠不整，甚至夏天穿着拖鞋去上课，就会给学生留下不修边幅、不懂礼节的坏印象。学生也会跟着学。教育者衣着的基本要求是四个字——庄重保守。

教师在学校、课堂随便穿是不行的，学校、课堂要求教师庄重保守，要穿什么？穿套装、穿套裙，穿制服，没有套装、套裙和制服要穿长袖衬衫、长裤、长裙，要郑重其事。如果在学校、课堂穿时装、穿休闲装；穿无领衫、印花汗衫、广告衫、无袖衫非常不合适，这个一定要讲究。

服饰要大方主要是指服装不要过于追求时尚华丽。一般教师的服装式样宜庄重、清新和自然。服饰色彩不宜太鲜艳，太刺眼，应以素雅、含蓄为佳。

一是避免过分杂乱、乱穿。如我们见到有教师穿了一身套装和套裙一看就是职业装，但总觉得她不协调。为什么呢？

因为她穿了双运动鞋，自认舒服，但别人看着不舒服。如果女同志穿套裙但天热穿双露脚趾的凉鞋，不合适。穿套装、套裙时要穿制式皮鞋。男的是指系带的黑皮鞋，女的是指黑色的高跟或半高跟的船形皮鞋，跟制服配套的。这是重要的规则，过分杂乱不可以。

二是避免过分鲜艳。重要场合穿制服也好，套装也好，全身颜色不多于三种，男女的制服、套装都要遵守这个规则。不过分鲜艳，图案也要注意，重要场合套装制服尽量是没有图案，或者规范的几何图案，如果教师穿上奇异服装，打扮得很时尚前卫，学生会觉得是看"服装模特"还是听课，无所适从。这样不但会影响教学效果，也会产生不好的影响，会分散学生的注意力，并有可能成为一部分学生议论的话题，成为学生QQ上的明星，会极大影响教学的效果和教师的威信，所以是很不足取的。

三是避免过分暴露。一般教师在学校着装有五个不露：第一不暴露胸部，不要穿领太低、领圈太大、纽扣不扣的衣服，第2颗要扣上。第二不暴露肩部，即不穿无袖装。夏天在学校上课不能穿无袖装，因为无袖装会暴露腋部，也许还露出一圈内衣，举手投足之间，会显露不够规范，有损形象。第三不暴露腰部，低腰裤、露脐不适合在学校穿。第四不暴露背部。第五不暴露脚趾和脚跟。

如有的老师来上班，在课堂上穿得非常不正规，如拖鞋式凉鞋、露脚趾凉鞋、西装短裤、超短裙、露脐装等，如此着装有点不务正业的感觉，年轻教师尤其要关注。在学校工作场合、课堂上，就要穿得规范，表示郑重其事，严肃严谨。在上班的时候，重要场合，特别是穿制服时，露趾和露跟的凉鞋是不得体的。从安全的角度，穿露趾和露跟的凉鞋或拖鞋式凉鞋进实训室有安全隐患，易引发人身伤害事故。同时，如果学生也跟着学，不但有现实危害，而且会使学生养成不良的职业习惯，对学生就业和职场生存发展造成长期的负面影响。

四是避免过分的透视。教师着装，选材选料要把关。尤其夏季服装要关注（内衣不能让学生透过外衣看到），这都是非常不礼貌的。

五是避免过分短小。短衣裤装不合适。

六是避免过分紧身。

（2）举止要稳重端庄。一个人的精神状态、气质必定会在举止、体态方面表现出来，作为教师，要注意自己的一举一动，注意公众形象。在公开场合，更要注意自己的言行举动；在社会上要成为遵守文明规约的模范，不能给"教师"丢人。教职工要避免在校门口、教学楼、学生面前互相敬烟，吞云吐雾。教职工举止要规范，讲究斯文。

（3）发式。

要求：整齐、清洁、自然、长短适中。

男老师：短不光头，前不覆额、侧不遮耳、后不齐领、面不留须。

女老师：短不光头，前不过眉、侧不遮耳，过肩宜扎起。长发披肩学校不宜，与学生沟通不便。头发长于肩部要盘起来、挽起来、不能随意披散开。

忌讳：脏、乱、怪、染。教师是个辛劳的职业，容易早生华发，但染发应染黑发。

（4）面部要整洁。

1）清理：胡须、鼻毛、耳毛。面部多余的毛发要注意。胡子、鼻毛和耳毛，一般不要留胡子，养成每日剃须的习惯，胡子拉碴，会给人蓬头垢面之感。男教师要注意鼻毛，注意耳毛。鼻毛长出鼻孔之外，会破坏教师的形象。鼻毛和耳毛要适时地加以修剪。

2）化妆：淡雅。

（三）教师言谈礼仪

师者，传道授业解惑也。教师承担的主要任务都离不开语言表达，因此，作为一名教师，要注意表达语言时应遵守的礼仪礼节，要用善良的语言培育学生快乐的心灵！

当下职业教育改革倡导学生是主体，教改的理念要体现，就教师用语而言要求教师在教学活动中，要带头使用文明用语，"请""谢谢"要挂在嘴边。课堂上，教师要注重用语文明，要"请"字当头，如"请某某同学给大家演示、操作等"，当学生完成任务、参与项目以后，要说一声"谢谢你给大家展示操作的过程等"，可以体现学生是主体的教学氛围，同时它也是一种润物细无声的教育。

（1）表达要准确。教师在讲授教学内容时要注意：教学的科学性和严谨性。规范用语：如遗传教师上课说：男果蝇女果蝇……，不科学不严谨。教师在教学中要严格遵循教学的要求，掌握专用名词和专业提法，不可过于通俗化，乃至庸俗化。同时，教师不可脚踩西瓜皮讲到哪儿算哪儿，避免各种小道、传闻在课堂上陈述。

（2）音量要适当。讲课声音不宜过大，否则给学生以声嘶力竭之感。但声音太低学生又很难听清，影响教学效果。

（3）语言要精练。讲课要抓中心，不说废话和多余的话，给学生干净利索的感觉。

（4）讲课素材要合适。教学时可以适时插入一些风趣、幽默的话，以活跃课堂气氛，提高学生学习的兴趣。但不可过于随便，冲淡了教学的严肃性。过多地在课堂上讲笑话，会影响到教学内容的进行。

（5）礼貌用语规范。

1）"请"字当先，"谢"字收尾，不要说否定语。

2）七不讲：伤学生自尊心的话不要讲（品行、出息、前途）；有损学生人格的话不要讲（涉及家长、家庭）；埋怨责怪学生的话不要讲；品头论足的话不要讲；讽刺挖苦学生的话不要讲（长相、家庭、能力）；粗俗蛮横的话不要讲；不耐烦的话不要讲（嗯、啊之类的口语不要讲）。

（四）教师课堂举止礼仪

一个人的气质、涵养往往从他的姿态中就表现出来。作为塑造人类灵魂工程师的教师，更要注意自己在各种场合的行为举止，做到大方、得体、自然、不虚假。

1. 讲台上的举止

（1）目光。教学中要注意四个字，目中有人。要求目光清澈、明亮、坦诚。

眼睛是心灵的窗户，它可以反映一个人内心的波澜。教师要善于应用自己的目光，表达自己的思想。教学中，目光要柔和、亲切、有神，给人以平和、易接近、有主见之感。不能死盯住某个学生，这样不仅不礼貌，还显得咄咄逼人；或神智呆钝；或无节制地东张西望，又给人以心不在焉，应付差事之感。

要合理运用目光：目光不要聚集于某个学生，可将目光罩住教室。当讲课被学生打断，或出现突发事情打断讲课时，不能对学生投以鄙夷的目光，会有损于教师在学生中的形象，反映出自身心胸狭隘与无礼。

在讲台上，教师对学生不能运用斜视、瞥视、眯视等傲慢目光，也不能目光游移不定，看天花板或讲台，表现出心神不定、害怕见人的神情（特别是新教师要注意）。

（2）坐姿。教师应提倡站着讲课，但有些情况，也可以坐着讲。坐着讲课应注意，坐姿要端正，身体要坐在椅子中间，上身与椅背平行，两腿要并拢，间距不可过大。坐着讲课时切忌斜身、后仰、前趴，侧坐在椅子上，要符合教师的身份。

（3）站姿。一般的教师应站着讲课，这样更有利于合理运用身体语言强化教学效果，也是对学生的尊重。站着讲课，要脚跟落地，站稳站直，胸腔自然挺起。走动时，步幅不宜过大过急。女教师讲课时最好不要穿高跟鞋，以免声音过响转移同学的注意力，同时穿高跟鞋会很累，容易脚疼，一般穿平底软跟鞋较好。

（4）手势。要求：手指伸直并拢，手与前臂成一条直线，肘关节自然弯曲，掌心向斜上方。禁用食指指向学生，这是对学生的不尊重。教学中忌讳用手指点人、敲击讲台或做其他过分动作。

2. 课后的行为举止

（1）教师课后常常在家访、集会和组织参观活动时与学生交往。在这些场合里，一方面要放下在讲台上严肃、庄严的架子，与家长、学生亲切随和地交谈或听取学生的意见，使学生或家长不感到拘束，这时的举止应随意，言谈要幽默、风趣，努力拉近与学生的距离，切忌板着面孔，故作正经，引起学生的反感。

（2）青年教师和学生相处。因为年龄相近，态度可以随和一些，也可以主动招呼学生，有利于和学生打成一片，并有利于教学工作。但不可过于随便，如和学生拉拉扯扯、勾肩搭背、称兄道弟，这样容易失去教师应有的尊严，给教育工作带来不利影响。作为一名教师，在任何场合，都应自觉地保持良好的仪表，待人接物温和自然，举止态度谦恭庄重。这样才能赢得学生的爱戴、信任及社会的敬重。

（五）学校工作场合礼仪

办公场所是教职工在学校工作和休息的地方，也是教职工集体生活的场所。教职工之间应该互敬互谅，互帮互助，营造和谐工作环境。

（1）以礼相待。早晨相遇，主动打招呼，互祝"早上好！"；课间相见，点头微笑，互致"你好"；下班道别，说声"再见！"；得到别人帮忙，赶紧说声："谢谢""辛苦了！"。

（2）言行高雅。不打听别人私事，不背后议论其他教职工，不散布是是非非的事情。在工作场所要保持安静，互不影响工作、学习，不说不做与工作无关的事情。

第一，不要非议党和政府。作为公民，思想上、行动上与党和政府保持一致，这是讲政治的要求，也是社会公德的体现，不要非议党和政府。否则，身边的学生会受到误导。

第二，不要涉及敏感信息。全国人大讨论研究了《中华人民共和国保守国家秘密法》不但事关政治、军事、经济等信息，也涉及个人、每个单位的敏感信息的保密要求。个别同志总想打探不该自己知道的事情，如学生的信息、教职工的信息等，有些信息不得泄露，不该你知道的事情，你知道得越少对你越好、越安全。

第三，不能随便非议交往对象。客不择主，跟人交往，别让对方难堪和尴尬。聊天时，可能顺嘴一说，但是说者无心，听者有意，传话者图利，弄出些许是非。不让人家尴尬和难堪，不非议对方这是有教养的标志。

第四，不在背后议论领导、同行和同事。好说是非者必是是非人。在单位内部，可以批评和自我批评，但内外有别，在他人面前不能随意评说自己单位和部门的坏话，思想上行动上维护自己单位、组织的形象，这是一种教养。要自尊，自尊的一个非常重要的标志就是尊重自己的职业，尊重自己的单位。社会分工不同，行行能出状元，每个职业人只要把自己的本职工作做好，那就是本事。一个受人尊重的人是有实力的人，是爱岗敬业的人，是维护自己所在组织团队的人。一个人爱国、爱家、爱岗也是有礼有修养的体现。

第五，不谈论格调不高的话题。家长里短，小道消息，张三、李四什么什么关系，说了失身份。

第六，不涉及个人隐私问题。当下强调尊重个人隐私，同事之间关心有度，与他人交谈时，不该知道的事，还是少知道点好。

（3）清洁整齐。做好工作场所的整洁卫生和物品摆放工作。按要求自觉做好卫生工作。用品的摆放时刻保持整洁、美观。上班时第一个进入办公室的，主动开好门窗；最后一个离开办公室的，把门、窗、灯、饮水机关好，确保清洁整齐和安全卫生，营造文明办公环境。

（4）热情待客。有家长来访时，应热情欢迎，微笑起立，让座请茶："您好！""请坐！""请喝茶"。接待家长、客人时如果要离开，或手头正有要紧的事要处理，应对家长、客人讲"对不起""请稍候"。回来后或处理好事了，应向家长客人说"不好意思，让您久等了"。如果被访的教职工正好不在，其他教师也要热情接待，并帮助寻找被访者。客人走时应起立送至门口道别："欢迎您下次再来！""慢走！""再见！"

（5）不妨碍别人。集体办公场所内不得吸烟，不高声讲话，不玩计算机游戏等。

（六）教师风度

教师还应该有一个好的风度，即指教师的精神气质、举止行为及姿态等方面的外在表现。教师的举止姿态，总的要求应该是稳重端庄和落落大方。在公众场合，还应十分注意自己的谈吐和动作，否则，都会影响自己的教师形象。

教师正常交往，不搞小圈子、不搬弄是非、不嫉妒贤才。同事之间团结互助、和睦相处，有意见应当面诚心诚意提出来。学校教职工不能接受学生、家长的礼物、钱财、不私自随意接受家长宴请等。

（1）开会的风度。

1）遵守会议纪律，按指定地点入座，准时有序，不中途离开。

2）调整通信工具至无声，认真聆听，认真记录，不看报纸杂志，不批改作业不做与会议无关的事情，不做剪指甲、打哈欠、掏耳朵、挖鼻孔等不文雅的举动。

3）尊重报告人。掌声热烈，静听专心。

（2）家长会的风度。

1）服饰庄重，举止文雅，给家长以亲切和信任。

2）尊重家长，语言礼貌。要求如下：

①实事求是地介绍学生的情况。

②对学生多一些表扬、鼓励，少一些批评指责。

③对家长应用商量的口吻，不能用命令的口气。

④多给家长一些发言机会。

⑤不要把家长当作发泄的对象，不要教训家长。

3）做好准备，中心突出，内容丰富，热情待客，使家长高兴而来，满意而归。

一名教育工作者的仪表乃至一句口头禅，都会成为学生争相效仿的对象。因而，教师只有自觉地提升自己的修养，努力养成良好的礼仪习惯，才能真正给学生以良好的示范，潜移默化地引导学生的审美价值，无声地发挥出引导和教育的作用。

教育工作是一个收入不高付出高的职业，做好教育工作是要讲点精神的，是要讲点理想和信仰的。电视剧《人间正道是沧桑》中的瞿恩有句台词很有启发，他说：这世上有两种人，一种是"我"实现了"我"的理想；另一种是理想通过"我"得以实现，纵然……前者达到了马斯洛需求理论的最高境界；后者则是使人伟大崇高并受人高度尊重的根基，也应该是教育工作者的根基。

教育工作者应当：

形象大方，举止稳重；气度豁达，思想平和；

爱岗敬业，精神感人；心胸超然，意志纯正。

参考文献

[1] 王晓垒.中职生德育教育现状与对策分析[J].现代农村科技，2022（9）：110.

[2] 安雨晴."管育并重"模式在中职班主任德育教育工作中的运用及其有效性[J].职业，2022（16）：82-84.

[3] 汪永智.做实德育工作，推动职业教育高质量发展[J].广东技术师范大学学报，2022（1）：5.

[4] 杨贵杰.浅谈新时期德育工作如何适应职业教育发展[J].中外企业家，2018（13）：124-125.

[5] 于新颖.抓好职业教育德育工作 培养素质全面技能人才[J].试题与研究，2018（10）：117.

[6] 全国职业教育先进单位 全国德育工作先进集体：无锡技师学院[J].职教通讯，2017（5）：82.

[7] 刘茹，王利伟.浅谈职业教育中的德育工作[J].新校园（上旬），2015（7）：190.

[8] 加强和改进中职学校德育工作促进学生梦想成真人生出彩——教育部职业教育与成人教育司负责人就印发《中等职业学校德育大纲（2014年修订）》答记者问[J].西北职教，2015（2）：24-25.